营销如此简单
融媒体时代"营""销"创意解析

龙 键 著

中国传媒大学 出版社

目 录

序   1

前言:探寻简单之路   1

观点一 营销的本质   1
    一、营在差异定位   2
    二、销在织网建网   13

观点二 抢占心智   16
    一、标杆还是"差异"   16
    二、产品还是"商品"   23
    三、4P还是1P+3P   40
    四、广告还是"整合"   57
    五、团伙还是团队   72
    六、同质还是差异   79
    七、整体还是聚焦   83
    八、经验而非定律   100

观点三 抢占货架   108
    一、认识销售   108
    二、认识价格   112
    三、客户开发   116

四、深度分销 　　166
　　五、售点生动化 　　167

观点四　故事中学管理　　207
　　一、管理十则　　207
　　二、经典案例启示　　212

参考文献　　223

后记：大数据、融媒体时代的营销本质回归　　224

序

我们处于一个急剧变化的时代。

其中,营销的理论与实践是变化最大的领域之一。在这个变化层出不穷的时代和领域,涌现出一批在市场营销前沿打拼的实干者和探索者,他们的真知出自实干,他们的智慧来自探索。本书作者龙键便是其中之一。正如他的前言所言,他在以市场一线十五六年的营销经验,用简单、质朴的语言,借"第三只眼"来探索营销的本质。龙键自称"是理工科而非营销科班出身",他"一直坚信和探索营销的逻辑化、条理化和简单化"。

常言说,理不歪,趣不来。龙键先生这本书,与传统的营销书不同,其中的许多说法和想法好像有些"歪理邪说"的味道,但却趣味横生;其实,认真品味的话,你会发现,书中的诸多说法、想法、玩法还是有来源的,它们来源于实践,来源于经验,一定程度上也来源于"理论"。龙键的书与学院派的不同,几乎没有广深玄妙的新理论、新词汇、新流派,从想法到说法,均是对一线鲜活市场的总结、归纳与思考。也许这些归纳、总结与思考不是那么严谨,但接地气,让人时时感受到作者思维的活跃。

"知识本身并不是智慧,只有在解决实际问题时才成为真正的智慧。只有简单的、本质的理论才能长久、有效地指导实践。"我很赞成作者的这个观点。

商品化过程中的"四化"——差异外在化、包装广告化、说明数字化、推广演示化;广告设计推广中的"四化"——创意简单化、诉求单一化、表现震撼化、传播整合化,以及对营销本质的提炼和总结,为市场营销研究者、从业人员及在校学生提供了一份鲜活而丰富的市场营销研究样本。

市场营销和广告是一个应用性和开放性非常强的专业,是一门实践的科学,它追求有效、实用,追求解决实际问题。它不能仅是一般性地阐述某些道理,而应当从现实出发、从对象出发、从问题出发,阐明事物的本质特征和演变规律,从而给人以深刻而有用的启示。因此要使之成为有实效的工具,一定要密切联系实际,让营销从业人员在实践中提高自己的工作能力,培养他们与企业、社会和消费者的交往能力和应变能力。我认为，这正是本书作者的出发点之一。

从营销到广告三十多年来的发展当中，我们在借鉴、学习国外营销理论方面有过之而无不及，从某种程度上讲，最开始就是把别人的理论拿来消化，简单地移植到中国的市场来使用，这对中国早期的市场发展起到了积极的作用，这是毫无疑问的事实。但在这种移植过程当中，"水土不服"的现象也一直存在，甚至中国现实的市场营销环境还或多或少地存在着对这些国外的理论与方法的"排异现象"。

本书的作者在广泛阅读国外营销理论著作时就意识到了这个问题，中国的消费市场复杂而多元，消费者的消费心理与消费习惯深受地域经济发展的局限，因此，一味地在国外理论的基础之上深耕细作解决不了中国市场营销的全部问题。作者的实践和总结给我们呈现了一个非常接地气的市场营销切入点。

做营销、做策划、做广告不能教条，不能拘泥于书本，但是多读书、读有用的书，对广告策划一定是有帮助的。知识累积不够，策划出来的东西就很难经受得起实践的检验。

作为"广告·观"丛书的总主编，特以序推荐！

丁俊杰

2015年3月

前言:探寻简单之路

在百度中搜索"营销"一词,结果有超过一亿的词条和信息。营销是什么?营销能干什么?而怎样营销又是困惑诸多营销者或营销参与人的最大困惑。

被誉为"竞争战略之父"的现代最伟大的商业思想家、管理学大师迈克尔·波特曾深刻地指出,"最简单的方法就是最好的方法",并鼓励企业进行简单化变革。通过简化营销变革,可以达成很多目标:市场战略由模糊到清晰;经营业务由多元到归核;合作关系由复杂到简单;资源配置由分散到集中;组织机能由庞杂到精干;渠道结构由宽深到直效;品牌管理由多品牌运营到品牌整合;客户管理由粗放到精细。

"经营之圣"稻盛和夫坚信,"真理之布由一根纱线织成"。因此,把事情看得越单纯,就越接近真相,也越接近真理。抓住复杂现象的单纯本质,这样一种思考方式极为重要。这是一条人生法则,这个法则同样适用于经营。人生与经营,根本的原则相同,而且单纯至极。①

杰克·特劳特在《显而易见——终结营销混乱》中更是明确指出,"能解决问题的答案都是简单的"。

我在探求中摸爬滚打了十几年,可以说听了无数"大师"讲座,看了诸多"大师"著作,照着"大师"的指点实践了不少,也尝试以"大师"的方法去带团队、搞营销。但营销怎么简单?营销的本质是什么?一个营销组织的"魂"是什么?各个营销部门层级要干什么、在干什么?一直是我思考和探索的核心问题。

一个香蕉,让十个策划团队来研究如何吃,有1000种吃法。

一个香蕉,让十个部门来讨论如何吃,有100种吃法。

一个香蕉,让十个人来吃,可能有10种吃法。

一个香蕉,让1000个小孩来吃,小孩说吃就是吃,吃了就行,一种口味。

正如一个秃子头上的虱子,我们不必让十个策划团队、十个部门、十个人来研究如何打死它,我们没有必要来讨论打死它是否太残忍、是否太不人道、是否侵犯了虱子的权益,更没有必要讨论打它的姿势是否优美、是否该动用核武器,我们需要做的就是把

---

① 〔日〕稻盛和夫:《活法》,曹岫云译,东方出版社2010年版,第68页。

它打死而已。

问题简单化难、复杂化易的原因何在？

我们也来一个将简单问题复杂化有可能导致什么结果的八度讨论：

为了显示对问题的研究的"深度"；

为了表现对工作的认真"程度"；

为了显示各个部门的"专业度"；

为了表明领导的"英明度"；

为了增加员工的"工作强度"；

为了实现各单位工作的"透明度"；

为了避免资源垄断独自决策的"寡度"；

为了降低我们的工作"速度"。

将问题简单化难道不对吗？

是我们简单了，还是世界复杂了！

我一直相信从他人的经验中有所感悟是一种能力。知识本身并不是智慧，只有在解决实际问题时才成为真正的智慧。想一千次，不如去做一次。华丽的跌倒，胜过无谓的徘徊。只有简单的、本质的理论才能长久、有效地指导实践。于是这十几年我一直不放弃、不抛弃地苦苦追寻答案，不断实践。

可能是理工科而非营销科班出身，我一直坚信营销是可以逻辑化、条理化和简单化的，认为只有认识营销的本质，营销工作才能目标明确、有的放矢，在营销的管理上才能真正实现"前台简单化、后台标准化"，才能真正有效地实现分销信息系统化。这也就是许多企业 ERP(Enterprise Resourse Planning，企业资源策划)不成功的根本原因，因为许多企业根本就不明白自己究竟需要什么，管理模式、营销体系也尚未固化。

近年来，我见过许多企业邀请国内著名的软件服务商给自己上分销系统，但往往运行得十分不好。究其原因，主要还是不知道自己的营销本质是什么、自己的销售模式是什么。逻辑化、条理化和简单化，加上总结固化，这才是许多中国企业需要做的。

在探索中求证，在实践中探索，把我十几年的经历和对营销的认识进行总结，于是有了这本小书。其实我更愿意把它当成我的读书心得和市场运作经验的总结，希望能给您帮助。当然，里面有许多是我在工作之余的行销日记，更有部分是读书笔记。由于引用来源太多太杂，已分不清是哪本书、哪个作者了，在此一并感谢您对我的帮助和启发，深深地感谢！

和您一起阅读，共同分享。如果能与您就营销和执行有所共鸣，那我的目的也就达到了。

观点一 营销的本质

世界管理大师彼得·德鲁克说:"任何企业都有两个基本功能,而且也只有这两个基本功能:营销和创新。而二者相比,营销对于企业的作用更为重要,也更为根本。创新之所以重要,恰恰在于为了确保企业营销的竞争优势。营销是企业显著且唯一的功能。"[①]可见从某种程度上说,营销就是企业的全部。

营销发展到今天,对管理者的定义也变为:一个能读懂资产负债表和损益表的市场营销者。

从那条说服了夏娃把禁果推销给亚当的蛇,到现在中国号称8700多万的营销从业人员,营销已无处不在。

营销是发现需求和满足需求的过程。但发现需求和满足需求的过程是需要智慧和创新的。

营销大师杰克·特劳特曾说:"能解决问题的答案都是简单的。"他强调将营销过程标准化,营销本质的回归是营销简单化的前提。

营销的简单化是从认识营销的本质开始的。只有认识到营销的本质,我们的行动才更清晰、更有效。这也是企业构建营销平台和组织的前提。

营销的简单化可以拆分为营的层面和销的层面,这两个层面分别对应的是动销和分销。因此,简单来说,营销就是两个抢占:一是抢占消费者心智,一是抢占货架资源(见图1-1)。

---

① 〔美〕彼得·德鲁克:《管理的实践》(珍藏版),齐若兰译,机械工业出版社2009年版。

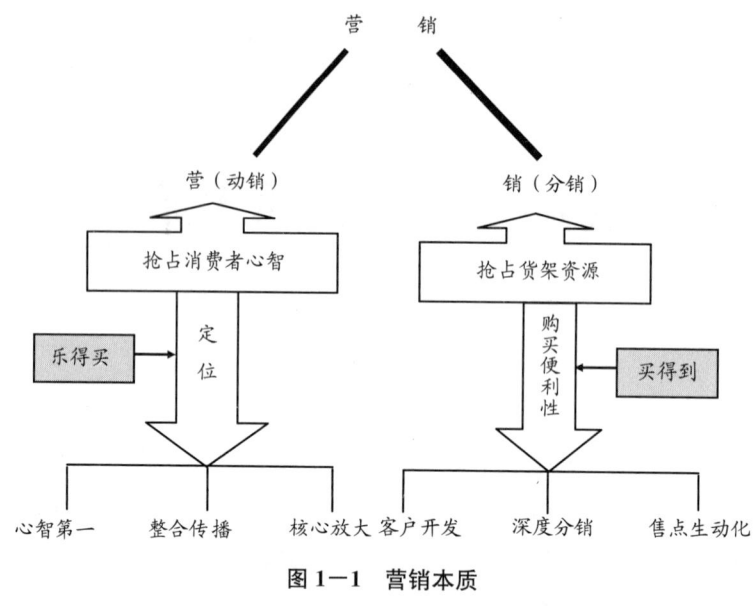

图1-1 营销本质

一、营在差异定位

营的过程就是抢占消费者心智的过程,而抢占消费者心智的前提是消费者心智的有限性。

一提到轿车,我们会立即想到奔驰的豪华舒适、宝马的驾驶乐趣、沃尔沃的安全保障、丰田的"车到山前必有路,有路就有丰田车";一提到空调,我们会立即想到"好空调格力造";一提到洗发水,我们自然而然会想到去头屑的海飞丝、有营养的潘婷、时尚的沙宣。

为什么一提到相关的产品品类,我们就会立即想到并说出这些品牌呢?那是因为它们定位清晰。

它们的产品或某一个系列的核心产品在同行业排名中至少排在前七位。这就是营销战略定位法则中闻名的"七品牌定律",即人们很少能说出某个单项品类中七个以上的品牌。

大脑是有限的。消费者的心智是有限的。正是因为资源有限,我们才要抢占。

如果某个企业的产品项目或产品线中没有哪一项可以在行业内挤进该品类的前七名,该企业的生存就可能面临风险,所以我们又称其为"前七危机预警系统"。

因此,营的最终战场是消费者的大脑和心智。只有抢占了消费者的心智,消费者才会在第一时间想到你。

特劳特的定位理论也正是基于营的思想、提倡抢占消费者的心智:"第一胜过更好。"

对消费者心智的占领可以实现品牌深入人心、差异领先,达到消费者乐意买的目标。

要占领心智,应当实施三大原则:心智第一原则、整合传播原则、核心放大原则。

☞ 第一原则:心智第一

消费者每天都处在媒体的高度暴露之下,每天都要接收数以万计的信息,但消费者的脑容量却是有限的。面对信息过度、产品竞争同质化的形势,企业必须抢占消费者的心智,确立区隔式定位。因为一旦某个品牌进入消费者的心智并确立了定位,改变这些心智几乎是不可能的。这是心智营销的冷酷规则,也是当今市场的成败之道。

如何实施心智第一原则,最重要的是给自己一个符号,一个让消费者能够铭记的符号,这个符合要和品牌画等号,要能形成正向联想,可传播、可推广、可拓展。

正如《定位》[1]一书所说:

- 所谓定位,就是让品牌在消费者的心智中占据最有利的位置,使品牌成为某个类别或某种行业的代表品牌,这样当消费者产生相关需求时,便会将此品牌定为首选,也就是说这个品牌抢占了消费者的心智。
- 玫瑰如果不叫玫瑰就不那么芳香。定位以消费者大脑为战场,是认知之战而非产品之争。

进入大脑比进入市场重要。在抢占心智的过程中可利用以下手段:创第一、细分市场、强化符号。

1. 创第一

消费者往往对行业或品类第一品牌记忆最牢固,对于第二就会有些模糊。就像消费者往往能记住谁拿了金牌,但对谁拿了银牌却记不住。原因不全是消费者记忆力不好,而是对于银牌没有兴趣。因此,当你在某个品类中无法跻身第一梯队时,抢占心智的最好方法就是创造新品类,用新品类领军者的身份去引起消费者的关注,一举抢占消费者的心智。

---

[1] 〔美〕艾·里斯、杰克·特劳特:《定位:有史以来对美国营销影响最大的观念》,谢伟山、苑爱冬译,机械工业出版社 2013 年版。

"第一胜过最好",要大卖"第一"概念。

以时下最火爆的白酒市场为例,谁能贴上"国酒"的标签,谁就能在心智抢占中占有一席之地,谁就有可能进入第一阵营。最典型的例子就是汾酒,从"汾酒,开启美好生活"到汾酒文化的清晰定位:"汾酒是中国白酒产业的奠基者,是传承中国白酒文化的火炬手,是中国白酒酿造技艺的教科书,是见证中国白酒发展历史的活化石。"这四个层面浓缩为三个关键词就是国酒之源、清香之祖、文化之根,最终凝聚为引领中国酒业核心价值体系的"中国酒魂"。这种华丽转身,堪称品牌定位的经典。因此汾酒也迅速进入白酒销售超百亿的行列。

国酒茅台、国窖1573、中国梦·梦之蓝,都以"国"字的定位抢占消费者对第一国酒的认知,也因而跻身第一阵营。而不贴"国"字标签,除了啃老本外,大多局限在区域市场,较难成为全国的领先品牌。

健力宝定位中国第一款运动型饮料,成为"东方魔水";雅客定位中国第一颗维生素糖果,成为先锋;王老吉率先把自己定位在防上火饮料的位置上,结果王老吉真的成为功能饮料中的领袖品牌;舒肤佳第一个在中国把自己定位在除菌香皂的位置上,结果舒肤佳成为中国香皂的领袖品牌;高露洁定位于防蛀,成为牙膏领导者;云南白药创可贴是第一个在中国首创"含药"的创可贴,结果它成为创可贴中的领袖品牌,同时品牌延伸到牙膏,也得到不俗的效果;海澜之家在中国率先推出男人的衣柜,结果海澜之家成为男士买衣服的首选品牌;劲霸第一个在中国聚焦夹克品类,结果劲霸成为夹克类服饰中的领袖品牌;柒牌在中国率先推出中式立领,结果柒牌成为中式立领类服饰中的领袖品牌;霸王洗发水在中国最早喊出了"中药养发""中药防脱"的概念,结果霸王成为中药防脱类洗发水的领导品牌;乐天在中国率先推出木糖醇口香糖,结果乐天成为木糖醇口香糖的领导品牌;皇明太阳能在中国第一个聚焦定位为集热性能好的太阳能,结果皇明成为在消费者心目中集热性能最好的太阳能;太阳雨太阳能在中国率先推出有保热墙的太阳能,结果太阳雨成为保热类太阳能的领导者。

开创第一就有机会排在第一!排在第一就有希望成为第一!

格瑞特红酒,原来的定位是"禹都美酒,千年传承",品牌定位模糊,产品品牌的诉求不够清晰。后来经过深度挖掘企业文化,赋予了品牌崭新的内涵:4500年前,仪狄在夏县鸣条岗始创果酒,成为有文化记载的中华葡萄酒的起源;1400年前,唐代的河东"乾和"成为中国有文化记载的第一个葡萄酒品牌,是唐朝16种名酒中唯一的葡萄酒;1000多年前的宋、金、元时期,山西夏县(古称安邑)葡萄酒名重一时,中土最佳,开始成为朝廷贡品;600年前,洪武皇帝朱元璋拜谒大禹庙,山西夏县所产葡萄酒成为皇家祭祀用品;30多年前的上世纪80年代,古风神韵的格瑞特酒庄在夏县鸣条岗巍然伫立，夏都大地诞生了改革开放后的第一款葡萄酒。基于上述历史，格瑞特酒庄进行了重新定位，将"致力于华夏葡萄酒文化的传承者、中国葡萄酒营销的创新者、葡萄酒健康品饮方式的推广者"视为企业使命，将复兴中华葡萄酒作为己任，将企业愿景融入民族复兴的中国梦之中。"根植鸣条岗，百年格瑞特"，从此，格瑞特将品牌重塑为"华夏葡萄酒首席酒庄"，企业的使命也设定为"复兴华夏葡萄酒首席酒庄"。以下为格瑞特酒庄广告方案：

土壤很多
但拥有厚重历史的很少
阳光很多
但传承灿烂文化的很少
葡萄酒很多
但演绎华夏传奇的很少
岁月很长
源头只有一个
格瑞特
华夏葡萄酒首席酒庄

这里有黄色的土
这里有黄色的河
这里是母亲温暖的臂弯

稷王在这里种下第一棵粟
从此我们有了粮食
嫘祖在这里饲养了第一条蚕
从此我们有了衣裳
夏启在这里建立了第一个王朝
从此我们有了国与家

中华的魂在这里
中华的魄在这里
华夏龙脉
鸣条岗

创第一的核心就是让品牌成为这个品类的代名词。如金纺成为柔顺剂的代名词，我们说买金纺，而不说买柔顺剂；卫龙成为面筋（调味面制品）的代名词，在众多学校门口，卖给学生早点的小商小贩就常说"加个卫龙"；立顿成为即饮红茶的代名词。

品牌成为品类的代名词，就是品牌塑造和定位的最大成功。

2. 细分市场

炒作现在有点过时，但是细分市场、概念营销却还屡试不爽。

细分市场一般在功能和人群上展开。功能细分如除菌、去屑、冷水、全自动等等；人群细分如儿童专用、老人专用、妇女专用等等。还有就是功能的合并或组合：二合一或多合一也可能创造概念。

快消品最可能在包装上进行创新和细分。

东盛推出的"白+黑"，白天服白片不瞌睡，晚上服黑片睡得香，治感冒黑白分明，全新的分治概念让东盛"白+黑"一举进入感冒药第一阵营。

利君沙把简单的老药"琥乙红霉素"改了个名称,换了个概念,创新之后迅速使一个企业获得重生。

南风化工集团在2010年推出天使婴幼儿洗衣皂,以人群细分,立足于南风原料——世界最大的元明粉生产供应商。在供应方面突出"国企优势、世界资源、严格把关、层层筛选";在技术方面强调"国家级技术中心";在生产方面强调"全国六大生产布局、每个环节精控严管"的优势。此外,还建立了天使妈妈研究室。请看其方案:

天使	因为
让宝宝衣物也享受天然沐浴	天使
织物SPA	更了解衣物
绿色原料	天使
……	妈妈的爱

品牌同时演绎了"天使的名字叫妈妈"的故事:

一个婴儿即将出生。这个小孩问上帝:

"上帝,我好害怕,在天上我们每个人都有一个保护神,在地球上谁保护我们?"

上帝回答:"在地球上我给你们每人安排了一个天使。"

小孩又问:"我怎么找到我的天使?"

"这很简单",上帝说,"在你最需要的时候,只需要叫一声'妈妈',天使就会出现"。

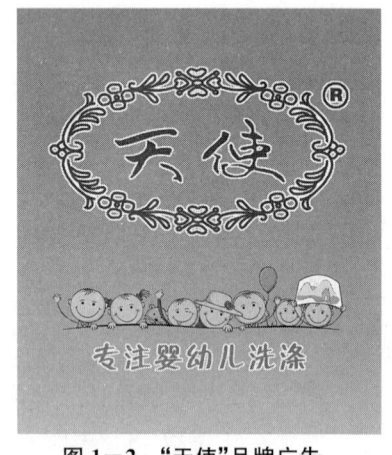

图1-2 "天使"品牌广告

至于上述定位,天使婴幼儿洗衣皂成为南风皂类的小品类强者,对其利润作出了较大贡献。

在快消行业,养生堂的所有产品都堪称经典,值得学习;而朵儿的"由内而外的美丽"倡导女人本来就很美;农夫山泉有点甜;农夫果园摇一摇;天然维生素E,为天然而生;成长快乐、快乐的维生素,这些都是品类细分和差异化的典范。

3.强化符号

如果产品没有特点,我们不妨给产品找个符号。

在整合产品的过程中,面对高效洗衣粉这个已经卖了近十年的老产品,奇强洗涤剂尽管有着较高的性价比和不错的口碑，但明显已经进入了衰退期。如何为其升级换代？公司最后提出依靠符号强化记忆，以升级新品的姿态获得重生。企业提出了A3＋的概念（三重去污、三倍清香、三重功效），升级换代成为奇强 A3＋加香加酶洗衣粉，利用符号强化消费者的记忆，从而使该产品重新焕发活力。

依靠符号形成品类差异的做法在一些行业中也经常得以应用，例如洗涤行业推出的浓缩产品标识：

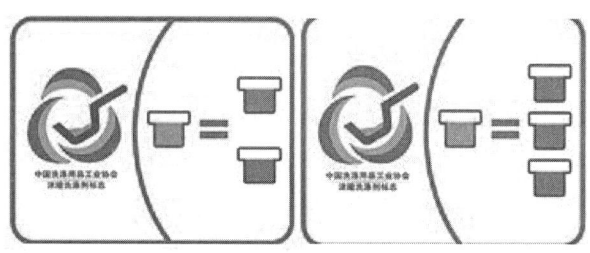 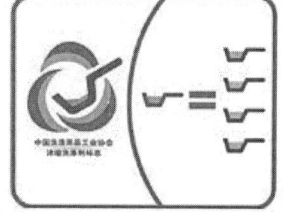

图 1－3　浓缩洗衣液 1∶2；1∶3标识　　　　图 1－4 浓缩洗衣液 1∶4标识

这些标识对于规范行业标准、便于消费者有效识别起到了非常好的作用。

符号是与品牌共生的，在此不得不提 VI 的统一性。标识使用不规范是国内企业的一大弊病。

VI 全称 Visual Identity，即企业 VI 视觉设计，通译为"视觉识别系统"，是 CI（Corporate Identity，"企业的统一化系统""企业的自我同一化系统""企业识别系统"）的非可视内容向静态视觉识别符号的转化。VI 为 CI 中的一部分，CI 包含三个方面，分别为 BI（Behavior Identity，企业行为识别）、MI（Mind Identity，企业理念识别）和 VI（Visual Identity，企业视觉识别）。设计到位、实施科学的视觉识别系统是传播企业经营理念、建立企业知名度、塑造企业形象的快速便捷之途。

企业通过 VI 设计，对内可以求得员工的认同感、归属感，加强企业凝聚力；对外可以树立企业的整体形象，整合资源，有控制地将企业的信息传达给受众，通过视觉符码不断强化受众的意识，从而获得认同。

VI 的使用要坚持统一性、差异性和审美性的原则，其核心是统一性。VI 一旦确定，便成为企业身份识别的唯一符号，不得随意改动。为了达成企业对外形象的一致性与一贯性，应该坚持统一设计和统一传播的原则，用完美的视觉一体化设计，个性化、明晰化、有序化地传播信息。

要保持形象的统一，创造并传播能储存且与企业理念、视觉形象相统一的符号，这样才能集中强化企业形象，使信息传播更为迅速有效，给社会大众留下强烈的印象与影响力。统一性原则的运用能使社会大众对特定的企业形象有一个统一完整的认识，不会因为企业形象识别要素的不统一而产生识别上的障碍,影响品牌的传播力。但我们在现实中往往看到企业VI使用不规范和不统一的现象,这都是企业尚处于初级发展阶段的表现。

差异性主要体现为VI设计必须个性化、与众不同,突出与同行业其他企业的差别,如此才能独具风采、脱颖而出。

审美性指好的VI设计能将原本枯燥的语言通过具有艺术性和趣味性的视觉图形表现出来。生动活泼的VI设计能吸引读者的视线,引发读者的好奇心,给人美感,让人心动。所以,完美的VI设计具有巨大的审美价值,而且形式完美、装饰性强、创意独特、使人赏心悦目、具有审美价值的VI设计更能贴近人们的生活,有强烈的亲和力、耐看、易认、易记,从而让人们在愉悦中牢记品牌含义。

VI设计在品牌时代被广泛应用于各种传播媒体,它能有效地引导大众的审美观,领导视觉艺术的时尚潮流。一个好的VI设计甚至可以成就一个好的企业。以当下最火爆的体育市场为例,但凡标识设计简洁、有力、大方的企业,基本上都能成为一线品牌;而标识设计复杂、柔弱、乏力的企业,大都在生死线上徘徊或者只能以价格竞争为主要战术手段。

说到VI,说到符号,不得不说说品牌名称和商标标志。商标标志是品牌的直接表现,是品牌最基础的元素。品牌名称和商标标志传递给消费者两个信息,而这两个信息能够表明产品和消费者之间的基础关系。

第一,确信这件产品是货真价实的。

第二,它是产品持续一致的保证。

成功的品牌都保持着一种持续演进的状态,并且不断进行必要且符合市场需要的改变。品牌名称和标志的改变要符合产品一贯的承诺,否则其品牌力和品牌忠诚度就会降低。因此,企业对于改变品牌名称和标志都是非常谨慎的。

以下为品牌标志改变的经典例子:

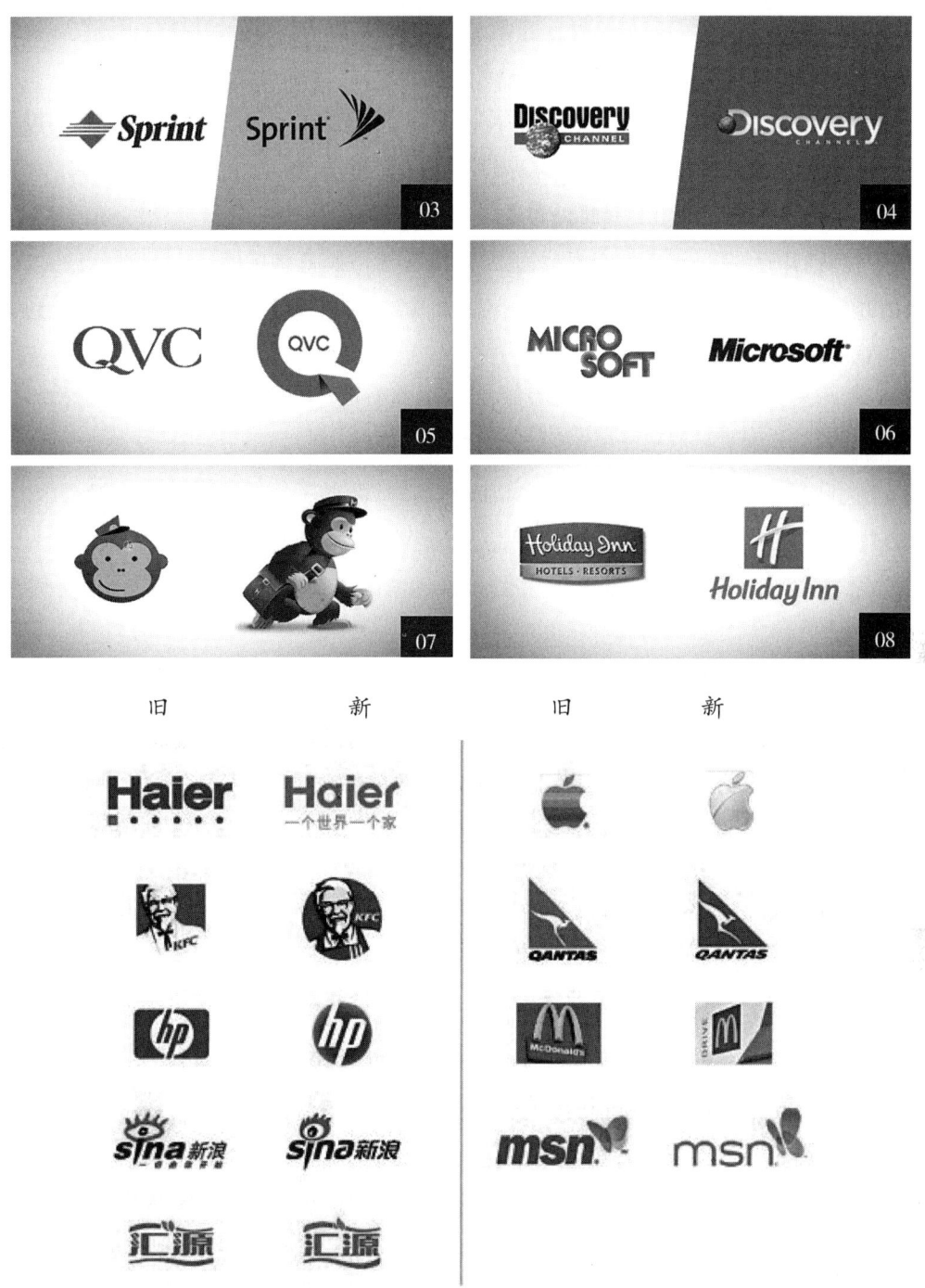

图1—5 品牌标志改变前后(图片引自视觉中国网"50个经典品牌重构设计")

谈到识别符号,我们就无法回避产品的包装。产品的包装是产品的第一广告,因而包装设计要在"醒目、理解、好感"的三大原则下,坚持美观、大方,便于使用和创新。

这对于快速消费品来说尤为重要。快消品在今天或今后相当长一段时间内的竞争就是包装的竞争,包装的创新与革新已经成为快消品创新的一个方向。

产品的包装策略应坚持以下几个原则:包装图案以衬托品牌商标为主,终端包装醒目、简单、创新,准确传达产品信息,坚持合理的调研程序。

(1)包装图案以衬托品牌商标为主

包装的图案要以衬托品牌商标为主,充分显示品牌商标的特征,使消费者通过商标和整体包装的图案即能立刻识别该产品,因此,包装上醒目的商标可以立即起到吸引消费者的作用。

在商品紧缺的时代,商品供不应求,产品的包装仅仅是为了运输方便,包装的设计以突出产品的商品类引为主。以酒为例,我们印象中古装剧中好汉饮酒,酒缸、酒瓶、酒壶上只有大大的"酒"字,没有商标,也没有品牌,而近现代电视剧中就出现了"女儿红""汾酒""剑南春"等招牌。可见,随着市场经济的发展和供需矛盾的缓解,物质开始极大丰富,品牌的作用日趋明显,产品的包装逐渐向以宣传品牌为主转变。这是发展的必然。

(2)终端包装醒目、简单、创新

包装要想起到促销的作用,首先就要能引起消费者的注意,因为只有引起了消费者的注意,商品才有被购买的可能。因此,包装要使用新颖别致的造型、鲜艳夺目的色彩、美观精巧的图案、各有特点的材质,产生醒目的效果,使消费者一看见就产生强烈的兴趣。

造型的奇特、新颖最能吸引消费者的注意力,而色彩的美是人最容易感受到的,合理使用红、蓝、白、黑四大销售用色可以收到良好的效果。

同时,终端的包装品种应尽量简单,每个单品以三种为最佳,不宜超过五种,否则会给消费者带来选择和购买上的困难,也会使陈列的效果显得杂乱无章。

(3)准确传达产品信息

包装应该能使消费者准确地理解产品。

准确地传达产品信息就要求包装的档次与产品的档次相适应,掩盖或夸大产品质量、功能等的包装都是失败的包装。

高档日用消费品的包装多采用单纯、清晰的画面,柔和、淡雅的色彩及上等的材质;低档日用消费品则多采用鲜明、艳丽的色彩与画面。

(4)坚持合理的调研程序

新产品的包装应在合理的调研程序中予以确定,因此,应当对目标消费群、售点陈列人员、相关设计专业人员和销售人员进行广泛的调研,最终确定方案。

通过设计和符号改变品牌基因的例子有苹果和起亚。起亚设计总监彼得·希瑞尔以其独树一帜的前卫设计理念使得起亚汽车的品牌独特性焕发出新的活力；苹果的设计则"将工业设计和互动设计融合得天衣无缝"。它们的关注点都在于让创造的事物与周围的环境和谐统一，让复杂的变简单，丑陋的变美丽。

综上所述，通过创第一、细分市场和强化符号，可以实现品牌品类的心智抢占。

营的主战场为消费者心智。品牌或产品只有在消费者心智中实现了区隔定位，抢先占取了心智资源，才能立足市场，制胜未来。这也是心智第一的关键。

☞ 第二原则：整合传播

在完成定位、确定品牌核心理念的前提下，整合传播尤为重要。整合传播的核心就是要在同一个策略指导下，以同一个声音将传播的所有信息传达给受众。

整合传播就是为实现既定传播目标，运用各式传播工具，如广告、直效行销、促销活动及公关等，以任务分工的方式，协同完成产品信息的传播。

在这里，重点强调同一个策略、同一个声音。

一句"怕上火"成就了一个凉茶产业。一句"just do it"，既简单清楚又口语化，让不同人在不同角度产生不同的感悟，或张扬或自信或叛逆：我只选择它，就用这个；来试试，想做就做，坚持不懈，仅仅……就……等等。"just do it"，这就是耐克以此声音而展开的广阔的整合传播。

去屑的海飞丝、柔顺的飘柔、营养的潘婷、时尚的沙宣、除菌的舒肤佳、防蛀的高露洁、不伤手的立白、天然的超能、去污真功夫的奇强，它们都是很好的定位。但我们遗憾地看到，有些品牌已经不能坚持自身的定位，开始弱化原有定位：飘柔开始说去屑，立白开始说全国销量第一，格力开始生产小家电，波司登开始做时装……令人慨叹！我们有时不是不懂定位，不是不懂整合传播，而是我们太舍不得我们现有的品牌"成就"，但这往往正是现有品牌的自杀，是毁灭的开始！

广告大师大卫·奥格威曾指出："每一次广告都应该为品牌形象作贡献，都要有助于整体品牌资产的积累。"既然每一次广告都是对品牌形象的长期投资，广告传播活动就必须与品牌建设活动相结合，围绕创造品牌价值、增加品牌资产的原则而展开。

在如今的信息社会，消费者每天接受的广告信息数不胜数，然而，消费者的心理空间毕竟是有限的。要想牢牢地抢占消费者有限的心智资源，就必须对广告策略声音进行聚焦，坚持在同一个策略指导下，以同一个声音将传播的所有信息传达给受众。

与此同时，传播还要明确对谁说、说什么、如何说。

☞ 第三原则:核心放大

核心的放大是整合传播的延续。一个成功的品牌往往会在同一个策略指导下以同一个声音延绵不断地给受众讲故事。讲故事的过程就是品牌发展和完善的过程。

以农夫山泉为例,农夫山泉的核心广告语是"有点甜",但支撑"有点甜"的三要素为:(1)坚持自己的天然,只做大自然的搬运工;(2)水源地建厂;(3)不使用自来水。

下面就看看农夫山泉是如何放大核心的。

1998年:"农夫山泉有点甜。"这一年,农夫山泉率先提出自己的销售主张,坚持天然。名称的个性化,瓶体设计的时尚化,"有点甜"诉求的差异化,使农夫山泉有了不同于其他饮用水的独特形象。农夫山泉避开明星效应和对水质的诉求,出其不意地采用感性和理性结合的方式,从水的质感引导到水的口味上,提出"有点甜"的独特销售主张,这在当时的确是一个非常新颖的策略,令消费者耳目一新。知名度传播完成后,1998年底,农夫山泉一举杀进全国纯净水行业市场占有率前三名的行列。

1999年:"好水喝出健康来。"1999年,农夫山泉继续差异化的行销传播战略,只不过传播主题逐渐从"农夫山泉有点甜"转化为"好水喝出健康来"。"好水喝出健康来"更加突出了水质,同时也佐证了农夫山泉之所以甘甜的本质原因,更侧重于诉求水源——千岛湖的源头活水,通过各种创意表现形式,使消费者认识到农夫山泉使用的是千岛湖地下的源头活水,是真正的"健康水"。

2000年:天然水之争,"猴子斗老虎"战术。农夫山泉的广告利用植物生长的对比实验来体现天然水的营养丰富,最后农夫山泉宣布停止生产纯净水。这个广告在媒体上一经播出就引起了强烈的震动,不但其他纯净水生产商大为不满,媒体也是连篇累牍地报道、追踪,一时间成为热门话题。同时,投资3亿元的亚洲最大的水厂——农夫山泉淳安生产基地即将建成投产,该工厂引进国际一流专业公司的生产设备,采用国际流行的吹瓶—灌装一条龙生产工艺,全部生产线由电脑自动监控,生产工艺达到国际水平。为了把农夫山泉天然水的概念与纯净水进一步区别开来,农夫山泉又在全国中小学中发动了用纯净水和天然水养殖水仙的实验活动。该活动通过媒体进行了大规模的炒作,并很快公布了实验结果,再次引起巨大的舆论争议。虽然农夫山泉的做法受到了媒体的质疑,更遭到竞争对手的抗议,但媒体的炒作带来了巨大的舆论影响。这一年,农夫山泉成为瓶装水市场上最为关注的品牌。"猴子斗老虎",农夫山泉成为最大的赢家。

2001年:"为奥运捐助一分钱。"2001年1月,农夫山泉推出了"一分钱"篇电视广告,宣布从2001年1月1日开始到7月31日为止,农夫山泉每销售一瓶天然水都提取一分钱,并捐献给中国奥委会,用来支持中国的奥运会行动。真正形成整体战略性行动的是赞助中国申奥代表团,成为中国奥委会指定的"荣誉赞助商"。企业不以个体的名义支持申奥,而是代表消费者的利益和主张来支持北京申奥,这是一个全新的思路,既不容易看出企业支持申奥背后的商业意味,又可以凭借支持北京申奥的巨大影响赢得消费者的认同和响应,从而促进农夫山泉的销售。

2004年:"俺叫大脚。"这一策划是"阳光工程"的延续。2003年形成创意,2004年4月25日制片组开始寻找大脚。2004年5月13日,宁夏,一个招风大耳少年一路疾跑,飞扬的黄土,狂奔的身影,农夫山泉公益广告正在拍摄。

2010年:见证农夫山泉水源地之旅开始启动,故事还在延续。

如果把营销比作引水建渠,则可以说营中的品牌是水源,产品是水;销中的网络是渠道,货架是库容。无源之水难长流啊!

中国的企业尤其要重视营的层面,在中国,营的层面更多的是市场部、企业战略部甚至老板要承担的职责。因此,放大核心,学会讲故事,学会命题作文极为重要。

二、销在织网建网

☞ 销售目的:有效分销

销售的一切都围绕着有效的分销展开,因而应将网络建设、分销陈列作为销售的全部并认真落实。销售没有捷径!

销售就是客户开发+深度分销+售点生动化的过程(见下表1-1)。

表1-1 什么是销售

什么是销售	客户开发 ↓	深度分销 ↓	售点生动化 ↓
销售管理什么	资源 ↓	价格 ↓	细节 ↓
使用工具	调扩增减(客户),奖罚惩处(客户、业务、导购)	掌控渠道,精勤管教	全品经营,软硬终端
	↓	↓	↓
使用手段	让客户感到给他的每一次费用与促销都来之不易。客户和企业战略同步,目标一致。对于企业销售人员而言,每一次费用、促销与返利都是最大的资源,要将其最大化、目标化,要使其成为我们深度分销、调整客户向既定目标前行的重要手段。	保持价格顺差。真正的涨价体现在终端。降价时要考虑客户库存。	有陈列就有销量。一切为了买得到。

销售是什么,简单地说,销售就是织网建网。销售人就是蜘蛛人、蜘蛛侠。

☞ 销售攻略:抢占货架资源

记得管理大师彼得·杜拉克说,营销的最终目的就是使销售成为不必要。

快速消费品营销的成功主要在于两点:

- 通过渠道快速渗透,直接有效地抢占终端货架资源,保证价格渠道的畅通和有序,以及良性长期的终端活动。
- 3个月内必须通过整合传播实现与消费者的有效沟通,通过差异化或领先策略抢占消费者心智。

总结起来就是两个抢占:一个是终端货架资源的抢占,一个是消费者心智的抢占。能达到此,则事成矣。

对于许多小企业来说,尽管它们无法在全国范围内拥有启动和操作的实力,但可以在区域市场进行两个原则的操作,也可以取得相应的成绩。

1.抢占货架资源的前提是货架资源的有限性

供应商追求的是货架资源的最大化和产品陈列面的最大化,但超市和零售店出售的就是货架资源,或者说他们的资源就是货架,以经营货架资源为主要获利手段。对于超市和零售店坚持并遵循的是"公平陈列"原则,即根据消费者的购买习惯,从历史销售数据中计算每个品牌或单品的"销量/销售额/毛利产出",结合门店和品类的定位,加权计算出每个产品的货架空间资源占用量和货架陈列位置安排。这种"公平陈列"和"最大陈列"之间的矛盾,就是供应商/零售商矛盾的核心。

供应商/零售商双方博弈的结果往往是供应商以现金购买货架资源或承诺给予大量的促销支持或让利,以争取到相应的货架陈列。

基于此,企业在货架抢占过程中要抓住两点:一是产品,二是价格(渠道)。

对于快速消费品企业而言,产品在终端货架的表现必须是多品种、多品系、多规格的。这是因为:(1)多品种、多品系、多规格可以给消费者充分的选择空间;(2)多品种、多品系、多规格自然可以赢得大量的货架资源;(3)多品种、多品系、多规格更便于终端的促销组合;(4)多品种、多品系、多规格更有利于导购的终端拦截和推介。

2.价格(渠道)控制是快速消费品的生命

零售价格直接决定着消费者对产品价值的认可,更直接决定着消费者的购买意愿,同时也与产品的品牌定位密不可分。快速消费品需密切关注零售价格,它的位置是整个产品利润渠道的标尺。产品的价格浮动必须正比例地反映到零售价格上,否则便导致整个渠道利润分配的动荡和再调整。相信这一点在原材料和运输成本全面增加的今天,各快速消费品厂家都深有体会,并拥有相应的经验教训。

价格的控制在于渠道利润的分配,是推动产品从厂家到经销商、零售终端再到消费者手中的动力。现在,渠道的竞争从某种意义上讲就是厂家价格控制的竞争。

抢占货架在中国尤为重要,美国著名营销专家米尔顿·科特勒曾分析中美市场的不同:在中国,市场获胜的关键是要尽可能将标准化的产品分销到大众手中,但在美国,市场获胜的关键是通过产品创新来满足特定需求。因此,在中国市场,分销和抢占货架往往更为重要。

在中国,做品牌的知名度易,做分销难。没有分销,就没有未来。

观点二　抢占心智

营的过程就是抢占消费者心智的过程,营的最终战场是消费者的心智。只有抢占了消费者的心智,消费者才会在第一时间想到你。

心智的抢占让品牌深入人心,从而实现消费者乐意买的目的。而要完成抢占心智,应当实施并坚持心智第一、整合传播和核心放大的原则。

心智的抢占是战略、是品牌、是定位,是确定产品及产品线的过程,在心智抢占的过程中还应注意以下几点:标杆还是"差异";产品还是"商品";4P还是1P+3P;广告还是"整合";团伙还是团队;同质还是差异;整体还是聚焦;经验而非定律。

一、标杆还是"差异"

对标管理是最近许多企业倡导的管理模式,也是众多咨询策划公司应用得最多的工具。但我认为,对标管理更适合稳健型企业和一些国有垄断性行业,而对于大多数发展型企业和处于挑战者、补缺者位置的企业而言,对标管理无疑是给企业前进的脚步套上枷锁,会使其放慢赶超的速度,甚至失去赶超的机会。

大家熟知木桶理论,讲木桶盛水的多少,不取决于最长的那块木板,而取决于最短的那块。这也是对标管理的基本理论。但大多数发展型企业在发展初期不正是因为有长板才得到生存和发展的吗?对于大多发展型企业和处于挑战者、补缺者位置的企业而言,发展、超越和速度更重要。因此,我们要使长板更长,即等我们成为行业老大或挤进前三,我们才需要在发展中弥补短板,否则我们的优势何在?对标的结果只能是我们失去优势。

对此,路长全在一篇文章中提到"不要用管理骆驼的方法管理兔子"[①]。他说道:"为什么那么多理论都远水不解近渴?为什么理论越来越多,中国企业垮掉的速度却

---

① 路长全:《拒绝用管理骆驼的方法管理兔子》,《中国证券报》2007年8月31日,A14版。

越来越快？为什么标杆管理运动没有产生成效？这里面存在一个重大的管理误区：试图用管理骆驼的方法管理兔子。"①

"广泛流行的管理理论是西方跨国企业成功的经验总结，尤其是现阶段巨型跨国企业的管理模式。那些企业很大，如果说西方巨型跨国企业是体格庞大的骆驼的话，中国的企业充其量是一只兔子。那些理论是管理骆驼的方法，用管理骆驼的方法管理兔子，兔子跑不起来，很痛苦！"②

当前市面上几乎所有的管理书籍所谈的企业都是世界上非常优秀和卓越的公司，比如波音、通用、沃尔玛、宝洁、雀巢等。这些公司的规模之大，以至于中国绝大多数的企业在未来十年内都很难企及，它们的成功经验尽管是正确的，但对目前的中国企业来说并没有太多的现实意义。

可以说，目前几乎所有的管理理论所谈的都是管理"骆驼"的方法。我们一直在学习并努力做的也是试图用管理骆驼的方法来管理兔子，并对此坚信不疑。这是中国企业管理的最大误区。

特劳特中国公司的诸多论述，如《中国企业如何定战略？——兼论麦肯锡战略之误》，也曾明确指出麦肯锡应用标杆的不足。标杆理论谈的是成人的生活方式，是富人的生活方式，是如何活得更好的方式；而大多处于初创期或者尚在温饱线上的企业需要的是如何更好地生存下来的方法，是如何从生存到发展，进而变得强大的方法。

对于众多中国企业来说，能够在市场上生存，必然有自己的生存之道和独特的优势。我们首先要肯定和放大这些优势，这才是中国企业真正的核心竞争力。

骆驼和兔子有两个本质的不同。

第一个不同是体格不同：骆驼骨架大，前进需要稳健，不能跑得太快，太快就散架了；而兔子比较小，速度是其生命特征，需要奔跑和灵活。

跑起来，速度是关键，速度是获胜的前提，速度也是中国企业必需的素质。不要力求十全十美，不要奢望完美无缺，确定一个目标，先利用自己的优势和强项，先跑起来！

有方向，我们先走起来；有方向，就不怕路远；有方向，我们就可以选择最佳的道路！

格力、娃哈哈、蒙牛、海尔、联想、伊利、远大等企业近十年成长迅速，企业规模已是原来的几千倍甚至上万倍。这些企业之所以成功，就是因为它们是中国市场上奔跑得最快的一批"兔子"。

---

① 路长全：《拒绝用管理骆驼的方法管理兔子》，《中国证券报》2007年8月31日，A14版。
② 路长全：《拒绝用管理骆驼的方法管理兔子》，《中国证券报》2007年8月31日，A14版。

中国企业规模普遍较小，如果没有速度，与跨国企业的差距就很难缩小，甚至还会不断拉大。

第二个不同是底子不同：骆驼有驼峰，有足够的储存。骆驼七天不吃不喝，照样可以穿过沙漠到达目的地；而兔子不行，兔子必须一边跑，一边找到吃的和喝的，否则很快就会饿死、渴死或累死。

西方跨国企业往往把数年的亏损作为实现占领中国市场这一抱负的基石，即先用多年的亏损为代价，建立品牌、销售队伍和渠道，随之销售额一天天增长，到第五年或者第八年实现盈利。比如，"可口可乐公司在中国亏损了七年，第八年才盈利"；"宝洁公司亏损了八年，第九年才盈利"。[①] 而且这些跨国公司在中国以收购企业为手段，使得诸多本土品牌"被雪藏"。如强生宣布完成对大宝的收购，这个低端消费市场的领导者能否"天天见"尚不明朗；一度独领风骚的乐百氏，在被达能收购前曾做到了中国市场第一的位置，占到全部市场份额的30%，在收购完成后的第六年，乐百氏的市场份额仅为5%；纳入竞争对手吉列之手的南孚电池在海外市场无所作为；易手后的中华和美加净在联合利华的大树底下没能发扬光大；小护士与欧莱雅历时四年的谈判没能换来完美联姻，此后这个老化的品牌便基本陷入自生自灭的状态，占有率逐年锐减，品牌排名也到了十名之外……现在，我们唯有致那些我们逝去的品牌！

自身强大是前提，自身强大才有话语权！一个家财万贯、底子深厚、以市场占有率和完全市场占有为目的的企业，和一个初出茅庐、依靠尚存的一些技能"卖艺求生"期望过上好日子、达到温饱的企业而言，怎么可能采取同样的运作和管理模式？

所以，我们不必去给兔子钉马掌、打鼻孔、上绳索，也不用花大量的时间让企业过分追求完善的体系、流程和内控体系，片面追求完美产品，否则这只会使企业效率更低、决策更慢、投入产出失衡更严重、离市场越来越远，进而错失企业生存和发展的机会。

兔子战略基于差异化，在于聚焦；骆驼管理基于标杆，在于稳健。

心智抢占的核心在于差异化，而对标管理的核心在于标杆的确立。差异化在于抢占消费者的心智，抢占消费者心智之聚焦称为战略；而标杆往往不能复制，只能称之为对经验的总结。经验总结不能复制，只有创新地吸收，才能避免重蹈覆辙。

因此，差异战略、心智抢占才是根本。

谈到战略，波特在《竞争战略》一书中提出了三种基本的行业竞争战略，"兔子企业"的发展要根据自己的实际情况，灵活应用这三种战略。此外，在不同时期、不同环

[①] 路长全：《拒绝用管理骆驼的方法管理兔子》，《中国证券报》2007年8月31日，A14版。

境，三种战略有时候是可以相互转换的。

☞ 低成本战略

所谓的低成本战略是指企业在提供相同的产品或服务时，通过在内部加强成本控制，在研究、开发、生产、销售、服务和广告等领域把成本降至最低，使成本或费用明显低于行业平均水平或主要竞争对手，从而赢得更高的市场占有率或更高的利润，成为行业中成本领先者的一种竞争战略。

低成本战略的应用更适合那些独占或垄断资源的行业或企业，但一些企业在垄断市场后，却往往提高价格，以前获得更高利润。因此我们讨论战略、市场和抢占的前提是基于完全竞争性市场的假设。

运用低成本战略，企业一般会通过价值链的改造获得成本优势，最主要的方式包括：

- 标准化：简化产品设计，利用现代设计技术将各种模型和款式标准化，转向"易于制造"的设计方式，例如统一的基方复配技术就基于此。
- 使用"直接到达最终用户"的销售策略，减少由中间商产生的成本费用。
- 将各种设施重新布置在更靠近供应商和消费者的地方，以减少入厂和出厂的成本。
- 寻找各种途径避免使用高成本的原材料和零部件。

实施低成本战略的企业还应该着力培养低成本的企业文化，以成本导向管理体系，寻求内部市场化，强调"零残次是最大的节约""一粥一饭，常思来之不易；一丝一缕，恒念物力维艰""小数怕加，大数怕减"等等，把类似的理念贯彻到员工中去，形成员工的共享价值观，创造更多的途径降低成本。

低成本战略是一种重要的竞争战略，但是它也有一定的适用范围。当具备下列条件时，采用低成本战略会更有效：

- 市场需求具有价格弹性。
- 所处行业的企业都生产标准化产品，从而使价格竞争成为决定企业市场地位的关键要素。
- 实现产品差异化的途径很少。
- 多数用户以相同的方式使用产品。
- 用户购物从一个销售商转向另一个销售商时，成本不会发生转换，因而特别倾向于购买价格最优惠的产品。

但采用低成本战略也会有一定的风险。例如技术变革和技术进步会使以往的投资和效率变得无效；竞争对手通过模仿或投资高技术装备，也可以降低成本；只注意到生产成本的降低，而忽略服务、技术开发、市场营销等方面的成本，忽略产品或市场的变化等。因此，运用低成本战略一定要考虑技术革新和技术进步的影响，注意竞争对手的战略反应和产品、市场的变化。

格兰仕应用低成本战略成功占领了微波炉第一的市场，但柯达、乐凯的低成本却因为技术进步而被市场淘汰。因此，关注技术进步，关注革新，企业才不会变得被动。

☞ 集中化战略

集中化战略也称为聚焦战略，是指企业或事业部的经营活动集中于某一特定的购买者群体、产品线的某一部分或某一地域市场的一种战略。

这种战略的核心是瞄准某个特定的用户群体、某种细分的产品线或某个细分市场。具体来说，集中化战略可以分为产品线集中化战略、顾客集中化战略、地区集中化战略以及低占有率集中化战略。

具备下列四种条件，采用集中化战略才适宜：
- 具有完全不同的用户群，这些用户或有不同的需求，或以不同的方式使用产品。
- 在相同的目标细分市场中，其他竞争对手不打算实行重点集中战略。
- 企业的资源不允许其追求广泛的细分市场。
- 行业中各细分部门在规模、成长率、获利能力方面存在很大差异，致使某些细分部门比其他部门更有吸引力。

集中化战略的优势主要表现在以下几个方面：
- 集中化战略便于集中使用整个企业的力量和资源，以更好地服务于某一特定的目标。
- 将目标集中于特定的部分市场，企业可以更好地调查研究与产品有关的技术、市场、顾客以及竞争对手等，做到"知彼"。
- 战略目标集中、明确，经济效果易于评价，战略管理过程也容易控制，从而简化管理。

集中化战略的风险主要表现在以下几个方面：
- 由于企业将全部力量和资源都投入到一种产品或一个特定的市场，当顾客偏好发生变化，技术出现创新或有新的替代品出现时，企业就会发现这部分市场对产品或服务的需求下降，企业会受到很大的冲击。

- 竞争者打入了企业选定的目标市场,并且采取了优于企业的更集中化的战略。
- 产品销量可能变少,产品要求不断更新,造成生产成本上升,使得采取集中化战略的企业成本优势被削弱。

集中化战略企业应用更多的是市场的有效细分,在某种意义上讲也是一种差异化!

☞ 差异化战略

所谓差异化战略是指为使企业产品与竞争对手产品有明显的区别,形成与众不同的特点而采取的一种战略。这种战略的核心是获得某种对顾客有价值的独特性,也是定位理论在战略层面的应用。

企业要突出自己产品与竞争对手之间的差异性,主要有四种基本的途径:
- 产品差异化战略。
- 服务差异化战略。
- 人事差异化战略。
- 形象差异化战略。

随着市场的全球化和社会主义市场经济的进一步开放和完善,完全竞争局势日渐形成,差异化战略将成为市场选择的主流。

表 2—1　三种基本战略针对不同战略目标的融合应用

		战略优势	
		低成本地位	独特性
战略目标	整个产业范围	成本领先战略	差异化战略
	特定细分市场	成本聚焦战略	差异化聚焦战略

从以上融合应用可以看出,独特与差异化是各个战略的本质。因此,从某种角度来说,战略就是整合企业自身资源、寻求差异化和核心竞争力的过程。

我们大多数赞成健康,但我们并不总是愿意为健康付出自我否定的代价。大多数人对那些能立即解决麻烦、解决困扰的东西反应迅速,而对那些预防疾病侵袭的东西却反应冷淡。因此,高利贷可能比储蓄银行活得更好;我们可以牙疼时马上去看医生,但每 6 个月一次的定期检查却常常因为要上美容院而延期。这也是为什么中国企业存活周期在 3—5 年的原因。

缺少长远规划和战略思维已成为国内企业发展的主要瓶颈。在战略研究方法中,

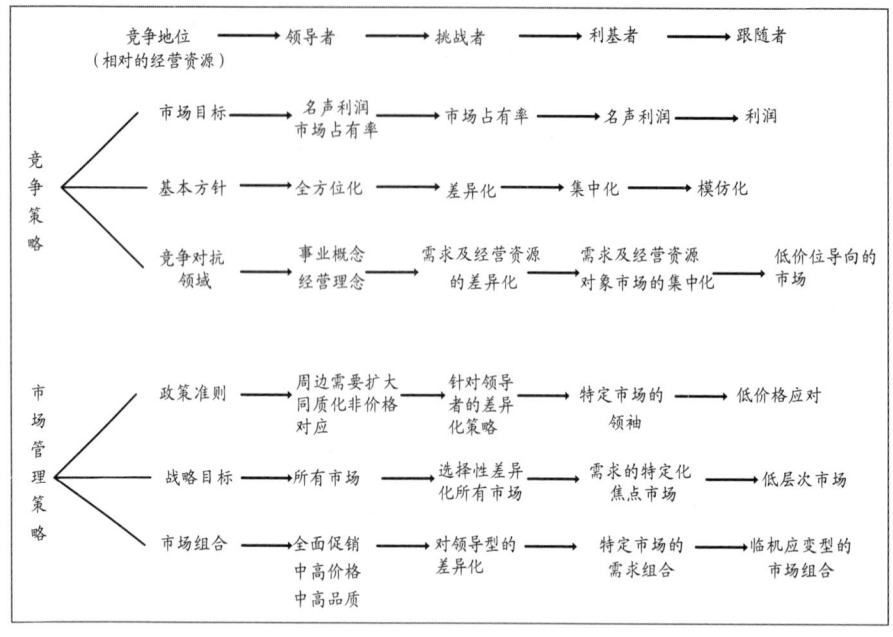

图 2—1 不同策略领域的竞争策略

我认为里斯和特劳特的定位和聚焦理论将主导今后企业的战略方向。在此提几点忠告：

- 所谓定位，就是让品牌在消费者的心智中占据最有利的位置，使品牌成为某个类别或某种行业特征的代表品牌。这样，当消费者产生相关需求时，便会将定位品牌作为首选，也就是说这个品牌占据了这个定位。
- 玫瑰如果不叫玫瑰，就不那么芳香，定位以消费者大脑为战场，是认知之战，而非产品之争。
- 定位理论在于差异化，差异化的外在抢占消费者心智与内在聚焦称之为战略，而麦肯锡在于标杆，标杆往往不能复制，只能称之为经验的总结。只有创新吸收，才能避免重蹈覆辙。
- 进入大脑比进入市场更重要。
- 战略一旦确定，坚持并持之以恒去实施最为重要，反复、质疑是最大的浪费。

在注重差异化的同时，一定要利用行业标准领先原则和"猴子斗老虎"的对立原则。

对立法则提醒我们打造品牌的方式并非只有一个，而是两个：成为第一并把你的品牌打造成为领导品牌；或者成为第二，把你的品牌打造成为领先品牌的对手。

森林里有一只野心勃勃的猴子，总想成为森林之王，但苦于老虎独大，终不得愿，后经高人策划,献二策,遂成就梦想。

其一:与老虎并肩,快速提升为王者地位:在森林大会上当着所有动物和"娱记"的面给老虎下战书,并不断让"狗仔队"发布"内幕"——"猴子得到葵花宝典""猴子不是猴,是人"等等信息,从而快速提升知名度。老虎犯难了,如果应战,输则猴子成王;赢则有损我王者风范,说我欺负弱者,难!显然,猴子已经成为"王者",站到了与老虎并肩的位置上。

其二:制定挑战规则:猴子挑战老虎,史无前例,经过公关,规则由猴子制定,猴子表现得"很公正",让老虎选择项目,老虎选跑步比速度。然而,猴子最终制定的规则是——1000 米长跑,在 500 米设一个高 50 米的高杆,上放一桃子,到达终点并最先将桃子交于裁判手中者获胜。结果可想而知。

上面的寓言告诉我们,要么与领导者并肩,要么制定行业标准,这样才有可能成为领先者。同时,我们也必须认识到,领先品牌往往代表行业的"流行标准",消费者习惯于比照行业领先产品来评价竞争品牌。

二、产品还是"商品"

我们很多企业都在生产"好产品"而缺乏"好商品"。

改革开放三十余年,产品导向型的企业还很多,它们只知道生产"产品",却缺乏市场眼光和思维,不创新,无品牌,无网络,无市场。

从经济学角度通俗地讲,自产自用、为自己生产的东西叫产品;用于交换或者销售、为他人生产的东西叫商品。"泥瓦匠住草房,做席子的睡光床",描绘的就是典型的商品生产方式。

推而广之,自用的东西叫"产品",待价而沽的东西叫"商品"。比如井水,你自己用,就是"产品";定个价出售,就是"商品"。同样一个东西,对研发人员来说是"产品",对营销人员来说就是"商品"。实验室里的是"产品";市场上销售的是"商品"。那么,二者的区别是什么呢?

这里要引出一个概念——商品的二重性。商品的二重性是指商品同时具有使用价值和价值两重属性。

商品的有用性,即能够用来满足人们某种需要的属性,就是商品的使用价值。凝结在商品中的一般人类劳动就是商品的价值,各种商品的价值,只有量的差别,而无质的不同。价值存在于商品体内,是商品的社会属性,体现着商品生产者相互交换劳动的社会关系。

研发人员考虑的是如何按照设计要求,做出符合要求的样品或者成品,即更多地考虑产品的使用价值,使产品的使用价值达到最大化。而营销人员考虑的则是如何让研发人员以及随后的生产人员做出来的东西获得目标顾客的认可和认同,是将产品的价值进行"差异化"包装,突出其与众不同、领先一步的"使用价值",从而提升"交换价值",最终达到消费者的心里认同价值,即价格。

营销人员和市场部、广告公司、策划团队要做的工作包括:如何定价?如何包装?如何促销?卖给谁?在哪里卖?如何卖?如何有效地沟通和传播?这些就是产品商品化的过程。比如茶叶、白酒、香烟、鞋袜等等。我们买时,是商品;用它时,其他东西——包括包装、说明书都是必须找地方扔掉的垃圾,甚至它值多少钱、什么商标、是不是"奢侈品",都不再有什么实际价值,我们只关注它的使用价值了。而恰恰是这些"商品化"的东西,帮助商家让顾客对商品产生了购买愿望。

还需要强调或者说必须强调的是,我们说的"产品"或者"快消品"的销售,都是在确保产品本身没有质量、工艺、安全问题的前提下,经商品化包装、准确定位,以市场向导和消费者需求为目标进行营销。

既然营销人员、市场部、广告公司、策划团队的主要工作就是将产品商品化的过程,那么怎样才能进行产品的商品化呢?我们认为,商品化的过程要抓住产品的"四化"。

☞ 差异外在化

在同质化的今天,差异外在化尤为重要。

差异化是营销的法宝,可是面对市场竞争,同一品类、同一品系的产品往往天生就是差异小,我们称之为高度均质或高度同质化。同质化可能有两种情况:一是,同类产品之间在内在品质上差异不大,高度平均;二是,也许在内在品质上有差异,可是在外观上不显现,很难直观地分辨出来。对于第一种情况,产品的差异外在化能使商品凸显出来,成为强者。第二种情况可以说是产品的悲哀,应当进一步加强产品的商品化进程。

表面的东西是给对方的第一印象,如果第一印象好,对方会有兴趣继续了解下去,如果连第一印象都不好,那么一般人都不会再继续了解下去了。至少这个不好的第一印象会产生负面影响,也就是所谓的先入为主。至于外表,不必多作解释,在认识一个人的时候,你所看到的当然首先是他的外表,在有限的时间里又能了解对方多少呢?当然还是那些表面的东西,这些都只是人的本能反应。

那么，面对高度均质的产品怎么办？将差异外在化！

2005年3月，日本京都的伊藤信吾接手父亲的豆腐店后，不满足于"三块豆腐100日元"的卖法，于是打破几十年做"标准豆腐"的传统，和几个华裔、欧美人士开发了一种全新概念的豆腐品牌——男前豆腐。伊藤信吾从改变豆腐传统的四方形状着手，由于豆腐绵软，放多了固化剂反而会影响品质，变成老豆腐，因此他们将豆腐的造型进行了改良，做成了水滴形等异形，将豆腐放入瘦长形或琵琶形的塑料容器里，并取了一个非常不像豆腐的名字——男前豆腐，意即"男子气概豆腐"。软软的豆腐变成了男子汉的象征，给消费者的认知和感官带来了很大的冲击。这种做法使其一下子从众多的日本豆腐品牌中脱颖而出，站在了时尚潮流的前沿。许多日本人买不到男前豆腐也会预订，因为他们要的就是这种潇洒的感觉。

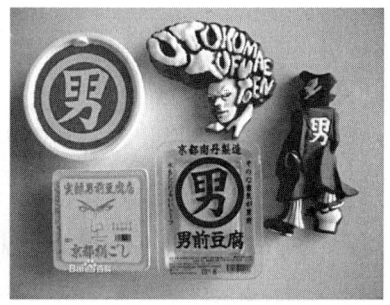

图片来源：融资通网站 www.rztong.com.cn

图2—2　男前豆腐平面广告

另一种差异外在化的代表产品是方形西瓜。方形西瓜由于瓜形好，易运输，深受广大消费者的青睐，价格也贵了许多。方形西瓜的味道与一般常见的圆形西瓜完全一样，仅仅在形态方面发生了一些变化。

相比传统圆形西瓜，方形西瓜被赋予了更多营销卖点和优点：

一是营养丰富、品质优良，方形西瓜品种经过了技术专家的选择和优化，品质好，西瓜压缩后单位体积的营养密度增大，营养更丰富。

二是耐储藏和运输，食用方形西瓜储藏期可达一个月，用于观赏的方形西瓜储藏期可达六个月之久。

三是拥有观赏、食用双重价值，附加值高。

此外，方形西瓜还可以在瓜身上写字，无论何种文字、图案都可以写上去。

还有美国的普渡鸡，如何使自己出售的鸡与众不同呢？普渡先生坚信，通过特定的市场营销运作，可以找到愿意为更好的鸡肉付出更高价格的消费者。

首先，他对鸡进行了一番改良，比如利用生物学上的杂交以及使用特殊的饲料。

图片来源:网络

图 2—3　方形西瓜展示

经过努力,他的鸡与别的鸡有了区别,除了品种上的不同以外,鸡吃了特殊的饲料后,鸡皮和平常看到的鸡不一样,变成了金黄色。

其次,他询问顾客在购买鸡肉时有什么不满意的地方。顾客告诉他,现在出售的鸡身上有许多毛没有拔干净。于是普渡先生就设计了一个风洞,鸡经过这个风洞,身上的毛可以拔得非常干净。

最后,就是优化销售环节。在普渡先生进行这项工作以前,美国市场上出售的鸡都要经过冷冻,然后通过经销商、批发商再到零售商那里。而他却将鸡肉直接用冷藏车运输,送到零售商手中时鸡肉还是新鲜的。

通过以上这些手段,普渡先生建立了鸡肉独有的附加值。这个独有的附加值基于以下两点:首先,他通过一些方法使自己的鸡肉与别人的不同;其次,他还对分销系统进行了改造。凭借这两点,他确立了自己的竞争优势。因此,其鸡肉的价格也要比别人的高出40%。

当竞争优势已经具备时,下一步就是要告诉顾客只有我才有这种鸡肉,而且要告诉顾客为什么我的鸡肉与众不同,为什么值得他们用更高的价格去购买,并且要记住就是要购买我这种金黄色的鸡肉。为此,普渡先生把他的鸡肉拿到档次比较高的商店里去,而且普渡鸡的广告强调,要生产出这种不同寻常的鸡肉,就必须要普渡先生这样强有力的、有魄力的人才能做到。这让顾客感觉,这种鸡肉值得多花一些钱去购买。

普渡鸡是过去15—20年间品牌营销成功的典范。从普渡鸡这个案例中我们可以学到三点:第一,任何一种产品都可以做成一个品牌,哪怕它是一种均质商品;第二,只有从创造出的品牌中得到利润才会成功;第三,一个成功的品牌需要将诸多因素整合在一起,比如产品本身、价格、渠道和促销,它们是一个整体。

对于同样的水,农夫山泉通过命名、包装使其有别于其他水;同样的一盘家常菜"胡萝卜拌面菜",给它起一个意味深长的名字——"一面情深",它就成为招待客人的必点菜和谈论话题。农副产品的地域认证、原产地标志、商标保护也是很好的产品差异外在化的体现。

产品差异外在化的过程,实际上就是抢占消费者心智进行差异化定位的过程。在这个过程中,每一个灵感都是新构想,抓住它,你就能成功。创新不是发明,创新就是面包加火腿变成"热狗"那么简单,你我都可以做到。

一个暴风雨的日子,有一个穷人到富人家讨饭。"滚开!"仆人说,"不要来打搅我们"。穷人说,"只要让我进去,在你们的火炉上烤下衣服就行了"。仆人以为这不需要花费什么,就让他进去了。之后,穷人叫厨娘给他一个小锅,以便他"煮点石头汤喝"。"石头汤?"厨娘说,"我想看看你怎样能用石头做成汤"。于是厨娘就答应了。穷人到路上拣了块石头洗净后放在锅里煮。"可是,你总得放点盐吧。"厨娘说,她给他一些盐,后来又给了豌豆、薄荷、香菜,最后又把能够收拾到的碎肉末都放在汤里。当然,您也许能猜到,这个可怜人后来把石头捞出来扔回路上,美美地喝了一锅肉汤。如果这个穷人对仆人说:"行行好吧!请给我一锅肉汤。"会得到什么结果呢?因此,故事结尾处总结道:"坚持下去,方法正确,你就能成功。"

创意可能并不像你想象的那么难,以下194种创意线索希望对你有帮助[①]:

1. 把它颠倒过来
2. 把它摆平
3. 把它缩小
4. 把颜色变换一下
5. 把它变为圆形
6. 使它变得更大
7. 把它变为正方形
8. 使它变得更小
9. 使它变得更长
10. 使它能够闪烁
11. 使它变得更短
12. 使它发出火花
13. 使它可以被看到
14. 点燃它
15. 使它超越平凡
16. 使它发荧光
17. 把它放进文字里
18. 使它变沉重
19. 把它插进音乐里
20. 使它成为引火物
21. 结合文字和音乐
22. 使它成为"酶"
23. 结合文字、音乐和图画
24. 参加竞赛
25. 结合音乐和图画注解文字
26. 变成筹码
27. 不要图画
28. 使它成为年轻型的
29. 不要文字
30. 使它成为壮年型的
31. 沉默无声
32. 把它分割开

---

① 参见 http://www.douban.com/group/topic/7007182/。

33. 使它重复
34. 保守地说
35. 使它变成立体
36. 夸张地说
37. 使它变成平面
38. 当替代品卖
39. 变换它的形态
40. 发现新用途
41. 只变更一部分
42. 减掉它
43. 使它成为一组
44. 撕开它
45. 为捐献或义卖而销售
46. 使它化合
47. 鼓励它
48. 用显而易见的
49. 机动化
50. 重新配置要素
51. 电气化
52. 降低调子
53. 使它活动
54. 提高调子
55. 使它相反
56. 割开它
57. 它像是某种东西的替代品
58. 混合在一起
59. 使它更加罗曼蒂克
60. 改用另一种形式表现
61. 增添怀旧的诉求
62. 使它的速度加快
63. 使它看起来流行
64. 使它慢下来
65. 使它看起来像未来派
66. 让它飞起来
67. 使它成为某种物品的部分代替
68. 使它浮起
69. 使它更强壮
70. 使它滚转
71. 使它更耐久
72. 把它切成片状
73. 运用象征
74. 使它成为粉状
75. 它是写实派
76. 以性作诉求
77. 运用新艺术形式
78. 使它凝缩
79. 变更摄影技巧
80. 使它弯曲
81. 变换为图解方式
82. 使它成对
83. 使它变更形式
84. 使它倾斜
85. 用图画说明你的故事
86. 使它悬浮半空中
87. 使用新广告媒体演示
88. 使它垂直站立
89. 使它成为一种新广告媒体
90. 把它由里向外翻转
91. 使它更强烈
92. 把它向旁边转
93. 使它更冷
94. 摇动它
95. 增加香味
96. 把它遮蔽起来

97. 变换气味
98. 使它不对称
99. 把它除臭
100. 使它不协调
101. 将它转向儿童诉求
102. 将它隔开
103. 将它转向男士诉求
104. 使它与其他相敌对
105. 将它转向妇女诉求
106. 使它变得锐利
107. 降低价格
108. 变更外形
109. 抬高价格
110. 要它绕一周
111. 变更成分
112. 把它框起来
113. 增加新成分
114. 把它卷成一圈
115. 拧搓它
116. 把它填满
117. 使它透明
118. 把它弄成空的
119. 使它不透明
120. 把它打开
121. 用不同背景
122. 把它故意拼错
123. 用不同环境
124. 给它起个绰号
125. 使它富有魅力
126. 把它封印起来
127. 使用视觉效果
128. 把它移转过来
129. 使用另外的物料
130. 把它捆包起来
131. 赋予人性化的趣味
132. 把它集中起来
133. 变更密度
134. 把它推开
135. 置于不同的货柜
136. 使它成为交替的
137. 变换包装
138. 使它凝固起来
139. 使密度增加
140. 使它溶化
141. 小型实用化
142. 使成凝胶状
143. 增加至最大限度
144. 使它软化
145. 把它除掉
146. 使它硬化
147. 使它轻便
148. 汽化
149. 使它可以折叠
150. 加上抑扬顿挫
151. 趋向偏激
152. 使它更狭窄
153. 如夏天般炎热
154. 使它更宽广
155. 如冬天般寒冷
156. 使它更滑稽
157. 拟人化
158. 使它成为被讽刺的对象
159. 使它更暗
160. 用简短的文案

161. 使它发光	178. 免费提供
162. 用长文案	179. 以成本价出售
163. 使它灼热	180. 提供特价
164. 发现第二种用途	181. 增加慰藉的诉求
165. 使它更有营养	182. 提供维护服务
166. 使它们合成在一起	183. 运用不同的织法
167. 把它倒进瓶中	184. 使它变得香郁宜人
168. 把它当作用具来卖	185. 使它变成酸的
169. 把它倒进罐中	186. 把它浸湿
170. 使它清净	187. 使它脱水
171. 把它放进盒中	188. 使它干燥
172. 把它倒进壶中	189. 把它冻起来
173. 把它倒进缸中	190. 把它抛出去
174. 把它弄直	191. 使它无刺激性
175. 把它褶曲	192. 使它单纯化
176. 把它缠起来	193. 使它具有刺激性
177. 提升声誉	194. 把以上各项任意组合

当然产品差异外在化的过程根源于产品自身的独特卖点,创意推广过程所起到的作用更多地是发现并放大这些卖点。没有产品自身支持而凭空设想的创意,是不能长久的。同时更要强调的是,一旦此差异、此核心确立了,就要在产品线延展和产品设计上坚持贯彻,否则极易失去其差异化,弱化自身品牌的核心。

☞ 包装广告化

产品的包装是产品的第一张脸。

产品包装是消费者对产品的视觉体验,是产品个性和差异化直接和最主要的传递者,是企业形象定位的直接表现。如何让包装在营销中发挥更大的价值?可取的策略之一是包装广告化。其实,产品包装是产品的第一张平面广告,是第一个售点广告、第一个差异化阐述,也是产品传播的第一媒介。

但国内企业往往先有产品后有广告,包装说明和广告卖点脱节,不呼应,还美其名曰节约成本,不会导致包装浪费,浑然不知这才是最大的浪费。

尤其对于快消品而言,未来的竞争就是包装的竞争。好的包装设计,对于企业来说至关重要。具体表现在以下三个方面:

1. 策略定位准确,符合消费者心理

产品包装设计能帮助企业在众多竞争品牌中脱颖而出,并使公司赢得"可靠"的声誉。

包装设计具有建立品牌认知的行销作用,也就是利用包装设计呈现品牌讯息,建立品牌识别,使消费者知晓商品的品牌名称、品牌属性,进而建立品牌形象。在品牌知识的架构中,亦将产品的包装视为是品牌形象联想的来源之一。

品牌形象主要由制造商形象、使用者形象、产品自身形象以及品牌本身的人格形象所构成。包装视觉设计要能传达包含这四者的品牌讯息,才算是完整地构建了品牌形象。

2. 抢眼

在商品极大丰富的今天,消费者对每个产品的关注时间非常短暂,因此,商家必须抓住消费者目光从货架上扫过的那一瞬间。有这样一组数据:70%的顾客去超市不知道要买什么,随机购买者占多数;顾客在售点平均逗留时间为 15 分钟;75%的消费者是在 5 秒钟内决定是否购买的;顾客在每一种商品前驻足的时间不超过 2 秒钟;如果顾客看不到要买的东西,40%的人会买其他品牌的商品。

在短暂的购买决策过程中,包装是第一广告。只有在包装能够综合利用颜色、造型、材料等元素,同时表现出产品、品牌等企业的内涵和信息,突出产品与消费者的利益共同点时,才能对消费者形成较直观的冲击,进而影响消费者对产品和企业的印象,使产品在货架上脱颖而出,有效地实现吸引消费者的目的。也就是说,产品的包装首先要表现出销售力。

3. 承载品牌

包装作为一个品牌的外在表现,影响着品牌传递给消费者的感觉。它所产生的差异以及由此而表现出的品牌特征,是吸引消费者的主导因素。包装所承载的物质利益与精神利益就是消费者所购买的东西,它应让其所代表的品牌在消费者心智中形成一个烙印,并充分表现出品牌的内涵。假如没有内涵或者内涵不突出,消费者听到、看到包装没有产生联想,那么品牌就会成为无源之水。

因此,包装不是画蛇添足,而是一种有形的广告,可以起到宣传的作用,合理的包装更能让产品锦上添花。为了吸引消费者的眼球,激起他们的购买欲望,商家总是挖空心思地为产品改装换颜,因为只有包装美观了,才能够在激活市场销售的同时增强自身的效益。

在市场经济繁荣的今天,产品包装有两层含义:一是指产品的容器和外部包装,即包装器材;二是指包装产品的操作过程,即包装方法。在实际工作中,二者往往难以分开,故统称为"产品包装"。

那么产品为什么要包装?最简单但非常重要的原因是,产品包装是为保护产品质量和数量的完整性而必需的一道工序,也是产品运输、储存、销售过程中不可缺少的必要条件。其主要功效体现为以下几点:

1. 保护产品

这是包装的主要目的和重要功能。从出厂到销售的整个流转过程中,产品都必须进行运输和储存。即使到了消费者手中,从开始到使用完毕,也还有存放的问题。此外,产品在运输过程中会遇到震动、挤压、碰撞等冲击,在存储时也会受到湿度、尘埃污染等等的影响……合理的包装能保护产品在流转过程中不受自然环境和外力的影响,从而保护产品的使用价值,使之不被损坏和变形等等。

2. 提高产品储运效率

包装对零散产品能起到集中的作用。包装上的合格证标有产品名称和特性,便于装卸、搬运和堆码,利于简化产品的交接手续,从而使工作效率明显提高。

3. 便于使用

适当的包装还可以起到便于使用和指导消费者的作用。包装材料上的使用说明、注意事项等,对消费者或用户使用、保养、保存产品具有很重要的指导意义。

4. 促进产品销售

如前所述,产品包装还具有识别和促销的作用,可与同类竞争产品相区别。精美的包装不易仿制、假冒、伪造,有利于保持企业的信誉。对于经销商、零售商等销售网点来讲,包装其实是"无声的销售员",良好的包装往往能为广大消费者所瞩目,从而激发其购买欲望,成为产品推销的主要工具和有力的竞争手段,同时还能达到广告宣传的效果。有时,几个同种产品的质量可能不相上下,此时产品的外包装往往就成为消费者选购产品的主要考虑因素。有时,只是包装的改进便可以使一个旧产品给人带来新的感觉。由此可见,包装能够有效地帮助产品上市行销,维持或扩大市场占有率,推广自动售货和自助售货。

5.促进企业收入增加

优良、精美的包装不仅可以使好的产品与好的包装相得益彰,避免"一等产品、二等包装、三等价格"的现象,而且还能抬高产品的身价,使消费者愿意出较高的价格购买,从而使企业增加销售收入。此外,包装产品的存货控制也比较简单易行。合理的包装还可使产品损耗率降低,在提高运输、储存、销售各环节的劳动效率的同时,使企业增加利润。

总而言之,包装广告化,就是让包装突出品牌内涵,差异化卖点,对消费者形成直观的冲击,影响消费者对产品和企业的印象,使产品在货架上脱颖而出,从而有效完成吸引消费者、产生销售力的目的。

农夫山泉在广告中强化自己"有点甜"的定位,提炼出"只做大自然的搬运工"的三点支撑:从不使用自来水、水源地建厂、天然弱碱性。随后,农夫山泉在广告传播及包装上尽量让二者完美地匹配。反观其他好多产品包装,广告一套,包装一套,你说你的,我卖我的,没有呼应,没有联系。这不是浪费是什么?

包装广告化,也是产品差异外化的一种创意形式,在日化产品、饮品等快消品领域,包装的创新就是差异化的重要方向之一。

但最为关键的意义在于,包装广告化是对消费者心智定位的呼应,是决定消费者"货币投票"的重要环节。

☞ 说明数字化

面对理性的消费者,把真实的、数字化的、理性的解释给消费者展示出来,往往更能阐述产品的本质差异。

列数字,是一种说明文的说明方法。列数字的作用是让数字来说明问题,从数量的角度说明事物的特征,一方面使说明更准确,另一方面使说明更具说服力。此外,还让说明更具体。在商品化的过程中,让说明数字化更能把产品特质表述得更精确、更直观。

用数据说话,可以简单清晰地告诉消费者:"一瓶标准装洗洁精,按照国家标准可以洗312个盘子,而白猫洗洁精却可以洗525个盘子。"无需赘言,312和525两个阿拉伯数字已经足以说明一切。相信看了这则广告之后,那些精打细算的家庭主妇们自会作出选择。

还有更多"数字化"的案例,请看以下平面广告:

图 2—4　水溶 C100 平面广告

当维 C 已经深入人心并呈现同质化趋势时，提出 5 个半柠檬的概念，就是极好的数字化、差异化策略。

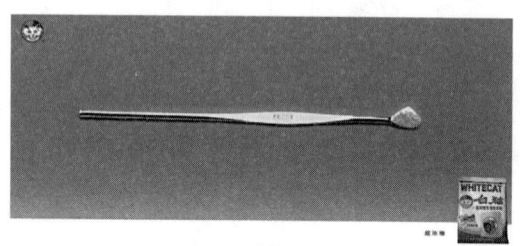

图 2—5　白猫平面广告

"活力 28，一比四"作为白猫经典的"数字化"案例，引发了后来者广泛的学习和模仿，如雕牌的两个广告。奥妙更是极尽创意，挖掘出 99 种污渍，帮助自己构建去污专家的定位和形象。"一双情怡袜，99 朵新棉花"，也是很好的例子。

图 2—6　雕牌、奥妙洗衣粉广告

更有甚者,在策划仲景香菇酱时也在数香菇粒,说"一瓶香菇酱中有300多粒香菇",可见数字的魅力。

还有一个"数字化"的精准案例——金龙鱼大米。"选好米,有稻理。"金龙鱼在广告中应用精确的数字体现产品的科技含量和企业的责任心,更加容易打动消费者,例如"5400多个国家级审定的稻米品种中选择4个珍贵原种""从全国43000多万亩水稻中,挑选了5个优质产区""国家标准不完善颗粒每万颗不超过300颗,金龙鱼大米每万颗不超过6粒"。

数字代表着理性和严谨,某种程度上更能促使消费者购买。这也是为什么酒在说年份,醋在说酸度,品牌都喜欢讲"渊源"故事的原因。

挖掘你的品牌故事(历史),亮出你的数字吧!

☞ 推广演示化

推广演示化是将实验数据结果通过演示推销的方式呈现给消费者的过程,是推销的"最高境界"。该策略通过演示与消费者进行沟通,堪称极佳的产品展示方案。

然而,在实践中,推广演示化往往为很多企业所忽略,但却被一些电视直销广告、"传销"广泛应用。

接下来,我们通过安利的一次产品演示案例,来说明推广演示化的策略。

大家好!

现在我给各位介绍一款我们每天都要用到的产品:碟新浓缩洗洁精。主题词:碟新,顾名思义,就是让你的碗碟每天都焕然一新。好,下面我就给大家作一个产品对比。

请两位朋友帮忙各拿一个不锈钢小勺,分别滴上一点食用油代表油污,然后分别用市售的(一定要选用当地占有率第一的品牌)和安利的两种洗洁精。然后,模仿洗碗的动作,看看有什么现象发生。请看:安利的碟新把一大滴油分解成了细小的油珠,并脱离器物的表面浮在上面,而市面产品变成白色黏稠状的物质黏附在器物的表面。

现在过一下水,先冲洗碟新,仅用一口水就将勺子冲洗得非常干净;再看市售的,用了一杯水,仍然有残留。我们平时用的碗都是白色的,如果有残留的话,眼睛根本看不见,误以为洗干净了,其实还有残留的洗洁精进到了我们的肚子里。那么这些残留能不能洗干净?能,必须在流动的水下冲洗5分钟以上或在70度高温的水中才可以冲干净。

那么,我们吃进肚子里的是什么呢?下面我给大家介绍一下两种洗洁精各自的成分。

先看市面的产品,它是由石油的副产品提炼的,也就是沥青的前道工序,此外还添加了碱、化学香精黏稠剂和防腐剂。它的主要成分是十二烷基苯磺酸钠,属于化工产品。而苯是一种严重的致癌物,尽管我们的肝脏是排毒解毒的器官,但是它解不了苯的毒。科学研究证明,苯一次性摄取75mg,人会立即昏迷甚至死亡。有的人会说,我用了好几年,身体仍然是好好的。那是因为我们每天随饭菜吃进一点点而已,这种物质吃进体内15年排泄不掉。为什么中国人的肝脏发病率是美国人的280倍?是澳洲人的360倍?就是与这些产品有直接的关系。此外,苯还可以引起老年痴呆、儿童发育迟缓、不孕病等。在国外这种产品40多年前就已停止使用了。

再来看看碟新的成分。它采用纯天然的椰子油衍生物,添加芦荟成分。大家都知道椰子油是可以入口的,而芦荟则有滋润养颜的作用。平时我们用的洗洁精会让手变得很粗糙,而用碟新就不会出现这些情况。最关键的是,我们看看产品执行标准。它是"穗开卫证食字(2002)第0067号",也就是达到了食品级的卫生标准,即使有残留,对身体也是无害的;而市面的只是达到了卫生标准,是不可以入口的,如果吃了有危害,厂家是不负责任的。此外,碟新中还含有"三元洗涤系统",不仅可以去除油污,还可以去除水果蔬菜上的农药。我们吃的东西除了面不能用来洗之外,其他的肉类、鱼、海鲜、水果、蔬菜等都可以用碟新洗一下,保护我们不受农药的伤害。

这个产品对我们有这么多的好处,但如果价格很高,我想很多朋友也不会选用。下面我们就来了解一下它的价格。市面产品的零售价是3.5元钱一瓶,安利的这瓶稀释液同样是500ml的,如果做同样多的家务都是一样的价格,大家会选择哪款产品?当然是安利的碟新了。碟新是大包装,并且是浓缩产品,必须按1:9的比例稀释使用,一大瓶能稀释20瓶,每瓶顾客价是2.0元,安利的碟新是不是非常便宜?大家是不是可以换个牌子来用?

其实,碟新产品我们可以免费用,是白白捡来的便宜!我们知道水费是很贵的。通过示范大家看到,冲洗碟新只用一点水,一瓶碟新原液可以节省数十吨的水!我们节省下来的水也比一瓶碟新的价格还要高。所以说,相当于免费用,大家说对不对?

安利的产品是高科技产品,使用方法与众不同。我们先把洗碗棉打湿,轻轻攒一下水分,再倒上稀释液轻轻揉搓出丰富的泡沫,将碗里里外外擦一遍,放一会,再用水一冲即可。洗蔬菜水果上的农药的用法是:将水果干放到盆里,倒入稀释液,拌匀后,等3-5分钟分解一下,用水一冲就可以了。

从产品对比的情况来看:一种是自身有毒性的产品,会给我们带来疾病,使用起来也不方便,冲洗困难,浪费水,价格高;另一种产品自身无毒,还可以剥离残留农药,保护我们的身体而且价格反而低,还可以节省大量的水!

人生下来都是幸运的,但是因为选择不同而命运不同,作出什么样的选择,相信大家都是很明白的!

安利的这个演示抛开其真实性和科学性不谈,它的确将产品的功能、优势、价格等特性通过演示的方式展现得淋漓尽致。

此外,安利还用一系列的试验向消费者进行演示化推广。

- 不对等试验:拿两个不锈钢小勺,分别滴上一点食用油代表油污,然后分别用市售的和安利的两种洗洁精。市售的直接倒上去,安利的要进行稀释。安利的洗得干净,而市售产品变成白色黏稠状的物质黏附在器物的表面。演示证明安利是浓缩的,而且好。
- 残留物试验:拿两个不锈钢小勺,分别滴上一点市售的和安利的两种洗洁精,在酒精灯上烧。安利的全部蒸发,而市售的有黑色残留。这说明安利无残留、天然。
- 金鱼试验:拿一鱼缸,分别往里面倒洗洁精,安利的那个鱼缸里金鱼存活的时间比市售的长。这说明安利相对安全。

产品的演示是最直接的广告,这也是安利的推广之道。消费者越理性,你就越要理性地对待,将实验数据演示给消费者。

还记得多芬香皂吗?那是多么的经典!

经典的圣象地板系列广告①,就将系列试验作为广告的内容演示给消费者看,取得了极佳的传播效果。

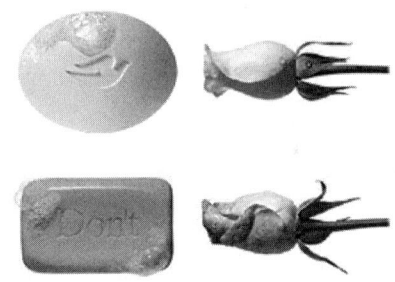

图2-7　多芬香皂广告

踢踏舞篇

光可鉴人的地板

一双脚优美地跳着踢踏舞

光线几度明暗交替

喻示着时间的流转与逝去

抬脚,竟发现鞋底磨没了,露出了光光的脚跟

---

① 叶茂中:《圣象品牌整合策划纪实》,中国三峡出版社2000年版。

而地板依然完好如初

字幕:高耐磨

(旁白:原来是圣象地板。Power Dekor.)

鞭炮篇

光可鉴人的地板上躺着一串鲜艳夺目的挂鞭

一只手点燃挂鞭,顿时鞭炮声大作

鞭炮炸完,地拖一擦,地板依然完好如初

字幕:强阻燃

(旁白:原来是圣象地板。Power Dekor.)

小狗篇

鲜亮洁净的圣象地板

一只小狗在地板上东张西望,似乎寻找着什么

突然,小狗支起一条腿,竟然在地板上撒起尿来

一汪尿液在地板上漫延开来,渐渐蒸发到空气中

圣象地板依然光鲜洁净

字幕:特防潮

(旁白:原来是圣象地板。Power Dekor.)

钢球篇

光可鉴人的地板

一枚钢球自空中落下,撞在地板上,发出"咚"的巨响

字幕:100G

又一枚稍大些的钢球自空中落下,撞上地板

字幕:150G

叠映:一枚又一枚更大的钢球落在地板上,"咚咚"巨响一次高过一次

字幕不断变换:180G、200G……263G,而地板依然完好如初

字幕:耐冲击

(旁白:原来是圣象地板。Power Dekor.)

无缝篇

光可鉴人的地板

一个蒙住双眼的女孩半蹲在地板上

纤细的手指在地板上滑动

手指滑过一块又一块地板

一束光追着手指滑动

笔直的光柱一无阻挡

字幕：无缝感觉

（旁白：原来是圣象地板。Power Dekor.）

大钟篇

光可鉴人的地板上叠映着一只大钟

一个超凡脱俗的女子盘腿悬坐钟边，画面美轮美奂

画面下方有一计数器

翻转出 365 天、730 天、1560 天、3120 天……

叠画：光线几度明暗交替，光影在大钟数字上流转、逝去

而地板依然完好如初

（轻柔美妙的音乐，低回不已，反复吟唱）

字幕：中国人民保险公司承保产品责任险

（旁白：原来是圣象地板。Power Dekor.）

搬家篇

虚虚的画面上，三五个人影在晃动

依稀可辨的外国人模样

特写：光可鉴人的地板，几双脚进进出出，正抬走屋里的家具

（旁白：住了10多年的屋子）

书橱被抬走了

（旁白：一切都老了）

钢琴被抬走了

（旁白：书橱、钢琴、地毯，还有记忆）

地毯被拖走了

（旁白：只有这地板……）

而整屋的地板依然色泽均匀，光鲜如初

字幕：永不褪色

（旁白：原来是圣象地板。Power Dekor.）

七支广告片风格一致,看似单纯,却具有直入人心的力量。这正是将产品功能外在演示的结果。

产品的"四化",提供了产品商品化过程中的思路和途径,在产品的推广过程中可围绕一点放大使用,也可整合使用,但目标必须一致:就是围绕产品的核心定位,那些不能加强和放大核心的论据有时要舍弃。

三、4P还是1P+3P

☞ 经典的4P理论

著名营销学大师、美国密歇根大学教授杰罗姆·麦卡锡(Jerome McCarthy)于1960年在其出版的《基础营销学》(第一版)中,第一次提出了著名的"4P"营销组合经典模型。所谓的4P,即产品(Product)、价格(Price)、渠道(Place)、促销(Promotion)。这一理论认为,如果一个营销组合中包括合适的产品、合适的价格、合适的分销策略以及合适的促销策略,那么这将是一个成功的营销组合,企业的营销目标也可借以实现。

4P理论对市场营销理论和实践产生了深刻的影响,也被营销经理们奉为营销理论中的经典。在4P理论指导下实现营销组合,则成为公司市场营销的基本运营方法。

1967年,菲利普·科特勒在其畅销书《营销管理:分析、规划与控制》(第一版)中进一步确认了以4P为核心的营销组合方法,即:

- 产品(Product):强调开发功能,要求产品有独特的卖点,把产品的功能诉求放在第一位。
- 价格(Price):根据不同的市场定位,制定不同的价格策略。
- 渠道(Place):企业并不直接面对消费者,而是通过分销商进行,因此应注重经销商的培育和销售网络的建立。
- 促销(Promotion):企业注重销售行为的改变来刺激消费者,以短期行为(如让利、买一送一、营销现场气氛等等)吸引其他品牌的消费者或引发提前消费,从而促进销售的增长。

1. 产品

产品主要包括产品的实体、服务、品牌、包装,是指企业提供给目标市场的货物和服务的集合,包括产品的效用、质量、外观、式样、品牌、包装和规格,还包括服务和保证等因素。

2. 定价

定价主要包括基本价格、折扣价格、付款时间、借贷条件等。它是指企业出售产品所追求的经济回报。

3. 渠道

渠道通常称为分销方式组合,主要包括分销渠道、储存设施、运输设施、存货控制。它代表企业为使其产品进入和达到目标市场而组织、实施的各种活动,包括途径、环节、场所、仓储和运输等。

4. 促销

促销主要是指企业利用各种信息载体与目标市场进行沟通的传播活动,包括广告、人员推销、销售推广与公共关系等。

以上4P是市场营销过程中可以控制的主要因素,也是企业进行市场营销活动的主要手段,对它们的具体运用形成了企业的市场营销战略。

4P被中国企业经营者广泛运用,甚至影响了企业的组织结构。各类企业纷纷任命主管营销的副总,并设立营销企划部或市场营销部。这使中国企业的市场营销行为也真正有目的、有计划、成体系地展开。

4P理论的魅力在于,它为企业思考营销活动提供了四种容易记忆的分类方式。4P理论的提出,是现代市场营销理论最具划时代意义的变革。从此,营销管理成了公司管理的一部分,涉及了远比销售更广的领域。今天,无论有多少新的营销名词,无论有多少关于4P"过时"的说法,4P都是营销管理理论的基石。

☞ 4C—4P的挑战者

随着市场竞争的日趋激烈,媒介传播速度日渐加快,4P理论越来越受到挑战。劳特朗先生1990年在《广告时代》上对传统的4P提出了新的观点:营销的4C。它强调企业首先应该把追求顾客满意放在第一位,产品必须满足顾客的需求,同时降低顾客的购买成本,因此产品和服务在研发时就要充分考虑客户的购买力,然后充分注意顾客购买过程的便利性,最后还应以消费者为中心实施有效的营销沟通。归纳说来,4C即:

- 消费者的需要与欲望(Customer's needs and wants)。把产品先搁到一边,研究消费者的需求与欲望,不要再卖自己能生产的产品,而要卖消费者确定想要买的产品。暂时忘掉定价策略,去了解消费者要满足其需要与欲求所必须付出的成本。
- 消费者获取满足的成本(Cost and value to satisfy consumer's needs and wants)。
- 用户购买的方便性(Convenience to buy)。忘掉通路策略,思考如何给消费者方便以购得商品。
- 与用户沟通(Communication with consumer)。请忘掉"促销",20世纪90年代以后的正确新词汇应该是"沟通"。

4C理论的提出引起了营销传播界及工商界的极大反响,并逐渐取代4P理论而成为整合营销理论的核心,它的核心是以消费需求为导向。首先,它要求企业必须了解和研究顾客,根据顾客的需求提供产品,企业提供的不仅仅是产品和服务,更重要的是关注由此产生的客户价值。其次,4C理论强调企业在制定分销策略时,要更多地考虑顾客的方便,而不是企业自己方便。要通过好的售前、售中和售后服务,让顾客在购物的同时也享受到便利。再次,4C指出企业应通过同顾客进行积极有效的双向沟通,建立基于共同利益的新型企业/顾客关系。这不再是企业单向地促销和劝导顾客,而是在双方的沟通中找到能同时实现各自目标的通途。

☞ 4P与4C的互补应用

4P理论是传统营销学的核心。尽管此后又涌现了6P学说、12P学说,但都是4P理论的派生物。随着市场竞争的日益激烈,产品、价格、营销手段愈发趋于同质化,寻求差异化优势这一营销行为的根本要旨在原有的营销理论框架内已难以实现。

4C的提出引起了营销学界和企业界的强烈关注,不少学者对4P与4C的关系都发表了自己的不同看法。有学者认为,4C将完全代替4P;也有学者认为,4C对于4P来说没有多少新意,4C理论的核心并没有超越4P理论。面对种种观点,企业该怎样看待和应用4P和4C理论呢?

1. 认清4P理论与4C理论的区别

4P理论与4C理论的区别非常明显,概括起来,两者的区别表现在以下方面:

(1)从导向来看,4P理论提出的是自上而下的运行原则,重视产品导向而非消费者导向;4C理论则以"请注意消费者"为座右铭,强调以消费者为导向。

(2)从营销组合的基础来看,4P理论是以产品策略为基础,制造商决定制造某一产品后,设定一个既弥补成本又能赚取最大利润的价格,且经由其掌控的配销渠道,将产品陈列在货架上,并大大方方地加以促销;4C理论则以传播和良好的双向沟通为基础,通过双向沟通和消费者建立长久的一对一关系。

(3)从宣传上看,4P理论注重宣传产品知识,即产品的特性和功能,强调产品自身的特点;4C理论则注重品种资源的整合,注重宣传企业形象和建立品牌,把品牌的塑造作为企业市场营销的核心。

(4)从传播来看,4P理论的传播是大众取向且单向;4C理论的传播是双向的,选择媒体"细"而"多",且更加关注"小众媒体"。

可以看出,4P理论与4C理论不仅导向有差异,在运作上也存在差异,两者谁优?4P理论是否已过时?4C理论是否应彻底代替4P理论?若要回答这些问题,不妨让我们一起来探析一下这两种理论在实际应用过程中所面临的问题,进而决定对4P理论、4C理论运用的选择问题。

毫无疑问,4P理论的贡献是巨大的,它的出现,一方面使市场营销理论有了体系感,另一方面又使复杂的现象和理论简单化,从而促进了市场营销理论的普及和应用。然而,随着时代的发展和环境的变化,4P理论的不足也越来越明显,其具体表现可以归纳如下:

科特勒在1986年提出了大市场营销概念,将4P扩展为6P;布莫斯和比特在研究服务营销时,加入了人员、实物证据和程序,扩展为7P;最多时加到12P。这种不断往上加P的现象本身说明,4P理论是不可能涵盖所有行业中所有企业要控制的所有营销变量的,不同产品或不同行业的营销活动可以利用的可控因素并不是相同的。

4P理论是针对制造业中的营销活动而提出的,在指导制造业时较为适用,但一旦超出这个领域,指导和应用于其他领域或行业,如零售业、金融业、公共事业等行业就显得不太适应了。实际上,商业企业的营销因素和工业企业的营销因素大不相同,因此,期望用一种万能理论去指导所有营销行为是不可能的,也不可能对任何情况都适用。因此,4P理论需要一定的修正,但直至现在,真正创造性的、令人信服的修改还没有出现。

4C理论是在新的营销环境下产生的,它以消费者需求为导向,与以产品为导向的4P相比,4C有了很大的进步和发展,但从企业的实际应用和市场发展趋势看,4C理论依然存在不足,其具体表现可以归纳如下:

(1)4C理论以消费者为导向,着重寻找和满足消费者需求。但市场经济还存在竞争导向，企业不仅要看到需求，还需要更多地注意竞争对手，冷静分析自身的优势和劣势并采取相应的策略，这样才能在激烈的市场竞争中立于不败之地。

（2）4C理论以消费者需求为导向，但消费者需求有个合理性问题。消费者总是希望质量好、价格低，特别是在价格上的要求是无界限的。如果企业只追求满足消费者的需求，则必然会付出更大的成本，久而久之，势必会影响企业的持续发展。因此，从长远看，企业经营要遵循双赢原则，将满足消费者的需求与企业利润较好地结合起来，这是4C理论需要进一步解决的问题。

（3）虽然4C理论的思路和出发点都是满足消费者需求，但它并没有提出解决满足消费者需求的可操作性措施，如提供集成解决方案、提高市场反应速度等，以至于企业难以操作、掌握和普及。

（4）互相模仿是目前国内企业营销活动的特征。尽管4C理论已经受到企业的关注，并将塑造和提升企业的品牌融入了企业营销策略和行为中，这在一定程度上推动了企业营销活动的发展和进步，但如果不能形成品牌差异，即个性、特色、优势，国内企业的营销只会在新的层级上同一化，不同企业至多是程度上的差距问题，仍然解决不了当前企业所面临的营销问题。

（5）4C理论总体上虽是4P理论的活化和发展，但被动适应消费者需求的特色较重。根据市场的发展，参与竞争的企业不仅要积极适应周围的环境，而且在某种状况下还应创造环境，大市场营销理论的提出也说明了这点。

因此，从某种程度上来说，4C理论抑制了企业的主动性和创造性。

2.4P理论、4C理论在实践中的互补应用

总的来看，4P理论主要面向那些无显著差异的产品，它简单明了、易于操作。但随着市场环境的变化，一批营销新概念相继被提出，如"大营销""绿色营销""关系营销""服务营销""工业营销""口碑营销""病毒营销"等。4C理论的出现，在一定程度上发展了4P理论，它不仅是经济发展到一定程度建立品牌的需要，也是确立企业核心竞争力和超越竞争的需要。但如何解决企业的回报和操作性问题，如何解决主动与被动关系，仍然是4C理论的缺陷。

对企业来说，市场营销的真正价值在于为企业带来短期或长期收入和利润的能力。一方面，追求回报是营销发展的动力，另一方面，回报是维护市场关系的必要条件。营销目标必须注重产出，注重企业在营销活动中的回报，这样才能使企业持续发展。另外，要使企业能够广泛接受，并将这种营销思想和方式深入到企业的各个部门和员工中去，就必须解决好操作性问题，否则难以在企业中广泛推广和应用。任何理

论的提出和应用都有相应的环境和条件。因此,4P理论与4C理论不是谁取代谁的关系,而是完善、发展的关系。

由于企业层次不同,情况千差万别,市场、企业营销还处于发展之中,尤其是当前中国还处于市场经济的初级发展阶段,并逐步由销售时代向营销时代过渡,品牌的感召力还有限,诸多企业仍未做好产品技术、质量、成本、服务等基本功课。因此,至少在短时期内,4P理论还是企业营销活动参照的一个基本框架。

然而,在竞争性市场中,顾客具有动态性,顾客忠诚度是变化的,他们会随时将注意力转移到其他的企业。要提高顾客的忠诚度,赢得长期而稳定的市场,就需要企业把以消费者为中心作为一个系统思想来认识,把它贯彻到产品开发、定价策略、销售渠道设计等企业经营的诸多环节,与消费者建立一种一对一的互动式营销关系。这就需要企业吸收4C理论的先进理念,建立客户档案数据库,与顾客建立起一种互助、互求、互需的关系。

此外,4C理论强调企业要与消费者进行互动、有效的沟通,只有这样才能满足消费者的需要。我们不仅应将这种思想应用于消费者,还应把它贯彻到营销管理、营销组织设计和体制建立上,积极采用扁平化的架构和矩阵式的管理,以减少管理层次,降低管理重心,增强横向沟通,从而使企业从内到外真正贯彻4C理论的思想。

结合4P理论和4C理论各自的优势,我们提出大4P理论,即将产品分为核心产品、外在产品和附加产品三个层次,将需求分为使用需求、心理需求和潜在需求三个层次。为了更好地满足消费者的需求,企业应将产品和需求的层次对应起来,提供符合客户特点和个性的、具有特色或独特性的优质产品或服务,并在产品策略中重视品牌策略的应用,注重企业品牌的塑造和提升。这不仅是对4P理论的更好理解和执行,同时也是对4C理论的融入。

这种新的营销观要求我们从着眼于短期利益转向重视长期利益,从单一销售转向建立友好合作关系,把服务、质量和营销有机地结合起来,通过与顾客建立长期稳定的关系而实现长期拥有客户的目标。

☞ 4R营销理论

21世纪初,美国整合营销传播理论鼻祖唐·舒尔茨(Don E. Schultz)在4C营销理论的基础上提出了新的营销理论"4R理论"。该营销理论认为,随着市场的发展,企业需要从更高层次上以更有效的方式在企业与顾客之间建立起有别于传统的新型主动性关系。有学者认为4C理论是以顾客为导向,而市场经济要求的是以竞争为导向。两种导向的本质区别是:前者看到的是顾客需求;而后者不仅看到了需求,还更多地注意到了竞争对手,冷静分析自身在竞争中的优、劣势并采取相应的策略,在竞争中求发展。

4R 是指 Relevance(关联)、Reaction(反应)、Relationship(关系)和 Reward(回报)。具体内涵如下:

1. 与顾客建立关联

在竞争性市场,顾客始终处于动态之中,顾客忠诚度是变化的,他们会随时将注意力转移到其他企业。要想提高顾客的忠诚度,赢得长期而稳定的市场,重要的营销策略是通过某些有效的方式在业务上和满足需求等方面与顾客建立关联,形成一种互助、互求、互需的关系。

2. 提高市场反应速度

在今天相互影响的市场中,经营者面临的最现实的问题不是如何控制、制订和实施计划,而是如何站在顾客的角度及时倾听他们的希望,并及时作出答复、反应,以满足他们的需求。

3. 关系营销越来越重要

在企业与客户的关系发生了本质变化的市场环境中,抢占市场的关键已转变为与顾客建立长期而稳固的关系,从交易变成了责任,从顾客变成了用户,从管理营销组合变成了管理和顾客的互动关系。

沟通是建立关系的重要手段。从经典的 AIDA 模型[①]"注意—兴趣—渴望—行动"来看,营销沟通基本上可完成前三个步骤,而且每次和顾客接触的平均花费很低。

4. 回报是营销的源泉

对企业来说,市场营销的真正价值在于其为企业带来短期或长期的收入和利润的能力。

4R 理论有以下四大优势:

第一,4R 营销理论的最大特点是以竞争为导向,在新的层次上概括了营销的新框

---

① AIDA 模型也称"爱达"公式,是国际推销专家海英兹·姆·戈得曼(Heinz M. Goldmann)总结的推销模式,是西方推销学中一个重要的公式,它的具体含义是指一个成功的推销员必须把顾客的注意力吸引或转变到产品上,使顾客对推销人员所推销的产品产生兴趣,这样顾客欲望也就随之产生,尔后再促使其采取购买行为,达成交易。AIDA 是四个英文词的首字母。A 为 Attention,即引起注意;I 为 Interest,即诱发兴趣;D 为 Desire,即刺激欲望;最后一个字母 A 为 Action,即促成购买。

架。4R 理论根据市场不断成熟和竞争日趋激烈的形势,着眼于企业与顾客的互动与双赢。

第二,4R 理论体现并落实了关系营销的思想。通过关联、关系和反应,提出了如何建立关系、长期拥有客户、保证长期利益的具体操作方式,这是一个很大的进步。

第三,4R 理论的反应机制为互动与双赢、建立关联提供了基础和保证,同时也延伸和升华了便利性。

第四,回报兼容了成本和双赢两方面的内容。为追求回报,企业必然实施低成本战略,充分考虑顾客愿意付出的成本,实现成本的最小化,并在此基础上获得更多的顾客份额,形成规模效益。这样,企业为顾客提供价值和追求回报就会相辅相成,相互促进,客观上达到的是一种双赢的效果。

当然同任何理论一样,4R 理论也有其不足和缺陷。如与顾客建立关联、关系需要实力基础或某些特殊条件,并不是任何企业都可以轻易做到的。但不管怎样,4R 理论提供了很好的思路,是经营者和营销人员应该了解和掌握的。

4P 理论、4C 理论、4R 理论三者之间是什么关系呢?不是取代关系,而是完善、发展的关系。4R 理论不是取代 4P 理论、4C 理论,而是在 4P 理论、4C 理论的基础上的创新与发展,所以不可把三者割裂开甚至对立起来。在了解、体验了 4R 理论的同时,根据企业的实际,把三者结合起来指导营销实践,可能会取得更好的效果。

☞ "1P+3P"

尽管时下的营销模式纷繁复杂,但从本质上来说,基本还是对 4P 理论的结构化演绎——围绕其中的 1P 展开其他 3P。

众所周知,面对残酷的市场竞争,仅仅依靠某一 P 策略已难以取得市场优势,哪怕是暂时的竞争优势。正如《孙子兵法》中的三十六计,单论某一个计策可能大部分人都能谈论一二,但如何应对"兵无常形,水无常势",精妙地组合运用三十六计,这就需要真正高超的艺术。

那么营销领域如何实现策略的高效组合?首先需要明确的是,组合即结构,4P 组合要求四种策略拥有内在一致性,即相互配合、相互促进,而非相互矛盾、相互孤立,并按有机的结构连接在一起(见图 2—8)。

其次,这种有机结构的核心就是品牌的核心定位,要求一切活动都围绕品牌核心正向累加展开。

再次,如何设计和安排这个结构,还要求企业从所面临的市场环境、竞争格局和企

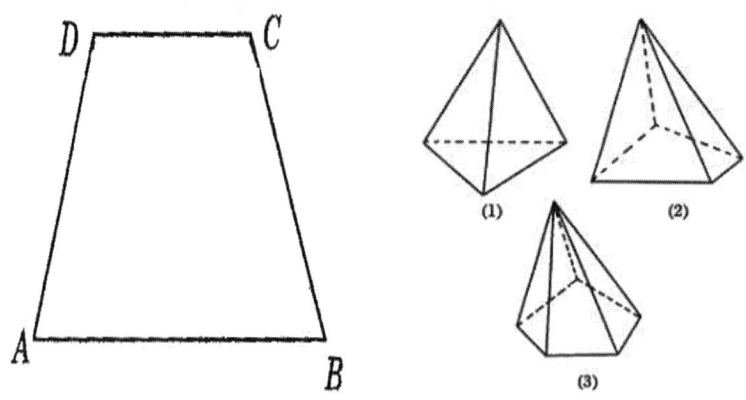

图 2—8　一个中心多种辅助的营销战略模式

业资源与能力等方面出发,明确目标市场和竞争要点,并围绕此要点配置营销资源,展开相关的营销活动。

落实上述三点,是企业营销策划的前提。在此基础上,企业将进一步实现对现有资源的有效配置和对未来资源及变化的预判和利用。

在实际操作中,分别以 4P 中的任何 1P 为中心都可以成为一种有效的结构化营销策略组合。例如,如果营销要点在渠道争夺上,那么就可以将营销的人力、物力重点配置在渠道上,其他产品策略、促销策略和价格策略围绕争夺和建设渠道展开,这就形成了"1P+3P"结构组合模式。同样,产品、价格和促销也都能成为营销的要点,其他策略围绕其展开,形成不同中心的"1P+3P"结构组合。

1. 以产品为核心的"1P+3P"模式

以产品策略为核心的"1P+3P"营销模式,是把营销的核心动力建立在产品的差异性上,依靠产品的性价比、品质、技术、品牌等优势来吸引消费者。

产品被放在 4P 的首位,可见其重要性。不管我们在其他方面如何努力,产品仍然是营销工作的基础。正如前文所说:品牌是源,产品是水。

首先要强调的是产品策略,而不仅仅是产品本身;而且产品策略也不仅仅是为顾客提供尽量高的性价比这么简单,以产品为核心的"1P+3P"模式首先要有一个足以在市场上制胜的产品策略。

在产品的策略上实现突围,坚持产品的创新差异化,抢占消费者心智最为重要。如果不能当老大,前章提到的"猴子斗老虎"策略也可以应用,此外还有在保持速度基础上的"智猪模型"也值得借鉴。

笼子里面有两只猪,一只大,一只小。笼子很长,一头有一个按钮,另一头是饲料的出口和食槽。按一下按钮,将有相当于 10 个单位的猪食流进食槽,但是按按钮以后跑到食槽所需要付出的"劳动",加起来要消耗相当于2个单位的猪食。如果两只猪同时按按钮,再一起跑过去吃,大猪吃到7个单位,小猪吃到3个单位,减去各自劳动耗费2个单位,大猪净得益5个单位,小猪净得益1个单位。如果大猪按按钮,小猪等着先吃,大猪再赶过去吃,大猪吃到6个单位,去掉按按钮的劳动耗费2个单位净得4个单位,小猪也吃到4个单位。如果小猪按按钮,大猪等着先吃,大猪吃到9个单位,小猪吃到1个单位,再减去按按钮的劳动耗费,小猪是净亏损1个单位。如果大猪、小猪都等着,结果是谁都吃不到。由此可以得出结论:唯一解是大猪按按钮,小猪等待。智猪博弈最后出现的结局就是:大猪来回在猪槽的两端奔波,小猪则坐享其成。

"智猪模型"运用到营销领域即产品的"跟随策略"。"跟随策略"要求的是速度。国内娃哈哈就是"跟随"的高手,其借助自身的销售网络优势,产品第一时间"跟随"新商机,迅速抢占市场。

2. 以价格为核心的"1P+3P"模式

以价格策略为核心的"1P+3P"营销模式,是指把营销的核心动力建立在价格策略的优势上,依靠有节奏的价格战来凸显产品的高性价比优势,从而最大限度地刺激消费者需求,产生强大的市场拉力。

当前中国二、三线城市市场潜力巨大,且随着城市化进程的推进,大量的农业人口还将进一步聚集到核心乡镇和县城。对于这些地区市场来说,价格因素的重要性远大于个性化等因素。在某种局面上,价格仍然是国内所有企业的竞争利器。以价格策略为核心的一个典型例子是长虹彩电,在1996—1999年之间,通过发动几次大规模的价格战,长虹巩固了自己的市场地位。

"据赛诺市场研究公司的一项研究表明,以25英寸彩电为例,1996年3—5月,长虹降价12%的结果是市场占有率增加25%;1997年1—5月降价6%,占有率增加7%;1999年3—4月,降价9%,占有率增长3%。有一点需要说明,当年长虹的降价策略并非被动降价处理库存,降价的也非次要机型,而是主动降价以争取市场份额。"[1]

价格策略应用极为成功的还有格兰仕微波炉。[2]

格兰仕企业(集团)原本是个乡镇企业,它能迅速地由小到大,由弱变强,把自己的品牌打出去,大份额地占有全国市场,原因到底在哪里?这绝不是用一句话就能回答的,其中有企业体制、企业领导人素质和企业经营战略决策等各方面的原因。特别是价格策略运用上的独到之处,揭示了其成功的奥秘。

---

[1] 张忠:《中国价格战:成王的必经之路》,《中国企业家》2012年11月。
[2] http://www.doc88.com/p—03672208995.html。

格兰仕原来从事的是毛纺、羽绒被、羽绒服装制造等劳动生产密集型产业。1991年,公司总经理梁庆德等人经过一年的市场调查研究发现微波炉市场有诱人的发展前景。于是,经过一番艰苦而周密详细的准备,1992年9月,格兰仕通过与日本东芝集团进行技术合作,并从该公司引进具有20世纪90年代先进水平的自动生产线,开始试产微波炉。微波炉的最大特点是省时、省力、节能、干净,可根据不同的烹调习惯选择蒸、煮、焖、炸、炖等多种方式,做出的饭菜能保持食品的色、香、味,营养成分也不会被破坏。此外,微波炉还具有很强的杀菌能力。当时的市场价格大致符合正在实现小康生活标准的上班族的购买力。在"九五"计划期间,在城镇中达到10%—30%的普及率,在2010年前达到在城镇中基本普及的水平。可以说,微波炉是适合人们小康生活之需的产品,并且在国际市场中大有开发余地。据有关部门统计,家用微波炉在美国与日本虽已基本普及,但在多数发达国家与地区普及率还只有10%—60%,在发展中国家与地区的普及率就更低。

而国家统计局中怡康经济咨询有限责任公司1998年5月对全国600家商场微波炉销售情况的调查资料则呈现如下结果:

全国零售量冠军是格兰仕,全国总销量市场占有率最高者是格兰仕,且比率高达73.85%,与第二名LG相比(7.18%),高出了近67个百分点(见表2—2)。

表2—2　全国600家商场微波炉各品牌销售量排名(1998年5月)

序号	品牌	销售量(台)	市场占有率%
1	格兰仕	57 443	73.85
2	LG	5 584	7.18
3	松下	2 915	4.75
4	蚬华	2 049	2.36
5	三星	1 710	2.20
6	惠而浦	1 361	1.75
7	晶石	1 178	1.51
8	三菱	737	0.95
9	惠宝	687	0.88
10	安宝路	617	0.82
合计		77 787	100.00

在当月微波炉十大畅销型号中,格兰仕占了除第七名以外的所有名次(见表2—3)。

表 2—3　微波炉十大畅销型号(1998 年 5 月)

品　牌	型　号	零售量(台)	市场占有率%
格兰仕	WP750	12 206	16.46
格兰仕	WD800S	8 491	11.45
格兰仕	WPSOOS	7 036	9.49
格兰仕	WD800BS	5 147	6.94
格兰仕	WP700j	4 072	5.49
格兰仕	WD800ASI	3 958	5.34
格兰仕	WP700SL	2 704	3.65
LG	MS-1968TW/G	1 755	2.37
格兰仕	WP700L	1 728	2.33
格兰仕	WP800SL	1 252	1.69

在起步较晚的微波炉行业，这样的成绩令人瞩目。可以说，格兰仕企业(集团)转产微波炉的决策是明智的。但要在竞争中获胜，还要看其努力的程度和能力，也就是说，要看决策实施的好坏。

而价格战可以说是格兰仕最为成功的营销策略之一，也是格兰仕走向成功的关键。

(1)格兰仕实施价格策略的基本过程

在微波炉市场的发展过程中，格兰仕运用价格因素，经历"三大战役"，成功地在市场中确立了霸主地位。

● 价格抢攻战

1996 年 8 月，格兰仕首先在上海，继而在全国范围内强力推进"40％大幅度降价"的策略，以抢占市场，确立市场领先者地位。

当月，格兰仕的微波炉市场占有率达到了 50.2％的最高纪录。在上海市场，据 74 家亿元大商场统计，格兰仕的市场占有率高达 69.1％。尽管 1996 年 8 月是销售淡季，格兰仕微波炉却经常脱销断货，当天生产的产品不用进仓库就被拉走。生产线上也出现超负荷运行。格兰仕的市场地位日益显现，当年便以 31.5％的市场份额坐稳了销售老大的地位。

● 阵地巩固战

格兰仕看到了市场形势的变化，趁洋品牌尚未在中国站稳脚跟，国内企业尚未形成气候之际，抓住时机，于 1997 年春节后发起了微波炉市场的"第二大战役"——阵地巩固战。

这次是变相的价格战。格兰仕采用"买一送一"的促销活动，发动新一轮的让利促销攻势:凡购买格兰仕任何一款微波炉均赠送一个豪华高档电饭煲。1997年5月底,格兰仕进一步"趁热打铁",突然宣布在全国许多大中城市实施"买一赠三"甚至"买一赠四"的促销大行动。品牌消费的高度集中使得格兰仕的产销规模迅速扩大,1977年格兰仕已经成为一个微波炉年生产能力达260万台的企业,市场占有率节节攀升,1998年3月最高时达到58.69%,史无前例地创下了行业新纪录。到1997年底,市场上的价格激战无疑极大地促进了整个市场潜在消费能力的增长,市场容量快速扩大,格兰仕也因此成为全球最具规模的微波炉生产企业之一。

- 品牌歼灭战

在取得绝对的市场优势后,格兰仕并没有因此而停滞,反而乘胜追击,加大了市场冲击力度,发动了微波炉市场的"第三大战役"——品牌歼灭战。

1997年,东南亚爆发了金融危机,韩国企业受到重创,政府下令要调整亏损企业,这再度给格兰仕创造了一个绝好的市场契机。1997年10月,格兰仕凭借其规模优势带来的成本优势,再度将12个品种的微波炉降价40%,全面实施"薄利多销"的策略,以抑制进口品牌的广告促销攻势。格兰仕微波炉在全国的市场占有率始终保持在50%左右,最高时达到58.9%。1998年6月13日,微波炉生产规模已经成为全球最大的格兰仕企业(集团),在国内微波炉市场又一次实施"组合大促销":购买微波炉除可获得高档豪华电饭煲、电风扇、微波炉饭煲等赠品外,还有1998年世界杯世界顶级球星签名的足球赠品和千万元名牌空调大抽奖。这种以同步组合重拳打向市场,被同行业称之为"毁灭性"的市场营销策略,再度在全国市场引起巨大震动。

(2)价格战实施的市场营销环境分析

格兰仕成功地运用价格战,成为微波炉行业的龙头企业,其成功的因素之一是在发动价格战之前,对整个微波炉市场进行了细致的分析。

- 20世纪70年代以来,在发达国家,家用微波炉的品种、性能及销量迅速提升。

1992年,从每百户的拥有量来看,美国达到了82台,日本为63台,英国为50台,德国为30台,法国为25台,中国则不足1台。中国微波炉市场的潜力十分巨大。

中国微波炉市场的发展可划分为如下两个阶段:

1990—1992年为市场导入期;1993年开始,微波炉市场进入成长初期,增长速度非常迅速;1993年市场容量为80万台,1994年增加至100万台,1995年达到120万台,1996年达到180万台,年均递增率在30%以上。

据上海统计局调查,从1993年开始,微波炉始终是销售增长最快的商品,每年的增长速度均达到两位数。

- 由于中国人的传统饮食文化,消费者对微波炉的潜在需求不敏感,微波炉所带来的厨房革命并不会很快到来。

格兰仕充分意识到了市场的这一特点,于是采用多种形式,不惜巨资进行消费引导,不仅在很大程度上培育起了市场,同时也为微波炉的消费者提供了更多的产品附加值。格兰仕在积极引导消费的同时,激发了消费者的潜在需求。

- 随着家电微波炉市场的销售上升,1995年以来,中国家电业开始出现微波炉合资热。

1995年,美国惠而浦公司收购蚬华公司80%的股份,成为其控股公司。该年起,惠而浦微波制品的生产能力为100万台。上菱电器股份有限公司与日本三菱电机于1995年合资生产微波炉,双方各占50%的股份。1994年上菱微波炉产量为10万台,销8万台,1995年11月产10万台。跨国公司纷纷将目光瞄准中国刚刚启动的微波炉市场,意欲继空调、彩电之后,再次控制中国的微波炉市场。格兰仕认识到,消灭竞争对手最好的办法是在其成熟之前将它打垮,因此,抢占市场份额成为竞争的焦点。

- 从需求方面看,20世纪90年代以来,消费者处于购买力积聚阶段。

大家电日趋饱和,而购房购车又无望,消费者手中通常有一笔可随时支出的消费资金。这笔资金,在最小的刺激下,有可能迅速用于消费。1996年国家两次下调存款利率,国债投资无门,股市大起大落,促成了社会上一笔数额庞大的游资,而这笔游资平摊到城镇家庭户数上,每户约有2000—3000元。这笔游资在一定的刺激下,也可用于消费。自1995年以来,格兰仕不遗余力地开展有关微波炉知识的消费引导,已产生了明显的作用。消费者对微波炉的兴趣和了解日趋成熟、完善。此时,扩大总需求成为格兰仕加快自身发展、推动市场发展的主要途径。而要想扩大总需求,最佳方法就是减少消费者的消费壁垒,即解决产品的定价问题。

(3)1996年市场上各主要竞争对手的基本情况

- 蚬华:自惠而浦控股蚬华后,整个企业处于经营机制转轨之际,市场竞争日趋激烈,企业不能快速作出反应,结果一蹶不振,在市场上被动挨打,拿不出反击方案,日趋没落,全年市场占有率为11.28%。
- 松下:平稳发展,实力雄厚。松下一般不进行大规模促销,除在1996年5月做过一次促销外,整年都少见动作。靠着质量与广告,松下稳稳地坐上了第二把交椅。松下的整体实力在降价前及价格大战停止后表露无遗,全年市场占有率为14.55%。
- 惠宝:新晋品牌,胜在产品。惠宝自1995年10月进入市场以来,由于批发业务进行不下去,所以专攻零售大店。惠宝广告极少,促销力度不大,但由于店面工作做得好,且产品品种好、质量过关,所以在短兵相接中往往胜出,全年市场占有率为 8.19%。
- 上海松下：上海松下与松下的区别主要有两点。其一，可享受合资企业的优惠政策；其二，可利用中国的低成本劳动力。这两点的综合优势使得上海松下的成本优势与格兰仕很接近，这也是上海松下四个型号畅销的最重要原因，全年市场占有率为 7.43%。

(4) 格兰仕对市场的分析

格兰仕在充分的研究分析后得出如下结论：

- 消费需求空间：微波炉销售增长速度快，1997 年比 1996 年增长了 176.3%，是家电中增速仅次于 VCD 的商品，市场操作难度不大；普及率低，我国的家庭普及率估计在 11% 左右，与欧美日 60% 的普及率相比相差甚远，市场潜力十分巨大；厨房家电需求持续旺盛，微波炉作为新型厨房用具已深入民心，特别是全国有近 700 万户微波炉用户，在中国人攀比消费心理的作用下，旺盛的需求将持续 3—5 年时间。
- 市场特点：市场具有地域差别，受经济环境的影响，东部沿海市场明显好于内陆市场，需求较集中的上海、广州、北京、南京、天津等城市都处于较发达地区；市场具有阶梯性，受中国行政区域的影响，各区域市场均以省会为中心城市，下一级是较富裕的城市，再下一级是县级市，市场的梯级特征非常明显；市场发展不均衡，上海市场的普及率已达 60% 左右，而西宁等偏远市场的普及率仍不足 1%。
- 影响市场的因素：可实现的购买力有限，受经济大环境的影响，内陆及北方地区下岗工人增多，直接影响了购买力；消费心理畸形，盲目攀比、追风使一些消费者不考虑自身的实际需要，消费带有一定的盲目性；价格、赠品也深深地影响商业零售，短期商战对推动销售有明显的作用。

常言道，战场上无常胜将军。但格兰仕在微波炉市场上却连续 36 个月将市场销量桂冠戴在了自己头上，做起"常胜将军"来，而这在很大程度上归功于以价格促销为核心的"规模化经营战略"。很快，格兰仕的年产销规模突破 450 万台，超过年销量 380 万台的日本夏普而成为全球第一，而国内企业的规模绝大多数都在十几万台。如此悬殊的规模为格兰仕创造了极大的优势和有利的发展空间。

格兰仕公司走专业化道路，采取薄利多销策略来实现规模的最大化和行业生产集中度的最高化，从而提高了市场竞争力，降低了企业风险，然后再用"规模最大化"的良性效应反推"薄利多销"策略，两者相互促进、相互推动所产生的 1+1>2 的倍增效应，使得企业呈现出良性循环的发展态势。

规模优势—成本优势—价格优势—市场优势—销量优势—规模优势，如此循环，格兰仕利用这种模式发展成了全球规模最大的微波炉生产企业。有了强大的规模优势，在市场竞争中格兰仕总是不失时机地打出这张"王牌"，且每次均能出奇制胜，牢牢掌握市场的自控权，在许多品牌的市场售价已跌至成本价的情况下，格兰仕仍能维持每台20元左右的利润。

3. 以促销为核心的"1P+3P"模式

以促销策略为核心的"1P+3P"营销模式，是把营销的核心动力建立在与消费者的沟通上，依靠与消费者深入的接触来拉动消费的营销模式。这里的"促销"指的是营销学中广义的促销推广概念，因此像服务营销、关系营销、体验营销等，都属于以促销策略为核心的营销模式。

以促销成名的品牌很多，如洗衣粉市场的家家宜，利用"买一袋洗衣粉送一个脸盆"的形式，创造了年销售15万吨的奇迹。还有前些年，"广告轰炸+高端放货"的广东日化营销模式。从中央电视台广告招标仍然热度不减的现实中也可以看出，广告仍然被很多企业当作市场制胜的有力武器。2003年，全国日化行业继续保持多年来的连续高速增长势头，实现销售总额约750亿元，跃居世界第八位、亚洲第二位，增长速度达到23.8%。其中，巨头宝洁、联合利华、高露洁、欧莱雅等在我国的业绩都保持着两位数的增长。另据广东工商联化妆用品制造商会副会长杨广群介绍，对中国3000多家日化企业的调查统计数据显示，粤系洗涤用品和化妆品企业占全国的三分之二，其中民营企业品牌又占到广东日化企业总数的90%，它们同时创造了占全国市场三成多的产值。换句话说，中国有近四成的日化用品是广东民营企业生产的。

回顾广东日化的发展历程，其崛起主要是从20世纪90年代开始的。"舒蕾模式"的推广和放大，依靠终端渠道的优势对抗国际品牌获得了成功。之后，潮汕地区的日化民营企业"迁都"广州，在广东及华南市场上掀起了一场声势浩大的"新造牌运动"。进入2002年，近2000家广东民营企业中销售额过亿元的已接近50家。它们的成功经验是低价利器、广告拉动、渠道渗透，尤其是在华南的二、三级市场上占有比较大的优势。

但一定要记住，过度促销是对品牌的严重伤害。一定要注意其他3P的组合，广东日化品牌的昙花一现就是例证，再如已经没落的秦池。而那些3P策略配合较好的营销模式还是有一定生命力的，如脑白金依然长青。

4. 以渠道为核心的"1P+3P"模式

"以渠定客，以客定品，以品定位"，是对以渠道为核心的"1P+3P"模式的概括。

营销大师菲利普·科特勒指出：营销渠道决策是企业面临的最复杂和最富有挑战性的决策之一，谁掌握了渠道，谁就掌握了市场。

这种模式这一两年谈论得较多，又叫"深度分销"。深度分销（Depth Distribution）的代表模式为区域滚动销售（Area Roller Sales，简称ARS）。ARS是指通过有组织地提升客户关系价值而掌控终端，滚动式培育与开发市场，取得市场综合竞争优势，最终冲击区域市场第一的市场战略。该模式下，由厂方组建分销队伍，对经销商覆盖不到或不愿意覆盖的区域或终端进行分销覆盖，以取得更高的铺货率。在实际工作中，需要在对目标市场区域进行划分后通过固定人员定线、定时地拜访终端，对市场进行开发、维护、服务和管理，对销售通路精耕细作，最终达到提高产品铺货率、提升销售量、了解竞品和市场的目的。在这种营销模式下，工作的重点是深化客户关系，构建企业主导的分销价值链。

深度分销模式把渠道作为营销的核心来看待，认为营销成败的关键是终端能否有效地出货、渠道是否通畅以及整个分销链效率能否提升。归纳看来，即整合渠道，终端发力。

这种模式多为家电企业和快速消费品企业所采用，由于比较适合国内市场差异大、流通环节相对落后和消费理性不足等营销环境特点，所以实际运用的效果非常显著。

2004年3月，格力电器与国美在格力空调的销售上发生争执，格力电器认为成都国美擅自降价破坏了格力空调在市场中长期稳定统一的价格体系，决定停止向国美供货。国美则称由于格力电器在价格上不肯让步，与国美"薄利多销"的原则相违背，要求各地分公司将格力空调的库存清理完毕。争执最终导致格力电器脱离国美的销售渠道而选择单飞，大力发展自建渠道。目前格力在全国的专卖店已达15000家，数量上超过了国美。在渠道的控制力上，格力通过三个方面建立经销商的忠诚。第一，淡季贴息返利、年终返利，甚至不定期返利，大大降低了经销商的风险，做格力空调等于进了保险箱，不会亏本。第二，格力的"股份制区域销售公司"模式通过相对清晰的股份制产权关系，使经销商和总公司成为利益共同体。第三，格力主导的诚信践诺、制度严谨、执行到位的企业文化，"集结"了一大批大户经销商一起打拼。

以渠道为核心的"1P+3P"模式另一典型的模式是专品形式和特供定制产品形式的销售。

以大山西为核心市场的汾酒，定制和特供占销售收入的一大部分。作为我国清香型白酒的典型代表，汾酒工艺精湛、源远流长，素以入口绵、落口甜、饮后余香、回味悠长等特色而著称，在国内外消费者中享有较高的知名度、美誉度和忠诚度。在占有率较高的山西市场,为了实现细分市场、提高份额的目的,汾酒推出了许多以经销商为代理品牌的定制产品,进而有效地占据了市场首位,如"北特加""黄福"等。

产品的定制促销也是销售的主要渠道之一。如家家宜的脸盆定制,"救活了许多塑料厂";中国移动、联通、电信的充话费送赠品,一年的促销品定制也是一个庞大的市场;联通+苹果的联姻则更是经典的渠道联姻案例。

因此,不管4P、4C、4R还是1P+3P,营销的各个环节都不是孤立的,企业的营销战略和执行也不是单靠某一个方面能够支撑的。

4P、4C、4R或1P+3P给我们提供了简单化的营销思考方式,使我们认清自己的"长板"并使其更长,了解自身的"短板"并适时地去弥补不足。只有如此,企业的路才能走得更长久、更稳当。

四、广告还是"整合"

☞ 市场营销过程中的广告

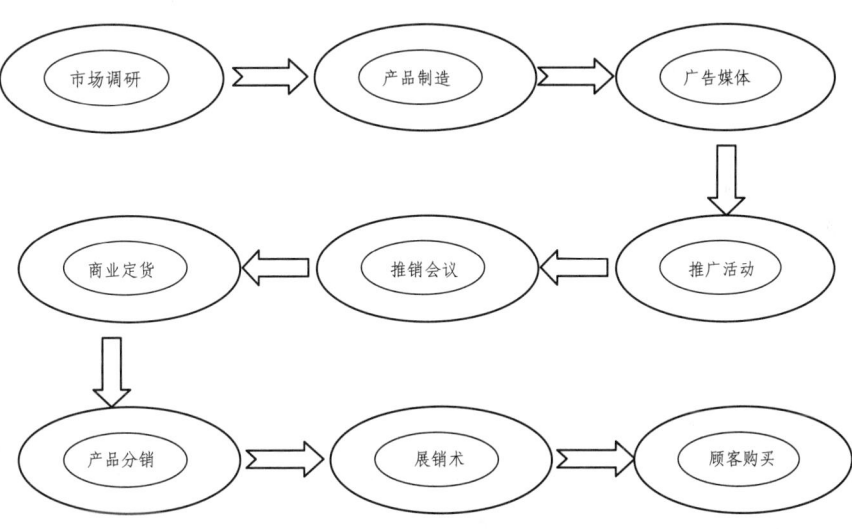

图2—9 市场营销过程

在一个完整的市场营销过程中,广告仅仅是其中的一个环节。用4P理论来解释的话,广告在营销中的作用,也仅仅是促销的一种手段和方法而已。

但在今天,不管是广告公司还是企业,往往将广告等同于推广、策划并加以放大,夸大其作用。其实广告就是广而告之,其核心是沟通。

沟通的前提是信息不对等，而广告和沟通的目的就是要实现传播者和受众的信息共享和对等。厂家拥有的产品信息多而全，而消费者几乎不清楚，这就产生了广告和沟通的必要。广告创意就是将这些信息准确、快速、无误差地表现出来，并运用影视、平面、文字、声音等媒介加以呈现，最终实现有效的沟通。可以说，广告创意是凸显产品定位，将产品差异外化、推广演示化的具体表现。

但广告创意并非凭空想象，它需要结合企业自身、市场定位、产品周期等多重因素综合考量。

☞ 进行 SWOT 分析，确立营销战略

SWOT 分析法又称态势分析法（见图 2—10），在 20 世纪 80 年代初由旧金山大学管理学教授海因茨·韦里克提出。SWOT 分析法是一种能够较客观而准确地分析和研究一个组织现实情况的方法。

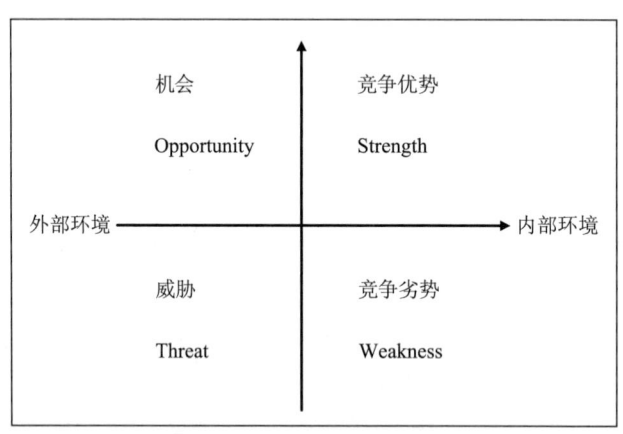

图 2—10　SWOT 分析模型

从某种意义上来说，SWOT 分析法隶属于企业内部分析方法，即根据企业自身的既定内在条件进行分析。它实际上是对企业内外部条件的各方面内容进行综合和概括，进而分析企业的优、劣势以及面临的机会和潜在威胁。它通过分析帮助企业把"能够做的"和"可能做的"有机地结合起来，并把资源和行动集中到自己的强项和机会最多的地方。

在全面审慎地考虑企业的规模以及其在本行业中的实力和竞争地位之后，企业便可以据此制定市场营销战略。按照菲利普·科特勒的观点，依据企业在行业中的竞争地位，可以将营销者分为四种类型：市场领先者、市场挑战者、市场追随者和市场补缺者，这种竞争地位的不同将决定他们对市场营销战略导向的选择差异。

1. 市场领先者战略

- 扩大总市场——新用户、新用途、更多使用。
- 保持市场份额——阵地防御、侧翼防御、先发制人式防御、反击式防御、运动防御。

2. 市场挑战者战略

- 确定战略目标与竞争对手

这需要明确以下问题：我们的竞争者是谁？每一个竞争者的销售额、市场份额和财务状况如何？每一个竞争者的目的和设想是什么？每一个竞争者的战略是什么？每一个竞争者的实力和弱点是什么？每一个竞争者在对环境的、竞争的和内部发展的反应制定未来战略时，可能会有什么变化？

- 选择进攻战略——正面进攻、侧翼进攻、包围进攻、绕道进攻、游击进攻。

3. 市场跟随者战略

- 紧紧跟随。
- 保持距离地跟随。
- 有选择地跟随。

4. 市场补缺者战略

- 战略起点研究——该补缺基点有足够的规模和购买力，从而能获利；该补缺基点有成长潜力；该补缺基点被大的竞争者所忽视；公司有市场所需的技能和资源，可有效地为补缺基点服务；公司能够靠已有的顾客信誉，捍卫自身地位，对抗大公司的攻击。
- 补缺战略——最终使用专家；纵向专家；顾客规模专家；特定顾客专家；地理区域专家；产品或产品线专家；产品特色专家；定制专家；质量（价格）专家；服务专家。

☞ **进行市场细分，明确市场定位**

现代营销战略的核心可以被描述为 STP 营销，即细分（Segmenting）、目标（Targeting）和定位（Positioning）。科特勒在《营销管理》中对这三个步骤分别进行了解析：市场细分即按照购买者的特征与需求，将一个市场分为更为细小的若干不同购买群体的行为；目标市场选定即判断和选择要进入的一个或多个细分市场的行为；市场定位即建立与沟通在市场上该产品的关键特征的利益的行为(见图 2—11)。

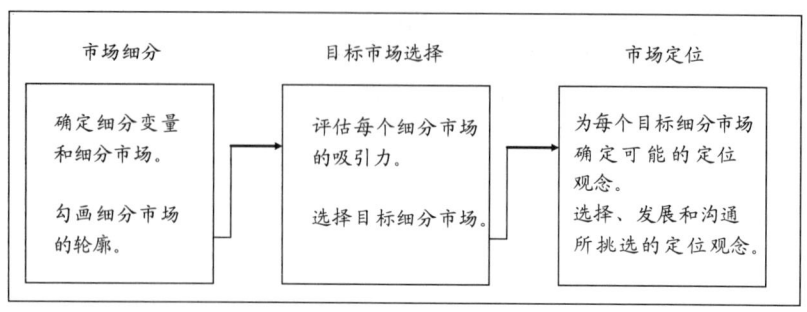

图 2—11　STP 营销流程图

☞ 对应产品周期制定广告策略

产品寿命周期指产品从开始生产到被市场淘汰停止生产所经历的时间,分为投入期、成长期、成熟期和衰退期四个阶段(如图 2—12 所示)。随着时间的推移,绝大多数产品的市场需要量将经历逐渐增长至一个最高点后再逐步下降的过程,图中 α 点为盈亏分界点。产品从研究试制开启产品生命周期大致在 α 点之前,此时需求量较低,不能弥补成本费用。投入期内,由于新产品在设计和工艺上不成熟,用户对产品不熟悉等原因,需要在设计、工艺和广告方面加大投资。但因为竞争对手较少,因而企业在定价上有较大自由度。进入成长期,市场需求量迅速扩大,产品设计和工艺逐渐成熟,企业获利量扩大,竞争对手大量涌入。进入成熟期后,虽然市场绝对需要量仍可以继续增加,但增长率已经下降。进入衰退期后,市场绝对需要量下降,产品逐步被其他产品所替代。

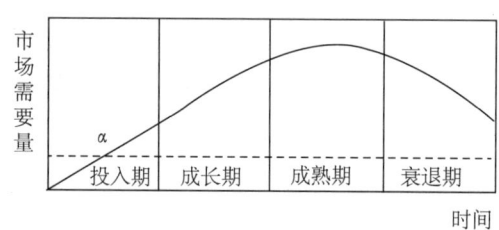

图 2—12　产品生命周期表

对于处于不同产品周期的商品,应选择不同的促销和广告策略:

- 投入期 { 促销的重点在于告知
广告诉求的重点是激发初级动机

- 成长期 { 促销的重点是激发选择性动机
           增加广告诉求点以提高销量
- 成熟期 ⇨ 广告诉求的重点是产品的差异化
- 衰退期 { 促销的重点在初级市场
           广告诉求的重点在于提醒

☞ 目标设定 SMART 原则

设定目标的 SMART 原则(见图 2—13),即"跳起来能够着""跳起来摘桃"原则。

- 必须是具体的(Specific)。
- 必须是可以衡量的(Measurable)。
- 必须是可以达到的(Attainable)。
- 必须是实实在在的,可以证明和观察的(Realistic)。
- 必须具有明确的截止期限(Time-based)。

无论是制定团队的工作目标还是员工的绩效目标,都必须符合上述原则,五个原则缺一不可。

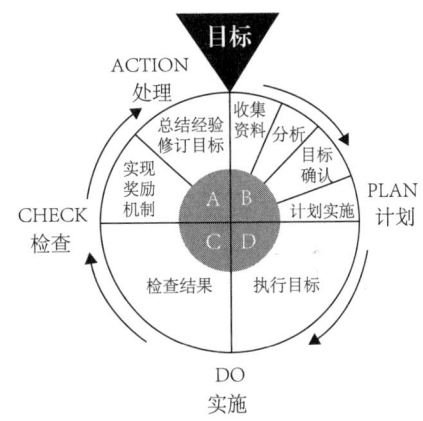

图 2—13　SMART 原则

制定原则的过程也是自身能力不断增长的过程,经理必须和员工一起,在不断提高绩效目标的过程中共同提高绩效能力。

☞ 报告的书写

1. 报告的意义
- 市场运作的指导。
- 客户运作的框架。
- 向公司争取资源的依据。
- 效果评估的依据。

2. 基本格式,没有定式,但有必备要素
- 现状及目的。

- 市场运作主体。
- 产品组合及设计。
- 市场切入点、推广进度。
- 运费计划、预期收入(效果)、投入产出比。
- 跟踪和评估。

3. 一般应用 5W2H 原则

- WHAT - WHY - WHO - WHEN - WHERE
- HOW   - HOW MUCH

4. 促销评估报告

- 做了什么 - 怎么做的 - 什么结果 - 投入产品 - 经验教训

☞ 广告的"四化"

广告作为最古老的促销手段之一,至今仍为人们所广泛应用。随着市场竞争的升级和消费者审美与消费需求的变化,广告理念应当保持同步更新。当下,广告的创意、诉求、表现和传播应注意哪些策略和要素,我们将其总结为广告的"四化",即"创意简单化""诉求单一化""表现震撼化""传播整合化"。

1. 创意简单化

著名管理学大师迈克尔·波特曾深刻地指出,最简单的方法就是最好的方法,并鼓励企业进行简单化变革。通过简化营销变革,可以达成很多目标:市场战略由模糊到清晰;经营业务由多元到集中;合作关系由复杂到简单;资源配置由分散到集中;组织机能由庞杂到精干;渠道结构由宽深到直销;品牌管理由多品牌运营到品牌整合;客户管理由粗放到精细……这对于国内现有企业来说,无疑是一剂"良药"。可以说,简单就是营销力!

但简单的本质并不简单,简单是一种战略,简单是一种愿景。简单不是从表面上肤浅地操作营销,而是从本质上去操作营销;简单不是固执地坚持,而是一种围绕市场和消费者的灵活变化。

广告创意更应如此,在信息泛滥的今天,从垃圾邮件到令人厌烦的广告,人们每天都遭到海量信息的"狂轰滥炸"。据《深圳特区报》2011 年 2 月 16 日报道,美国科学家计算了一个人一年内平均获取的数据总量,人类每年通过电视、广播、报纸、海报和邮件传播的数据量多达 2×10^{21} 次幂兆字节,每人每天获得的数据量相当于阅读 174 份报纸。

研究同样发现,世界上的图书馆、电脑、DVD 和报纸所包含的数据量达到 295 万亿兆字节,即 295×10 的 18 次幂兆字节。如果将这些数据存储到 CD 盘中,CD 堆叠到一起的高度相当于地球与月球之间的距离。

在信息爆炸的今天,我们更需要简单的东西去抢占消费者的信息通道。简单是数字,简单是演示,简单是直接。请看下列奇强的广告:

图 2—14　奇强广告

从某种程度上讲,最简单的方法就是最好的方法,简单的创意更能打动人们的心灵。创意的简单化要求创意抓住核心、抓住本质,用直接有效的方式与消费者沟通。如图 2—15 的公益广告,"吸烟有害健康"的简单诉求,突出重点的表现方式,却有着直指人心的力量。

图 2—15　戒烟公益广告

2. 诉求单一化

在一则广告中不要期望把所有的东西都告诉受众，正如不要期望所有的消费者都成为品牌的"粉丝"一样。说得太多，等于没说；卖点太多，等于没有卖点。前文提到的圣象地板的7则功能广告就是诉求单一化的绝佳示例——每组广告仅突出产品的一个特点，却能给消费者留下深刻的印象。

然而，在实际操作中，广告主却容易陷入"贪多"的误区，总是希望尽可能地在广告中表现产品更多的卖点。殊不知，单一诉求更能打动消费者的心灵。

图2－16为奔驰Smart汽车的广告，每则广告中仅突出汽车的一个优势性能，即车身轻巧、省油和安全。诉求和创意尽管简单，但实际投放效果却不俗。

图2－16 奔驰Smart"步步Smart"系列广告

3. 表现震撼化

将广告创意、单一诉求用震撼的方式表现出来，更能收到事半功倍的传播效果。如下一组戒烟广告图2－17，借杀手手枪、生命之花、生命炸弹等创意载体主打"恐惧诉求"，具有很强的震撼力。

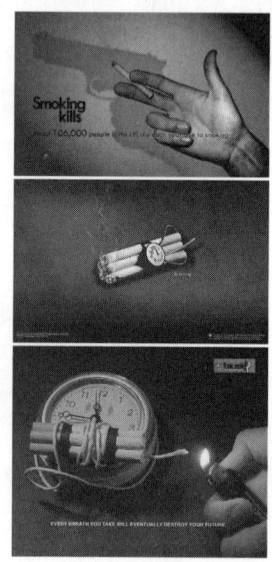

图2－17 戒烟公益广告

一般来说，震撼的广告效果可以通过如下表现方式来实现：强化、对比、夸张、比喻等等，如下一组快消品广告图。

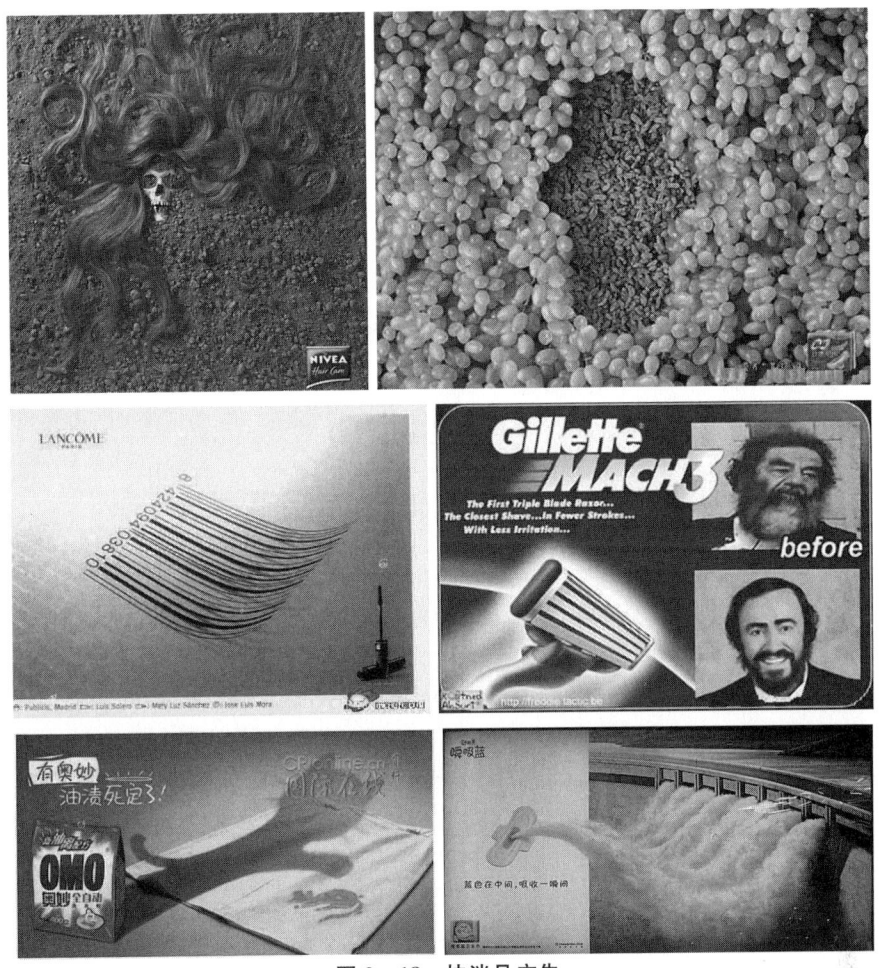

图2—18 快消品广告

震撼的表现是最能打动心灵、吸引眼球的。震撼是对广告表现的最高要求！

我们不妨再看一个案例。

有一种乳酸饮料，品牌为"非常牛"，针对的人群以青年人为主。乳酸饮品大多倡导自信与青春，且已经被广大消费者所接受，也是众多厂家进行产品结构调整的方向。

现有竞品：

"酸酸甜甜就是我"——蒙牛酸酸乳。

"青春滋味，自己体会"——伊利优酸乳。

非常牛有一个不同寻常的名字，品牌本身就解释了年轻人的当前状态——自我、自信、青春无限……

我们建议采用类似七喜的卡通形象——个性的头发、"哈韩"的衣服、巨大的运动鞋,一个健康、个性、自信、自我、热心、敢做敢当地喝了"非常牛"后能变成超人的男孩——牛仔。

下面看几个影视创意:

创意一(篮球篇)

小牛仔个头不高,走到篮球场边	
突然一个篮球急速向他飞来	
小牛仔不急不忙拿出	
非常牛	
深深地吸了一口	吸的声音
瞬间全身衣服变成奶牛的斑点	
赋予了超人力量	
大手伸出,一只手就紧紧抓住篮球	
飞身跃起	
大力扣篮	
篮筐落地	落地声
标板:	
非常牛包装	
非常牛(大)乳酸饮料(小)	非常牛乳酸饮料

创意二(蹦极篇)

小牛仔站在高高的塔台	
向下一看	
山转水摇	
拿出非常牛	
深深地吸了一口	吸的声音
瞬间全身衣服变成奶牛的斑点	
赋予了超人力量	
飞身跃起	
空中跳水三周半	
姿态优美	掌声

卡通记分牌 100 分	
标板：	
非常牛包装	
非常牛(大)乳酸饮料(小)	非常牛乳酸饮料

创意三（唱歌篇）

小牛仔进入卡拉 OK 房	
不急不忙拿出	
非常牛	
深深地吸了一口	吸的声音
瞬间全身衣服变成奶牛的斑点	
赋予了超人力量	
抓住话筒	
美声	啊……
桌上酒瓶爆裂	爆裂声
标板：	
非常牛包装	
非常牛(大)乳酸饮料(小)	非常牛乳酸饮料

创意四（蹦迪篇）

小牛仔进入迪厅	
立即成为焦点	
拿出非常牛	
深深地吸了一口	吸的声音
瞬间全身衣服变成奶牛的斑点	
赋予了超人力量	
来了一个"超级哈"的动作	嘘声

标板： 非常牛包装 非常牛(大)乳酸饮料(小)	非常牛乳酸饮料

创意五（滑板篇）

小牛仔站接过滑板 拿出非常牛 深深地吸了一口 瞬间全身衣服变成奶牛的斑点 赋予了超人力量 踏上滑板，跃入U型道	吸的声音
飞身起 空翻与旋转 来了一个"超级哈"的动作	嘘声
标板： 非常牛包装 非常牛(大)乳酸饮料(小)	非常牛乳酸饮料

创意六（地铁篇）

小牛仔进入地铁 座位已满 他左边一个老太太、右边一个小女孩 拿出非常牛 深深地吸了一口	吸的声音
瞬间全身衣服变成奶牛的斑点 赋予了超人力量	
手一伸，左右手变成牛奶斑点的沙发	嘘声
老太太与小女孩欣然坐下	

标板：
非常牛包装
非常牛(大)乳酸饮料(小) | 非常牛乳酸饮料

4. 传播整合化

近年来，整合营销传播成为营销领域的"新宠儿"。整合营销传播（Integrated Marketing Communication，IMC）包含两层含义：第一层含义是指把广告、促销、公关、直销、CI、包装、新闻媒体等一切传播活动都纳入营销活动的范围之内；第二层含义则强调企业要将统一的传播资讯传达给消费者。所以，整合营销传播也被称为 Speak With One Voice（用一个声音说话），即营销传播的"一元化"策略。

在整合营销传播理念的指导下，广告就是要将传播的所有信息在同一个策略的指导下以同一声音传达给广告受众。

(1) 整合营销传播的两个特性

● 战术的连续性

战术的连续性是指所有营销传播中的创意要素要有一贯性。譬如在一个营销传播战术中坚持使用相同的口号、标签说明，在所有广告和其他形式的营销传播中表现相同行业特性等。

● 战略的导向性

战略的导向性是指通过设计来完成公司的战略目标。许多营销传播专家虽然能够制作出超凡的创意广告作品，能够深深地感动受众甚至获得广告或传播大奖，但却未必有助于实现企业的战略目标。在市场营销中，传播应是正向性的、为战略服务的。

(2) 整合营销传播的七个层次

● 认知的整合

这是实现整合营销传播的第一个层次，这里只要求营销人员认识或明了营销传播的需要。

● 形象的整合

第二个层次牵涉到确保信息与媒体一致性的决策，它既指广告的文字与其他视觉要素之间的一致性，也指在不同媒体上投放的广告的一致性。

● 功能的整合

是把不同的营销传播方案编制出来，作为服务于营销目标（如销售额与市场份额）的直接功能，也就是说每个营销传播要素的优势和劣势都要经过详尽的分析，并与特定的营销目标紧密结合起来。

- 协调的整合

第四个层次是人员推销功能与其他营销传播要素(广告、公关、促销和直销)等直接整合在一起。这意味着各种手段都要用来确保人员营销传播与非人员形式的营销传播高度一致,例如推销人员所说的内容必须与其他媒体上的广告内容协调一致。

- 基于消费者的整合

营销策略必须在了解消费者需求和欲求的基础上锁定目标消费者,在给产品以明确的定位以后才能开始营销策划。换句话说,营销策略的整合要使战略定位的信息直接到达目标消费者的心中。

- 基于风险共担者的整合

这是指营销人员应该认识到目标消费者不是本机构传播的唯一对象群体,其他共担风险的经营者也应该包含在整体的整合营销传播战术之内,例如本机构的员工、供应商、配销商以及股东等。

- 关系管理的整合

这一层次被认为是整合营销的最高阶段。关系管理的整合就是要向不同的关系单位进行有效的传播,公司必须制定有效的战略。这些战略不只是营销战略,还包括生产战略、工程战略、财务战略、人力资源战略以及会计战略。也就是说,公司必须在每个功能环节内(如生产、工程、研发、营销等环节)制定营销战略,这样才能达成不同功能部门的协调,同时对社会资源也要进行战略整合。

(3)整合营销传播的六种方法

- 建立消费者资料库

这个方法的起点是建立消费者和潜在消费者的资料库,资料库的内容至少应包括人员统计资料、心理统计、消费者态度信息和以往购买记录等。整合营销传播和传播营销沟通的最大不同就在于整合营销传播是将整个焦点置于消费者、潜在消费者身上,因为所有的厂商、营销组织,无论是在销售量还是利润上的成果,最终都有赖于消费者的购买行为。

- 研究消费者

这是第二个重要的步骤,就是要尽可能使用消费者及潜在消费者的行为资料作为市场划分的依据,相信消费者的"行为"信息比起其他资料如"态度与意想"等测量结果更能清楚地显现消费者在未来将会采取什么行动,因为用过去的行为推及未来的行为更为直接有效。

在整合营销传播中,可以将消费者分为三类:本品牌的忠诚消费者;他品牌的忠诚消费者和游离不定的消费者。很明显,这三类消费者有着各自不同的"品牌网路",而想要了解消费者的"品牌网路",就必须借助消费者行为信息才行。

- 接触管理

所谓接触管理,就是企业可以在某一时间、某一地点或某一场合与消费者进行沟通,这是当代市场营销中一个非常重要的课题。在以往消费者自己会主动找寻产品信息的年代里,决定"说什么"要比"什么时候与消费者接触"更重要。然而,现在的市场由于资讯超载、媒体繁多,干扰的"噪声"大为增大。目前最重要的是决定"如何、何时与消费者接触"以及"采用什么样的方式与消费者接触"。

- 制定传播沟通策略

这意味着在什么样的接触管理之下,该传播什么样的信息,而后为整合营销传播计划制定明确的营销目标。对于大多数企业来说,营销目标必须非常正确,同时在本质上也必须是数字化的目标。例如对一个擅长竞争的品牌来说,营销目标就可能体现为以下三个方面:激发消费者试用本品牌产品;消费者试用过后鼓励其继续使用并增加用量;促使他牌的忠诚消费者转换品牌并建立起对本品牌的忠诚度。

- 创新营销工具

营销目标一旦确定之后,第五步就是决定要用什么营销工具来完成此目标。显而易见,如果我们将产品、价格、渠道都视为是和消费者沟通的要素,整合营销传播策划人员必将拥有更多样、更广泛的营销工具来完成策划,关键在于哪些工具和哪种结合最能够帮助企业达成传播目标。

- 组合传播手段

最后一步就是选择有助于达成营销目标的传播手段,这里所用的传播手段可以无限宽广,除了广告、直销、公关及事件营销以外,产品包装、商品展示、店面促销活动等,只要能协助达成营销及传播目标,任何方法都可能成为整合营销传播中的有力手段。

(4)解决 IMC 的多维视角

- 从广告主的角度看 IMC

运用广告、推销、公共关系等多种手段传播一贯的信息,实施整合传播战略,以便提高品牌和产品形象。

- 从媒体机构的角度看 IMC

这是指媒介机构整合多种媒体组成一个系统,给广告主提供更好的服务。

- 从广告公司的角度看 IMC

这是指除了广告外,还灵活运用必要的推销、公共关系、包装等传播方法,将其整合起来,给广告主提供服务。

- 从企业研究者或经营战略研究者的角度看 IMC

从消费者立场出发进行企业活动,并构筑传播方式,以容易接受的方法向消费者提供必要的信息,关注消费者的购买行为,实施能够促进与顾客关系的传播活动。

让"每一次广告都为品牌形象作贡献,都要有助于整体品牌资产的积累"(图2—19、图2—20)。

图2—19 脑白金的执着

图2—20 金嗓子的坚持

五、团伙还是团队

☞ 老板高度决定企业高度

在中国,很多时候老板的思想就是企业的战略,老板的高度决定企业的高度,老板是企业最大的代言人。

除了一些国企和垄断性企业,可以毫不夸张地说,但凡成功的企业必然有一个强势、优秀的老板。搜狐张朝阳,网易丁磊,百度李彦宏,巨人史玉柱,阿里巴巴马云,联想教父柳传志,还有快消品领域的娃哈哈的宗庆后、纳爱斯的庄启传等等。

借用一句"心有多大舞台就有多大"的广告语,企业在我们的心中,心有多大,企业就有多大。要成就企业,老板的胸怀必须宽广。

老板是战略,决定做正确的事,职业经理人去落实;老板把梯子放在正确的墙上,职业经理人努力向上攀登;老板看到的是事业,经理人要确定如何正确地干事。只要方向正确,就不怕路远。

一个团队,老板是舵手,是帆。有一个带头人,就不怕这条路有多难走。尽管踏出理想与现实的第一步时,也许会遭遇种种艰辛、曲折、挫败,但有了领路人,我们就不会放弃,路上的酸、甜、苦、辣是结伴而行的调味剂。作为团队中的一员,营销人员应作为企业之舟最勤勉的船手,与老板一同,让企业走得更快、更远。

☞ 团伙还是团队

对于任何企业来说,它的成功都离不开高效有序的团队以及团队之间的密切配合,而团队与团伙有着本质的区别。

所谓团队,是指多个人为了一个共同的目的,在一定的约束下形成的一个有机的集体;而团伙则是指多个人有着共同的兴趣和爱好,自发形成的一个团体。

团队和团伙的区别在于:一个具有鲜明的纪律和共同的目标,而另外一个没有任何纪律可言。俗话说:没有规矩不成方圆。没有纪律,就不能成为一个有凝聚力的团体;没有纪律,就不能成为一个有战斗力的团体。

团队的形成还在于成员之间彼此是否信任。一个团体里,如果人与人之间能彼此真诚相待、敢于牺牲、敢于担当,那就是一个真正的团队。

团队和团伙的区别还在于:团伙是因利而聚、无利而散的短期合作集团,成员均是冲着利益而来,只要有彼此利用的价值,就可结合在一起;团队则不同,团队成员聚在一起除了有共同的目标外,还要看性情是否相投、理念是否相似,然后才选择是否合作,目的是能在良好的工作氛围下工作,和谐共处,坦诚沟通,精诚合作。在这个基础之上,团体组织才能有效地降低内耗,为组织目标的实现提供有力保障。

团队不仅可以使个人提高工作成效,更可以提升团队的整体业绩。团队所依赖的不仅是集体讨论与决策以及信息共享和标准强化,它还强调通过成员的共同贡献,得到实实在在的集体成果,这个集体成果超过成员个人业绩的总和,即团队大于各部分之和,也就是人们经常说的 $1+1>2$ 的道理。

团队的核心是领袖,没有领袖的团队,意见无法集中,行动不能一致。听懂、理解并执行领袖意志,是团队高效运行的前提。

科学家曾在风洞试验中发现,成群的雁以 V 字形飞行比一只雁单独飞行能多飞 12% 的距离。人类也是一样,选择跟同伴合作而不是彼此争斗往往能飞得更高、更远、更快。

☞ 到位不越位

身处团队,如何处理与领导的关系,是营销职场人必须面对的问题。

在招聘的时候人力资源部门的人往往会问这样的问题:如果领导与你意见相反怎么办? 这个问题考察的就是职场人的"团队意识"和"执行力"。其实答案只有一个,那就是服从,因为领导一定比下属更正确。为什么呢? 两个理由:他们掌握着下属所不知道的信息,信息不对等;领导一定比下属强。

尽管听起来比较极端,但在"职场风暴"中,这却是非常务实的经验之谈,有这样一个故事:

爱诺和布诺差不多同时受雇于一家超级市场,开始时大家都一样,从最底层干起。只是不久后,爱诺受到总经理的青睐,一再被提拔,直升到部门经理的位置。布诺却像被人遗忘了一般,还在最底层混。终于有一天布诺忍无可忍,向总经理提出辞呈,并痛斥总经理狗眼看人低,不提拔辛勤工作的人,倒提升那些吹牛拍马的人。

总经理耐心地听着,他了解这个小伙子,工作肯吃苦,但似乎缺少了点什么,缺什么呢? 三言两语说不清楚,说清楚了他也不服,于是他有了个主意。

"布诺先生",总经理说,"你马上到集市上去,看看今天有什么卖的。"

布诺很快从集市上回来,说集市上只有一个农民拉了车土豆在卖。

"一车大约有多少袋、多少斤?"总经理问,布诺又跑去集市,回来说有10袋。

"价格是多少?"布诺再次跑到集市上。

总经理望着跑得气喘吁吁的他说:"请休息一会吧,看爱诺是怎么做的。"说完总经理叫来爱诺对他说:"爱诺先生,你马上到集市上去,看看今天有什么卖的?"爱诺很快从集市回来了,汇报说到现在为止只有一个农民在卖土豆,有10袋,价格适中,质量很好,他带回几个让经理看。这个农民过一会还将弄几筐西红柿上市,据他看价格还公道,可以进一些货。这种价格的西红柿总经理可能会要,所以他不仅带回了几个西红柿做样品,而且把那个农民也带来了,他现在正在外面等回话呢。

总经理看了一眼红了脸的布诺,说:"请他进来。"爱诺由于比布诺多想了几步,于是在工作上取得了成功。

想多远走多远,领导拥有的信息比下属多,他的决策就会更切合实际或当下需要。员工只是执行者,领导才是决策者。

所谓"领导比下属强"是指领导在某个决定性的方面强过下属,通常来说体现在以下三个方面:业务方面、管理方面、人脉方面。业务水平高的领导无需讨论。至于说管理能力,也有这样一则故事:

唐僧西天取得真经100年之后的一天,唐僧到如来家里做客。如来为了检验他这

100年来的修炼程度,席间谈话如下:

众所周知,你当年的成功,离不开你的三个得力徒弟:悟空、八戒、沙僧。那么你本人最喜欢哪个徒弟呢？唐僧给的答案多少有些出乎如来的意料,那就是:八戒。"八戒最大的优点就是可爱。"唐僧满面笑容地说道,"有他就少不了笑声。有很多人误以为他懒惰,其实他并不懒惰。每次他打扫马厩或者收拾包裹,都是一丝不苟,挑不出什么错儿来。但是他很小气,总是要暗地比较,自己比别人多干了多少,他吃不得一点亏。而且他又喜欢睡懒觉,所以大家才会以为他很懒。"

"作为一个领导者,必须要知人善用。手下队伍要精简,属下个人能力要强。"唐僧如是说。"那么八戒的个人能力是你三个徒弟里面最差的,又有不负责任等对工作不利的缺点。你为什么不换一个精明能干的人选呢？"如来不解地问。"的确,八戒在队伍里面确实是个人素质最差的一个。但是,并不是由最好的人员组合起来的队伍就可以最大限度地发挥队伍的整体功效。一个强大的完整的队伍,成员必须要有不同的特点和分工。你仔细观察一下就会发现,通风报信的往往是八戒,而打不过就跑这个特点也只有八戒有。我记得以前有个将军,他就是要用怕死的兵放哨,别人不解,他说假如用勇猛的士兵放哨站岗,遇到敌人一定会战死,而胆怯的士兵则会跑回营中报信。这就是说明人员搭配问题很重要。"唐僧神采奕奕地说。"而且,八戒这个人脸皮很厚,不怕指责。一件事情做不好,大家都可以把责任推到他头上,这样就节省了处理内部问题的时间。而由于他的存在,其余的人员自然而然就会对自己有信心,认为自己的能力一定是比八戒强的。"

"对于我个人来讲",唐僧兴致勃勃地说,"我之所以喜欢他,是因为他比较喜欢溜须拍马。一个领导者,不可避免地就会对一个总是夸赞他的手下产生好感甚至依赖感。你看几乎每个领导者身边都会有八戒这样的人物存在。因为你不能要求领导者在一个至高无上的地位上,还要放低身份和自尊,去听取下属的批评,接受下属的顶撞。你必须要有一个会说好话的人在身边,否则你早就被气死了。"

唐僧的话把如来逗笑了。如来问道:"你觉得悟空这个徒弟怎么样？一路上他多次救你性命！"

"是呀,上次我西天取经还有一个主角人物,他就是齐天大圣孙悟空。而他由于紧箍咒的存在,和我的关系非常微妙,其实我们之间最终是敌人的关系。"唐僧缓缓地说。"每次危难时刻,他都能出来救我,我非常感动。但是只要一风平浪静,我就会恢复对他的敌视态度。"唐僧说,"因为我是一个忌妒心很强的人。每个希望自己建功立业的男人都有忌妒心。"

如来站起来给唐僧沏了杯茶,唐僧呷了一口继续说道:"《西游记》不是《无间道》,

我必须做男一号。别人不可能和我抢戏份、比风头。因为我是整个组织的领导者,也是这次西天取经的唯一执行者,他们都是我的助手,助手的功劳怎么能大过执行者的功劳呢?可是悟空没有认清自己的身份,总是擅自行事,关键的时候英雄当头。我知道他的人气和知名度高过我,实际上这是不正常的现象。毕竟经是我拿回来的。"

"那么你们在个性上和感情上有什么冲突呢?"如来问。"首先,我先说我们的共同点,其一,我们都是很执着的人;其二,我们都是禁欲者。在这两点上我们可以相互激励对方。但是,孙悟空其实是一个无知的农村土猴,他的文化素质是很差的,而且脾气太倔强,没有受过良好的家庭教育。作为一个被领导者,过于倔强的性格一定会跟领导者有矛盾。一山不容二虎,当一件事情我们有了分歧,那么到底该听谁的呢?当然是听领导者的。因为领导者是一个指挥者,他负的是全局成败的责任。不管是他指挥失当,还是用人失当,只要最后结果是失败的,他就要全部负责。像中国足球队的教练输球了怪队员就是一种低素质指挥者的表现,因为队员是他选拔和训练的。坦白地讲,我是一个完美的指挥者,最后取经成功的结果说明了一切。而如果指挥者下了命令手下不听从,那么最后就是要手下负责。作为一个真正意义上的属下,即使领导者让他跳崖他也一定要执行,只要彻底执行了他就没有责任。而悟空就不懂这个常识,所以我说他是乡村土猴子。说实话,他的处事方法真的让人讨厌,很多次我都想让他卷铺盖回家。"

"服从,工作到位不越位",这是一位老领导曾给我的忠告。

到位而不越位,补台而不拆台;到位不越位,帮忙不添乱。到位不越位,是对每一个营销经理人,对每一个干部的基本要求。不到位是事业心不强的表现,也是素质不高的反映;而越了位就是干预了别人的职权,也会给工作带来麻烦。特别是要将分管的工作放在全局中去考虑,不能只强调自己工作的重要,争时间,争人才,争财物,争地位,使领导为难,让同级笑话。

不越位主要应做到"三不":该领导决定的事,自己不要盲目"拍板",即使关键时候自己拍了板,也要及时向领导汇报,得到他的支持和谅解;该别人分管的事,自己不要揽权,即使领导指定要协调落实的事,也要以分管的领导为主,甘当第三助手,不能拉偏套、使邪劲,使分管人不知所措;该下级落实的事,自己不要干预,不属于自己职权范围内的事情,不擅作主张、横加干涉。

☞ **屁股决定脑袋**

屁股决定脑袋,在什么位置说什么话、干什么事。人是屁股决定脑袋的动物,坐在什么位置,就会被那个位置决定其眼界、判断以及价值取向,很少有人逃得过这种动物本能的宿命。

市场部和销售部的矛盾始终没有停息过,把两个部门的经理对调,双方马上就能意识到营与销所代表的利益的不同。营代表的是消费者,是战略层面;销更关注当前,关注降价带来的"快感"。

曾有人说过,一位销售经理有没有前途,主要看他是不是能从市场部的角度审视销售。但面对老板的考核,保住饭碗最为重要,也难怪销售经理只顾眼前了。

我还是建议,营销者要多换换屁股的位置,尤其是市场部和销售部,都要坐坐,这样才能体会到"品牌是源、产品是水、销售是渠、货架是湖、消费者是衣食父母"的真正含义。

人的脑袋,不是向上升华与天接,就是向下沉沦与屁股接。多坐几把椅子,才能上下贯通、游刃有余,才能拿回脑袋的主导权。

☞ 动手还是动脑

一名合格的管理者应当做到动手与动脑相结合。做事之前通盘考量,把自己拔高一步,以上层管理者的角度去审视自己的下一步行动;做事的时候把自己下放一步,切实去执行,去践行自己的思想,这样才能有收获和提高。

时下流行"执行力"培训,但我认为执行就是盯着干。事前计划,事中督导,事后总结,没有捷径可言。

领导或项目负责人要善于"弹钢琴",统筹协调,兼顾各方;要善于"牵牛鼻子",抓关键环节,抓主要矛盾,以重点领域的突破带动全局工作的开展,力求事半功倍;要善于创新,用新眼光观察问题,从新角度提出问题,用新思路分析问题,用新方法解决问题。

当前企业部门的分工越来越细,除生产、销售、人力资源、研发、财务外,还有市场、督察、物流、终端、信息等等部门,各个部门在分工的同时,往往"看山是山,看水是水",各自在小范围内活动,而这些部门的协调、方向的调整、节点的衔接都要靠领导。

领导是战略,领导是队长,领导是方向。领导统筹管理,才能真正实现管理和营销的"前台简单化、后台标准化"。

前台简单化主要是指规范业务流程,固化、总结成功经验,形成策略明确化、考核标准化、执行简单化、推广整合化的"四化"运作模式,使营销执行责权清晰、考核明确、执行到位、有章可循、政令畅通、运行有序。后台标准化就是建立有效管控、有序策划、循章督导、数据共享、物流畅通、服务专业的营销平台,让营销战略持续有效地落地。

领导的实质就在于"领导"两字的本身。"领"——给指令,带好团队,充分授权,建立标准。当领导,首要任务是带团队。要建设团队文化,挖掘新人。当领导,不是当"老大",什么事都一定要让员工唯命是从。领导要发现并培养优秀人才,合适的人不一定马上找到,培养有潜质的下属才是领导的任务。领导不能以自我为核心,而应主动选择能够弥补其弱点的人,去欣赏下属,发掘下属的优秀之处,实现优势互补。此外还要让下属动起来,给下属分配责任,让下属大胆去干,要学会给他们赞美。

领,还要在充分授权的同时,建立标准,坚持当好"指挥官",做到:

- 做计划,定结果:责任一对一,奖罚说在前。
- 给方法,给资源:用什么方法做效果才最好,需要提供什么资源。
- 讲意义,作动员:说明做事的意义,讲清利害关系,激励士气。
- 上一线,去督战:要亲临一线,指挥打仗,做好监督检查。

但领导是"指挥官"而不是"救火员",应给自己留出提前量:

- 计划内的事情,按计划办。不要随便从中间打断,只要没有特殊情况,按照计划执行到底。
- 突发的事件,按预案办。把容易突发的事情做成预案,这样才能遇事不忙,快速解决。
- 交办的事情,穿插着办。一是别人做不了的,一定自己亲自做,按照重要性原则,决定是否亲自做;二是能够下属做的,安排下属做;三是与上级沟通,说明你的计划,得到他的认同。
- 下一步的事情,提前办。领导的思维是超前思维,员工看今天,中层看明天,给自己留出提前量,不打无准备之仗。

领导的第二重任务是"导"——自己保持一寸距离,但又寸寸指导,寸寸检查督导,这就需要:

- 作标准——检查的依据:制定业务标准、操作规范、业务流程、实施方案与管理工具等。
- 作训练——检查的前提:向下属或者其他部门讲解,示范如何达到标准,训练员工的业务能力。
- 作分解——检查的节点:关键事、关键人、关键时间。
- 作记录——检查的过程:注意数据分析与典型案例的集体分享。
- 作纠正——检查的关键:保证下属或者其他部门按照计划与标准执行。
- 作评价——检查的结果:告诉下属或者其他部门对在什么地方,错在什么地方。
- 作改进——检查的目的:奖罚不重要,总结经验教训,提高下属水平才重要。

领导在工作中要"领"要"导",把握"领"的分寸,注意"导"的方法,既动脑也动手。这样的团队才更有生命力,这样的领导才更能被员工尊重、被公司认可。

六、同质还是差异

☞ 原来我们都很像

> 奶
> 还没有开始喝
> 发现是那么像
> "伊利"越来越"蒙牛"
> "蒙牛"越来越"伊利"
> 你出一个优酸乳,我出一个酸酸乳
> 你出一个QQ星,我出一个未来星
> 我们
> 只是普通的消费者
> 真不知哪个是哪个
> 一个字——晕
> 再看洗化行业,更是如此
> 你出"高效",我出"全效"
> 你出"全能",我出"超能"
> 你出"生姜",我出"大蒜"
> 你出"绿茶",我出"木瓜"
> 一个个迅速跟近
> "同质化"时代到来了

这是网友所作的一首简单的打油诗,却深刻地反映了当前快消品领域产品和营销严重同质化的现实问题。

企业生存的根本源于消费者多元化的需求,而"同质化"遏制了消费者选择的空间,最终的结果是导致企业"无水可饮"。因此,走"差异化战略"之路成为企业发展的必然。

☞ 矛盾与趋势

目前国内企业营销的内在基本矛盾及深层次问题并没有得到系统化、根本性的解决。① 具体表现在：尚处于"推销""钓鱼"阶段，没有真正进入"撒网捞鱼"的营销阶段；仍然以竞争为基准、以销量为核心目标，尚未进入以消费者需求为基准、以赢得消费者价值为目标的新营销阶段；仍然滞留于对客户的促销推动阶段，所谓卖智慧的差异化营销仍然是一种渴望。其结果是：以粗放式管理布下的人海战术、以产品同质化为基础的价格战以及频繁调整的渠道策略，虽然可能一时会赢得产品销量和市场份额的增长，但同时也可能陷入非理性追求销量增长所带来的牺牲效益的困境——客户忠诚度低、营销成本居高不下、盈利能力差、现金流不畅。为生存而疲于奔命，不得不在"无利润区"中苦苦挣扎，已是众多企业心中难言的痛。

但与此同时，我们也需要认清当前的市场趋势：

第一，中产阶层消费群体日渐形成。随着中国经济的发展和国民个人收入的增加，中国中产阶层的队伍日渐庞大，他们已经成为主流消费群体，并成为引领消费趋势的主要力量。而这一阶层具有消费心理趋于理性、消费行为趋于成熟、购买力强、消费稳定的特点，他们既务实又追求时尚，对品牌的认知能力更强。毫无疑问，稳定而理性的中产阶层的崛起，意味着我国消费市场开始具备了从非理性走向理性的市场基础。

第二，城镇化建设加快，核心消费趋向城镇。随着中国"造城"运动的进行，已有近三分之二的人口集中在城市，农村现在几乎成为"养老院和幼儿园"，多数留守人口为老人和小孩，城镇化消费成为核心。但与此同时，农村的节日性消费和假日消费呈现爆发式增长趋势。随着国家宏观调控政策向农村的倾斜，农民收入倍增，县乡镇消费水平和消费层次日趋提高，注重品质与品牌成为必然。

第三，消费升级明显，消费者从原来的最初级需求逐渐向附加价值需求转变。

与市场趋势相对应的是，品牌集中度越来越高，品牌好的愈好，坏的愈坏，多的愈多，少的愈少，马太效应凸显。同时，由于大量农村人口流入城市，一线品牌对于二、三级市场的辐射和影响也日趋加强。而随着文化、需求的多元化，市场也呈现多元化倾向。市场的竞争不是单个品种、品牌的竞争，更应是多品牌和多品类的竞争。

---

① 彭剑锋：《2005中国营销的问题、出路与趋势》，《销售与市场》2005年第1期。

☞ 解决之道

世界管理大师彼得·德鲁克说:"任何企业都有两个基本功能,而且也只有这两个基本功能:营销和创新。而二者相比,营销对于企业的作用更为重要也更为根本,创新之所以重要,恰恰在于为了确保企业的竞争优势。"他强调说:"营销是企业显著且唯一的功能。""除非你卖出产品,否则你就不是企业。"

基于上述种种变化与挑战,我们重新审视企业战略布局,差异化的定位思想将主导今后企业的发展,并用精益化经营替代精细化管理。

1. 以"精益化营销经营"创新企业盈利模式

从计划经济到市场经济,中国企业的成长和发展一直沿袭着以单一的市场竞争为基准、以追求销量和市场规模为目标、以低生产成本高营销投入为核心的模式,这就导致许多企业的营销不惜成本、不惜代价、非理性地追求销量增长,以销量牺牲效益,甚至牺牲企业的未来。主要表现在以下几个方面:

- 企业销量超常增长,但客户的忠诚度较低,企业赢得了市场份额,但没有赢得优质的市场份额。
- 企业盈利能力差,步入"无利润陷阱",现金流不畅,可持续发展能力不足。
- 企业拥有了客户数量,但没有拥有相应的客户价值,所拥有的客户不能为企业带来持续盈利。
- 营销成本居高不下,销售量最大化并没有带来相应的规模成本优势。

这种盈利模式导致企业长期失血,没有能力进行新技术与新产品的研发和人才的持续投入,最终步入产品与营销同质化、低价竞争的恶性循环。

为了提高营销管理水平,降低营销成本,诸多企业相继提出了精细化营销管理的理念。但精细化管理的实践只能在企业渗透市场的广度和深度上有所发展,却无法使企业有质的飞跃,既无法提高企业对市场的掌控力和支配力,也无法提高每一块市场的单位面积产量,反而使得营销管理成本增加、盈利空间缩小,往往出现"一管就死、一放就乱"的管理怪圈。

在交通、能源、技术劳动力短缺的市场环境下,在习惯于低生产成本的企业发展模式下,压缩生产成本要利润的空间已经十分狭小;而通过技术开发提高产品技术含量,靠产品与技术差异化来拓宽利润空间的举措,由于时间长、资金大也是不现实的。鉴于此,现实可行的是,真正从"精细化管理"向"精益化营销经营"转变,致力于企业营销效率与效益的提高,向营销要利润。

需要特别注意的是,"益"与"细"、"经营"与"管理",几字之差,却反映了营销成功的关键和营销模式的质的差别。"益"是目的,"细"是手段;"经营"的目的是效益,"管理"的目的是效率。

中国企业营销所面临的核心问题,是没有建立营销的战略性盈利模式,营销管理为管理而管理,为销量而销量,为细节而细节,忘记了企业的核心目的是要为客户创造价值,是要盈利、求发展。

基于此,精益化营销经营是大势所趋。

2. 精益化营销经营要略

所谓"精益化营销经营"是指企业要确立战略性营销思维,基于企业价值链对营销资源进行有效的整合、集约与经营,摒弃追求短期销量增长的营销模式,采用营销的集约化成长模式,追求市场份额规模、市场份额质量、企业效益的同步增长,从而建立起企业长期的战略性盈利模式。

精益化营销经营包含以下要点:

- 确立企业为营销导向型企业。
- 提升营销的战略管理能力,提高企业营销经营计划与预算管理水平,建立营销计划与绩效监控体系,对营销的结果进行精准的衡量,对营销方案进行系统评估,提高营销活动的投入产出率。
- 运用以提高市场单位面积产量和人均效率为核心的精细化终端管理。

3. 创新营销管理体系

达尔文说:"不是那些最强大、最聪明的动物能够生存,而是那些最能适应环境的动物能够生存。"正如这样一个段子所说:

狼来了,你是虎,将其吃掉。

狼来了,你是狼,与其共舞。

狼来了,你是狈,狼狈为奸。

狼来了,你是羊,赶快投降。

面对市场环境的变化,企业也必须保持对外部环境的高度敏感,并主动适应变化,作出调整。以下是现代企业营销较为可行的九种调整策略:

(1)企业营销管理体系从总部"中央集权"的管理体制,逐步向事业部化的"邦联体制"过渡,实现营销管理体系的扁平化。

(2)建立"规模分摊成本,结构产生利润"的新型经营模式。第一,增加"小批量产品群"的比重;第二,建立适当的产品结构,建立"低端产品产生现金流并分摊成本,中端产品产生利润,高端产品塑造形象"的经营模式。

(3)建立区域市场和分众市场导向的研发体制。第一,调整研发队伍结构,增加对区域市场和分众市场熟悉的研发人员;第二,调整研发流程,建立研发人员与区域营销人员"直通"的信息交流体制;第三,在区域市场建立区域研发机构。

(4)调整业务员组织方式和收入分配政策。

(5)将原来的客户销售合同转变为客户服务付费合同。分销由客户完成,动销由厂家(或协助)完成。对销售各环节客户的执行程度给予相应付费,主要考核产品的铺货率、品种品类数、陈列、配送、库管、促销支持是否到位,避免现有的以量返利模式,力求精益化。

(6)提高企业营销经营计划与预算管理的水平,建立以营销为主的盈利模式,避免粗放式操作。

(7)科学运筹公司生产资源,利用集团性公司的优势,合理分配各公司的生产计划,重点突出"集团优势、统筹分配"。

在许多集团性公司,生产计划的分配还停留在计划经济时代按产定产、按产定销的阶段,不能有效、合理地分配公司资源。因此,应当运用运筹原理,结合销售、运输、生产合理安排生产计划,从而实现公司资源利用最大化和节约化的目的,要注意以下几点:

- 产品开发期——以资本预算为主。
- 市场增长期——以销售为起点。
- 市场成熟期——以成本控制为主。
- 财务陷于困难期——以现金流量为起点。
- 集团公司——以目标资本利润率为起点。

(8)技术创新与应用。这可以大大节约成本,提高效率。创新或革新是企业成长的最佳途径。

(9)销售注重细节和模式的构建。

七、整体还是聚焦

☞ 资源是有限的

策划就是对现有资源的有效配置。古代荀子就是伟大的策划师,他曾经说过"登高而招,臂非加长也,而见者远;顺风而呼,声非加疾也,而闻者彰。假舆马者,非利足也,而致千里;假舟楫者,非能水也,而绝江河。君子生非异也,善假于物也"。这就是对资源的有效利用。

然而,在营销过程中,我们却经常遭遇资源短缺和不足的问题。

资源是有限的,如何提高资源的使用率,要求我们必须从核心点突破,从最容易的点着手,从投入产出比高且品牌契合度高的市场切入,使品牌、产品成为核心市场的主导品牌和主导产品,从而牢固地控制核心市场。

要对现有资源统筹使用,注重资源的投入产出比。要注重市场的有序和有效开拓,可适当放弃无力开拓或运作的区域,集中力量将能干好的事情干好,使我们的重点市场和突破市场成为强势市场。

要细分市场,根据不同市场的基础和情况对市场进行分类,针对不同类型的市场采取不同策略,主动占领市场先机;要"正招"与"奇招"相结合,多重并举,创新思维,掌控市场;在强势区域和条件具备的区域实施重点突破,使强者更强,牢固占领市场;有重点地辐射和开拓其他区域;弱势市场力求突破,提高成功率。

要选择可运作、相匹配的终端核心系统为切入点,形成战略联盟;要专人负责,全程策划,配套到位,实现突破。

☞ 让资源变成有效资源

资源是有限的,现实是残酷的,我们要实现销量的跨越式大发展,就必须根据不同市场的基础和情况对市场进行细分,针对不同类型的市场采取不同策略。

通常我们把市场大体分为三种类型,并根据细分类型制定针对不同市场的运作策略:

- 核心市场:优网络、调结构、增销量。
- 突破市场:找切点、重投入、抓销量。
- 薄弱市场:统资源、抓重点、促销量。

基于这种市场分类,我们的核心工作要放在突破市场和核心市场上,对突破市场进行重点突破、重点考核;对核心市场要确保任务完成,并树立样板;其他区域多重并举,多点开花,作为补充。

尤其对于一些中小型企业,在全国范围内不要实施全面的阵地战,而应打游击战。在强势区域和条件具备的区域重点突破,使强者更强,牢固占领市场并树立样板,复制放大,有重点地辐射和开拓其他区域。

市场分类的目的是将有限的资源投入到最需要的地方,投入到能带来销量突破的地方,而非"四处撒盐",没有重点,没有效果。

表2—4　目标市场细分

市场类别	客户	销量	品项	占有率(相对而言)	网络控制率	进店表现
核心市场	数量较多,区域市场没有空缺客户。	有稳定的市场销量,县级客户月均销售××万以上。	经营品项全;区域市场内终端各种产品都有销售;陈列处于优势。	市场占有率较高,至少在15%—25%以上。	整体的网络控制力较强;能够覆盖和控制的终端店面率达到60%以上。	产品在终端销售流速快;陈列摆放好;动销能力强。
突破市场	有一定的客户基础,但客户群体有趋弱表现。	曾经销量较大,目前销量萎缩,县级客户月销售××万左右或以下。	经营品种以低端、老产品为主,其他产品销量很低。	市场占有率比较低,在10%—15%之间。	网络控制力趋弱;产品覆盖率不足50%;可控终端店面率在30%以下。	产品流速较慢;产品陈列属于自然摆放,动销能力不足。
薄弱市场	客户少或者没有客户。	月销量在××万以下。	市场没有主导产品,品项杂而不全。	市场占有率在10%以下。	基本没有网络控制力,完全靠渠道自然流通。	销速慢;产品在终端店面被边缘化。

如上表所示,在快消品领域,三类市场的区别特征十分明显。其中,核心市场界定为有一定的规模销量且产品覆盖率和动销率都比较高的市场,是基础销量的保证;核心市场各个层级都要重点关注,精耕细作,确保销量,并进一步优化产品结构,增加收入,确保市场领先优势。同时应对客户合作模式、一二级分销商的建立、产品铺货、网络管控、促销等经验和操作进行总结,形成相对固定的成功模式,并放大推广。

突破市场界定为有一定的市场基础,但网络控制力不强或者说曾经销量较大,但随着业态的变化,销量不断降低,但品牌基础和网络基础还在,通过调整可以提高销量的市场。此类市场终端发展比较快,要重心下沉,扎实基础,立足县乡级超市实现突破,同时注重传统渠道的批发和二级分销网络。重点突破市场往往是销量增长的核心,要集中投入,突破销量,实现快速增长。

薄弱市场界定为长时间没有销量增长,品牌知名度和竞争力都很低的市场,此类市场往往是终端业态极其发达,销售却始终没有突破的市场。薄弱市场要积极渗透,切割市场,流动发展,培育基础,最终达到对竞品的扰袭和有效牵制。

如下,是针对快消品领域三类细分市场不同的营销策略和运作办法:

表2—5 针对目标细分市场不同的策略

市场类别	基本策略	开发目标	战略重点	资源投入原则	考核要点
核心市场	提高"单产"客户活跃度；产品结构调整；市场"三百、三好、三定"；市场主导、促销主导、主动领先。	销售规模增长、实现区域第一；提高投入产出比；市场运作规范有序。	精耕细作；结构调整；市场主导，打压竞品，总结经验，固化放大。	投入产出比第一；利润贡献率第一；人均产出率第一。	投入产出比；利润贡献率；人均产出率。
突破市场	"耕耘"与"掠夺"相结合的复合增长方式；树立信誉、守正出奇、集中资源、重点突破；巩固一片、复制一片、放大一片；市场"三百、三好、三定"。	销售规模和市场份额稳步增长、局部区域领先竞品，并对竞品实施打压。	目标导向；县乡切入；守正出奇；强化终端；深化客情；集中资源、重点突破。	目标导向型投入；目标一旦确定，集中资源，做透市场，成为第一。	目标完成率；计划推进度；优势终端比例；客户增长率(数)；空白市场开拓数；费用控制率。
薄弱市场	积极渗透；切割市场；运作重点市场"三百、三好、三定"；抓住重点。	市场地位稳固，消费者认知度提升；注重信誉和市场的规范运作。	积极渗透；巩固份额；流动发展；培育基础；扰袭竞品、有效牵制。	量入而出，盈亏平衡；规范运作，不留后遗症。	销量增长；盈亏平衡；规范有序。

资源的有限性是任何时候、任何人都必须面对的现实,但如何将有限的资源放大并发挥最大的效果就是营销人员的职责了。从主要核心点突破,从最容易提高销售量的点着手,从投入产出比高的终端切入,干一件事就把一件事干好。踏实一点、执着一点,我们的市场就会好一点,我们销售人员的收入也会多一点。

☞ 弱者战胜强者

在资源有限的前提下,弱势企业能战胜强者吗？蓝彻斯特法则因为提供了强者战略和弱者战略,被称为必胜的行销战略。

蓝彻斯特于1868年10月23日生于伦敦,皇家工科大学毕业,28岁就设计并制造出英国第一部汽车,31岁创设技术顾问公司。1914年第一次世界大战爆发,蓝彻斯特埋头于航空工学的研究中,在一次空战中,敌人以较少战力击败对方,蓝彻斯特通过研究这种现象,发现了"以弱胜强"的战略法则,被称为"蓝彻斯特第一法则与第二法则"。这套法则后来在第二次世界大战中被美国发展成战略模式,并在战争中发挥了极大作用。日本学者田冈信夫则首先将这种理论应用于贩卖领域,并以科学实战的方式广泛应用于商战中,颇受好评。

1. 蓝彻斯特的基本原理

蓝彻斯特在分析陆、海、空战斗时,发现了两个法则:

第一法则——个个击破战略,也就是一对一的战略,一般称为"单打独斗法则",用于局地战。

第二法则——集团和集团作战,一般称为"集中效果法则",用于广域战。

假设在武器效率相同的情况下,A军有5人,B军有3人,如图2—21。

那么B军要如何才能够战胜A军呢?

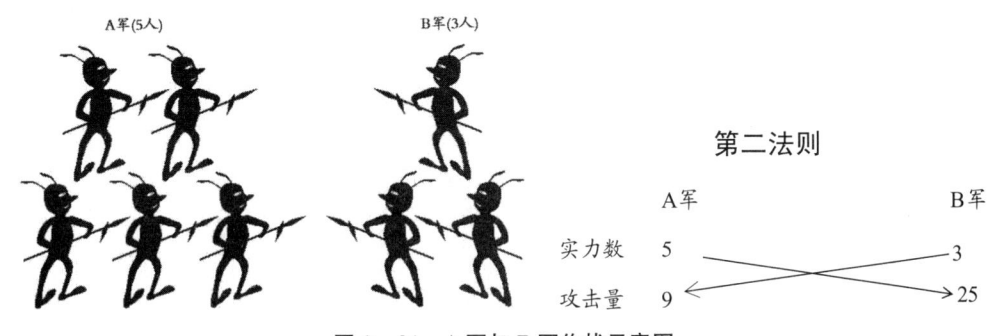

图2—21 A军与B军作战示意图

答案是:

要么增加兵力至5人以上,要么提升武器效率,即必须拥有1.7倍以上的性能优秀的武器,或开展1.7倍以上的技能、能力训练。

每人所承受的攻击量是敌人兵力数的乘方,因此所承受攻击量的比率为9∶25。B军若想要战胜A军,应该如何?

(1)增加兵力至5人以上;

(2)提升武器效率。

$$\frac{5^2 人}{3^2 人} = \frac{25}{9} \approx 2.8$$

即2.8倍以上优秀的性能武器或2.8倍以上的作战技能训练。

将这两种策略运用到营销领域,它提示企业在面对强大竞争对手时,一方面应努力抢占市场份额,提高客户质量;另一方面应着力提升技能,规范管理和培训。

表 2—6 蓝彻斯特战略的标准式

市场占有率目标值		
上限目标值	73.9%	寡占型企业居于绝对安全、优越的独占状态。
安定目标值	41.7%	市场占有率第一及成为该业主流的首位条件。
下限目标值	26.1%	即使成为市场占有率第一，地位也不一定稳定，随时可能被打倒。
亏损目标值	10.0%	市场占有率在 10% 以下，视为亏损，不赚钱。

局地战——个个击破的情况 3∶1，若战力与竞品的差距在 3∶1 以上领先时，竞品便无法与我竞争，这就是"射程距离理论"，如图 2—22 所示：

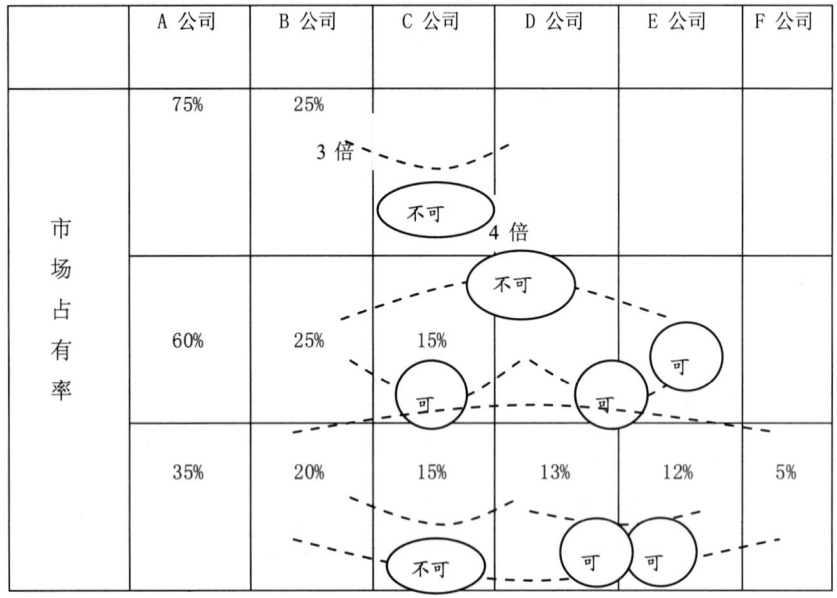

图 2—22 射程距离理论示意图

若某两家公司之间的市场占有率相差 3 倍以上，则远离射程距离，此居于劣势的公司很难扭转情势；相反，若占有率高出另一家 3 倍以上，则地位稳固。

2.蓝彻斯特战略的三个重点

- NO.1 主义。
- 弱者、弱点优先攻击。
- 一点集中主义。

(1) NO.1 主义

● NO.1 的种类

NO.1 商品 ——3 倍以上的商品市场占有率

NO.1 地区 ——细分化后的区域

NO.1 消费层 ——3 倍以上的顾客层

NO.1 分销、直营店 ——3 倍以上的客户

NO.1 片区客户数 ——3 倍以上的片区经销商

在达成以上各项 NO.1 之前,必须先达成在店占有率的 NO.1,终端店陈列表现 NO.1。

● 如何制造 NO.1

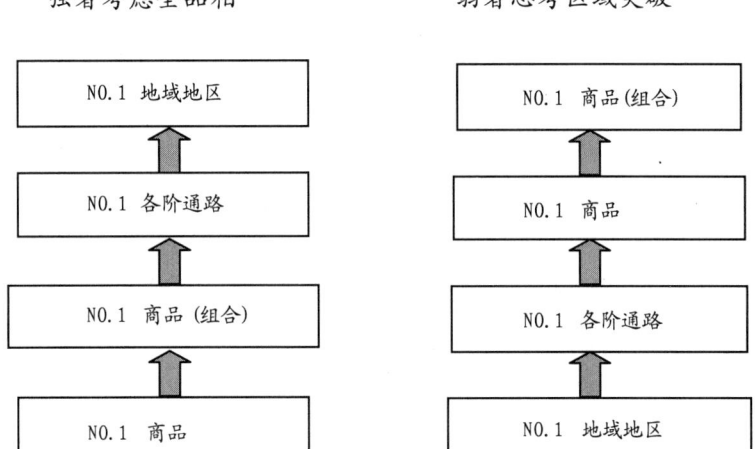

图 2—23 强者与弱者如何制造 NO.1

● 在店占有率的 NO.1

* 购买品项及条码比竞品多。

* 陈列面积和陈列位置比竞品有优势。

* 进货及库存安全量比竞品多。

* 业务攻击力比竞品大。

* POP、海报等广宣品的张贴、悬挂布置比竞品有优势。

* 促销活动的频度及力度比竞品大。

* 资讯的收集与资料的分析比竞品强。

（2）弱者、弱点优先攻击

● 弱者应该避免与强对手直接作战，应找比自己弱的对手作战。

弱者攻击更弱者，以提升市场占有率，最后再与强者对决。

● 优先攻击强敌强者之弱点

不管企业的占有率多高，都有其缺点，就算竞品占上风也有死角，若能探取差别化，将力量集中，就能战胜之。

差别化，可分商品的差别化和地区的差别化：

商品差别化——如洗衣市场，奇强避开市场竞争激烈的透明皂市场，开创内衣除菌皂，以差异化产品赢取差异细分市场第一的位置。

地区差别化——中国的市场潜力巨大，强者若在 A 地区，我们就集中 B 地区；如果他在都市加强，我们就把重点放在乡镇，不进行硬对硬的阵地战，而采取避其锋芒的掠夺战！

使用差别化后，弱势商品即便不能在整体上获胜，也会在某些地区获得局部性胜利。

（3）一点集中主义

要做的事情很多，若这个也做那个也做，战略便会因此分散而不会有结果，投入的资源也会白白浪费掉。必须先列出工作重点并标出优先顺序，然后再集中力量一件一件地去完成。

一点集中必须做到怎样的程度？必须根据对手的投入量来决定（包含累积分），至少比竞争对手投入更多的力量。

一点集中主义也称狙击战略，可分为下列四种方式（如图 2—24 所示）：

● 对地区的狙击（城市、乡镇等）。
● 对渠道的狙击（终端店、分销商、经销代理商、消费者）。
● 对商品的狙击（重点推动某一项商品及对不同区域推动属性不同的商品）。
● 对敌人的狙击（集中火力选择狙击对象）。

☞ **挤占对手份额**

1. 挤占对象的选择

面对激烈的市场竞争，企业若要生存发展，除了组织资源战胜强者外，还要经常组合运用各类策略抢占竞争对手的份额，具体包括以下三种类型：

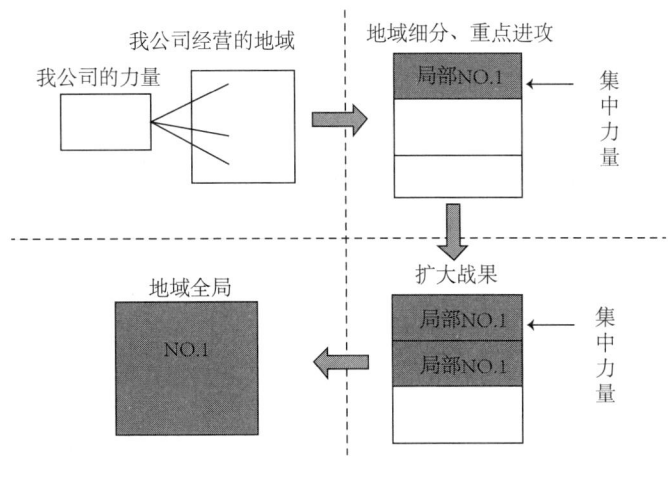

图 2—24　一点集中主义

(1)攻击实力最强大、最具竞争力对手的弱点

这是一个风险高但也潜在利润高的策略,尤其在市场领导者并非真正意义上的领导者,尚无法完善地为市场提供服务时,此策略更富有意义与效果。运用此战术时,必须严密审视消费者的需求满足程度。如果挤占者发现有重要的地区还未有服务,或是服务不够完善,则可视之为一个策略性的目标市场。

(2)攻击规模不足以巩固其市场且财力不足的对手

对于目标消费者的潜在需求的满足,企业必须严密地加以审视,一旦发现其他公司在某一时期或某些市场的营销作战资源有限,应立即采取攻击的策略。

(3)攻击行销能力与财力不足的地区性小公司

对地区性小公司的策略是"吞并"或"令其无法生存",也就是让其从竞争市场上消失。许多汽车公司与香烟公司之所以有现在的市场规模,其主要依据并非是争夺彼此的顾客,而是利用"大鱼吃小鱼"的市场兼并策略。

基于此,对竞争者最新信息的搜集就成为挤占者的制胜法宝,竞争信息的整合与日常情报的分析,必须注意以下几个问题:

- 谁是主要的竞争者?
- 每一个竞争者的销售实力、市场占有率以及财务状况如何?
- 每一个竞争者的目标及其结果预测如何?
- 每一个竞争者的策略如何?
- 每一个竞争者的优势和劣势分别如何?
- 随着环境、市场竞争等因素的变化发展,竞争者的策略可能有何变化?

2. 挤占策略的应用

在系统搜集竞争对手信息的基础之上,挤占者应寻求创新突破的总体营销战略,例如产品创新、侧翼攻击、多品牌策略、品牌扩张策略、大量密集广告、实战推销、促销战略、渠道的巩固与强化等,这样方能立于不败之地。同时,针对主要竞争者的薄弱点展开攻击。

诚然,要获得成功,还必须设计一套能够不断改善其市场地位的整体营销作战策略,以下介绍三种常用策略。

(1)以价格为主导的挤占战术

价格战是最原始、最具杀伤力的挤占战术,它主要有两种形式:价格折扣战术和廉价品战术。

● 价格折扣战术

挤占对手份额的一个主要攻击战术是以低于竞争者的价格提供产品给购买者,价格折扣战术的使用必须满足三个假定前提:

* 挤占者必须说服购买者相信其产品与服务可与竞争者相媲美。
* 购买者必须是对价格差异极敏感的群体,而且只为低价便乐于转换品牌。
* 主要竞争者必须忽视挤占者的攻击或拒绝降价。

● 廉价品战术

即以更低的价格向市场提供平均的或低品质的产品。这种战术的运用前提是细分市场中有足够数量且对降价有兴趣的顾客群,但采用此战术的公司极有可能遭到更低价格的廉价品公司的反击。采用此战术应该从以下几个方面着手:

第一,为避免陷入"只问销售,不问利润"的恶性价格竞争,必须首先考虑下列因素,并作出合理分析与预测:

* 市场占有率的期望值。
* 所期望的利润有多少。
* 客户与竞争者的预期反应。
* 市场的需求程度。
* 竞争压力的大小。
* 成本的高低。
* 产品总定价策略的考虑。
* 市场细分化问题。
* 促销计划的配合。

第二，公司追求市场占有率的最终目的是为了获取利润，所以，就长远发展来说，低价格必须确保有下列因素的配合：

* 销售数量的提升。
* 成本的降低。
* 销售利润的评估。
* 消费者对价格变动的良性反应。

第三，针对竞争者和消费者的获知程序确定降价时机，采取一种或多种方式改变产品价格。

* 直接改变产品价格，而不改变所提供的产品品质和数量。
* 以较低价格提供品质稍逊的产品。
* 改变产品所搭配的服务条件（时间、地点、方式、水准等）。
* 降低经销商给消费者的最终价格或提高经销商的销售折扣。
* 借累计式与非累计式数量折扣方式，达到间接改变产品价格的目的。
* 采用弹性价格，视市场竞争情形而差别定价。
* 改变付款手续、条件和时间，间接改变产品价格。

第四，心理备战。

降价之初即应考虑竞争对手可能会采取的反击方式，可事先准备好几种应战方案。这样不仅可以避免仓促应战之下因措手不及而错失良机，还可以发起机动性、区域性的迅速反击行动，从而实现大范围内市场占有率的提升。心理备战包括：

* 估计竞争对手是否有特定的反应模式或可能会再作出何种反应。
* 在确定竞争价格前拟妥未来相互竞争的应变方案。
* 加强非价格竞争的行销努力。

第五，效果评估。

* 根据销售情报、消费者反应评估低价竞争的效果。
* 分析低价竞争对本品牌、消费者及业界所造成的影响。
* 评估与价格改变相配合的其他促销活动的效果。

(2) 以广告为主导的挤占战术

该战术是指利用增加广告和促销费用的支出来对竞争者加以攻击。需要注意的是，巨额促销费用和广告费用的支出未必有意义或有效，除非挤占者的产品及广告有明显强于竞争者的优势。采用此法应参照以下操作：

● 第一步：成本预算

* 创意成本。

* 制作成本。
* 媒介安排成本。
* 总成本占预计销售额的比例。

- 第二步：确定广告目标
* 通过广告想获得什么？
* 目标顾客是谁？
* 何时把信息传递给目标顾客（时间选择和时间跨度）？
* 把信息传递给什么地方的顾客（地理范围）？
* 以何种频率传递信息给消费者（频率）？
* 使用什么媒介？

- 第三步：确定广告信息
* 告知顾客。
* 劝导顾客。
* 提醒顾客。
* 改善顾客对产品的态度。

- 第四步：广告创意的开发
* 沿用旧风格。
* 开发新创意。
* 综合运用新老创意要素。

- 第五步：最后制作
* 艺术性。
* 布局与设计。
* 印刷或胶片质量。

- 第六步：法律问题
* 广告所有权证明书。
* 不公正或欺骗性信息。
* 注册商标的地点。
* 图像复制使用。
* 适当的标签性说明（如主治医生的忠告）。

- 第七步：媒介工具的选择与组合

媒介工具主要包括电子类（电视、广播、电影插播、录像插播、电话、业务反馈电子邮件等）、户外类（广告牌、路牌、橱窗、点面结合标志、POP 展示等）、体育类（体育人员、体育事件、运动项目、竞技场所等）、印刷品类（报纸、版面插图、小册子、杂志、横幅、文化衫等）。

在选择媒介工具和相关媒体时,应考虑以下因素：

* 媒介因素:总"收视率"测试、"千人收视成本"、单位销售的成本等。
* 有效观众统计。
* 与创意要求相关的媒体特征。
* 媒介的有效性。
* 媒介成本。

● 第八步:广告反馈的追踪

* 反馈数量。
* 媒体和信息实际作用于产品购买的效果。
* 选择连续性追踪或有效性追踪。
* 调整广告目标。

(3)以渠道为主导的挤占战术

该战术是指通过开发新的营销渠道或激活现有渠道来攻击竞争者,而挖掘到达目标市场的最佳销售渠道,必须考虑下列三个层面的因素：

* 站在消费者的立场上衡量其购买习性,以决定最适当的渠道。
* 站在公司的立场上考虑利润最大化的条件。
* 站在竞争者的立场上考虑最具竞争优势的条件。

在具体操作层面,新渠道的设计与选择主要分为以下四个步骤：

● 第一步:决定配销渠道的五个决策项目

* 渠道长度:直接？间接？
* 渠道深度:密集性？选择性？独家经销？
* 渠道宽度:单元化？多元化？
* 中间商提供的服务。
* 公司提供的协助。

● 第二步:分析配销渠道的决策目标

* 销量最大。
* 成本最低。
* 渠道的信誉最佳。
* 渠道控制力最强。

表 2—7　配销渠道选择表

决策目标	协助		长度		深度		宽度		服务	
	直接	间接	密集	独家	一条	多条	充分	有限	大	小
销量最大	×	○	○	×	×	○	○	×	○	×
成本最低	×	○	×	○	○	×	×	○	×	○
信誉最佳	○	×	×	○	×	○	○	×	○	×
控制最强	○	×	×	○	○	×	×	○	○	×

备注:"○"表示比较符合目标,"×"表示比较不符合目标。

- 第三步:考虑影响配销渠道的因素

表 2—8　经销渠道影响因素表

因素种类	因素内容
产品因素	单位价值:单位价值越低,一般配销渠道也越长; 大小与重量:必须考虑运输与储藏的成本; 易腐性:易腐败的农产品及流行性产品(如服装),必须快速通过各配销渠道; 产品服务需求形态:考虑产品技术性或售后服务问题; 定制品或标准品:若为定制品,往往由公司直接贩售给最终消费者; 产品线的宽窄:产品线愈宽,渠道愈短; 产品性质:考虑是消费品、工业品还是原物料。
市场因素	区分究竟是工业品、消费品市场,还是农产品市场; 潜在市场的消费者数量; 市场的地理集中性; 顾客购买数量; 顾客购买习惯(频率、地点、价格、服务要求等); 销售的季节性。
公司本身因素	信誉与财务能力、规模; 市场运营管理能力及经验; 所愿意和所能够提供的服务; 整体营销政策要求; 产品线的宽窄。
竞争因素	市场竞争激烈程度; 竞争商品的配销方式; 是否有专卖、独卖权。
中间商因素	中间商所能提供的服务; 中间商与公司的配合度; 中间商的销售可能性与销量限制因素; 配销渠道的成本。
环境限制	政府法令规章的限制。

- 第四步：比较可行的渠道方案

首先，比较若干备选方案的销货收入、销货成本、获利贡献等因素，从中选择出最佳营销渠道。

其次，激活现有渠道，提高经销点（尤其是销量不高的经销点）。销量是营销渠道战术中最重要的部分。

要使经销点（包括批发商、生产资料代理店）恢复活力，大致可以采用以下两种策略：

第一种是刺激战术，通常有如下两种方法：

* 以契约的方式给予利润保障、折扣或者用竞销奖金等利益手段加以刺激。
* 利用"达成一定销量，可大幅度提高阶梯利润"的方法，提高经销点的销售意愿。该方法在短期内即可显效，对具有一定销售能力的经销点是一种很有效的方法。

第二种战术是提高经销点的素质，强化其扩销能力，常通过教育训练和援助方案来实现：

* 教育训练，如集中培训的"集合强化训练法"；由公司派出人员对经销点予以实地训练；利用邮寄说明方式或利用公司内部刊物开展"传阅教育"。
* 援助方案，如给予经销点内外装潢资金援助；给予技术援助；给予其他杂项类的供应与援助；提供互相配合的联合广告、宣传单；介绍顾客；举办同业竞争活动；使用电脑网络代管或代处理经销实物；代办财务分析和市场分析；给予经营指导；统一设计制度软件等。

援助方案与教育训练需要公司投入大量的资金、物力、人力，在短期内难以显效，但从长远来看是比较有效的做法。

附：光明的"聚焦"①

颠覆麦肯锡

"矩阵式管理构架"正是王佳芬当年聘请麦肯锡一手搭建的，王佳芬对此也推崇备至。但如今，郭本恒要拆掉这个制约光明"奔跑"的"减速器"。

除了修改战略，在郭本恒看来，还有一件大事必须得办，那就是拆掉制约光明"奔

---

① 李海强、王晶：《"再造"光明》，《21世纪经济报道》2010年1月22日。

跑"的"减速器"——矩阵式管理架构。

为此,郭本恒甚至不惜得罪了将自己提拔起来的王佳芬。因为"矩阵式管理构架"正是王佳芬当年聘请麦肯锡一手搭建的,王佳芬对此也推崇备至,甚至视其为光明管理"国际化"的重要标志。

"当年请麦肯锡做战略,我一直不同意,但我说了不算。"郭本恒坚信,正是矩阵式结构充当了光明乳业发展由快转慢的"罪魁",硬生生地将其从每年近40%的增长轨道上拉了下来。"矩阵式管理是什么?说白了就是一个人有好几个头,互相牵制,这样可以保证你不犯错误,但它牺牲了效率,明明一天能定下来的事情,结果一个月都定不下来。"在郭本恒看来,矩阵式管理架构是属于成熟企业的治理模式,可以保证财务稳健,利润平稳地增长,甚至不增长,对于国际成熟企业而言,这些都没问题。但关键是,应用到正处在高速发展期的光明乳业,就是把大方向搞错了,肯定会完蛋。

在郭本恒的印象里,光明乳业发展的黄金时期是1999年到2001年,那时他和另外两位空降的少壮派林豪、吴建平(二人现已离职)分管研发、市场和销售。而光明当时的决策状态是:三个人往一块儿一凑,要做什么产品、怎么做,可能只需要一两个小时,整个儿就定了下来,然后各自回到岗位,投入运作。

为了提速,打破光明乳业内部矩阵式之后,郭本恒将公司的组织结构改为条线式,重新设置职能部门,大力兴建常温奶事业部,并且把火力集中到了地方:设置了与总部职能部门平级,由他直接领导的华东、华北、华南、华中和西南五大地区事业部,以及十八个省部,使得管理层次更加扁平化,以提高对市场需求的反应速度。

对于这些冲锋在一线的市场单元,郭本恒也充分授权,他只管大方向。"我有个原则,在可与不可之间,一般说可。"一些人因此而找到了舞台。最实际的,各单元负责人可支配的预算、可独立决策的职权范围都大大增加。

"现在总部的人力资源实际就管到省一级,省经理底下我们就不管了。"按照郭本恒的介绍,光明乳业目前的人事政策是"上级提名,隔级批准",省经理由地区分部提名,总裁办批准,再往下,譬如城市经理,则由省经理提名,地区分部批准即可,总部不过问。而至于每个地方侧重发展哪些产品,如何建立渠道,在总部控制费率的情况下如何搞营销,则都由每个地区分部、每个省根据自身市场,自行决定。

"矩阵式打破之后,地方上的架构和职权好划分,但职能部门难划分。"郭本恒说变革的阵痛在最初表现得很明显,职能部门之间、职能部门与地区分部之间矛盾频发。事实上,这个问题到如今也没能明晰地解决,不过针对不同的职能部门,郭本恒也摸索出了一些办法。

譬如,对于市场部采取"抓大放小"的原则,每年主抓不超过5个主要产品,这些主要产品的广告策划、研发、渠道拓展等,由总部市场部门全面负责,在这些主要产品之外,各地区要做什么自行决定。而渠道部门则"搞切分",对渠道和网点就产品到达率、回访、服务等方面进行检查,去伪存真。

"一大将军(常温奶)、两小天鹅(奶酪和奶粉)、五虎上将(五大地区事业部)、十八罗汉(十八个省部)"——这是郭本恒自己琢磨出来的比喻,也正是对光明乳业改革后的整体架构的概括。"你不能简单地说我们现在的管理构架是扁平化还是金字塔式,都是混用的",郭本恒说,他看中的只有一个:实用就好。

打聚焦战

"孩子养多了教育不好",为此,他在一个月时间里砍掉了 152 个产品。郭本恒筛选的标准是,新鲜奶产品年销售额能超过 5 亿、常温奶产品年销售额能过 10 亿的,才是值得培养的核心产品。

列队完毕的光明乳业面临的确实是一场恶仗。蒙牛、伊利占据了常温奶 80% 的市场份额。伊利 2008 年的营业收入为 216.56 亿元,2009 年前 3 季度的营业收入为 192.953 亿元;蒙牛 2008 年营业收入为 238.65 亿元。而从光明的解锁期要求来看,在 2011 年才突破百亿大关。因此与竞争对手的规模比起来,差得也不是一点点。光明乳业的机会在哪里?

"从一般人的角度看,我们肯定没机会,但我就不信它们是铜墙铁壁。"郭本恒宣称,自己现在已经找到了"屡试不爽"的办法:聚焦,即把"拳头收回来,再打出去",把资源集中到优势产品、优势区域,然后出击。

"在资源相对有限的情况下,只有聚焦才有出路。"为此,他在一个月时间里砍掉了 152 个产品,每年集中优势培养最多 5 种核心产品。"孩子养多了教育不好。"郭本恒的标准是,新鲜奶产品年销售额能超过 5 亿、常温奶产品年销售额能过 10 亿的,才是值得培养的核心产品,否则"做了也没用"。

在聚焦原则上,郭本恒强调区域聚焦和渠道聚焦并举。事实上,对于常温类乳品来说,现代商超的销量并不多,传统渠道要占 80%—90% 左右。在不发达地区,传统渠道的比例更高,而且传统渠道扣点率远远低于现代商超渠道,净利润也会因此高许多。

为了避免出现"撒胡椒面"的情况,郭本恒要求下面一个县、一个市地突破。"要知道两个市合起来的销量和一个市的销量即便相等,但实质却完全不一样:产品的投入产出比、品牌形象、在当地的市场地位等都不相同。"

为此,郭本恒当初甚至对内放过狠话:"全国不行,就撤回华东;华东不行,就撤回上海;上海不行,就撤回徐汇。"目的,就是要做到只要光明在的地方,网点数量、台面、导购陈列以及市场份额,都要有优势。

为树立内部对"聚焦战"的信心,郭本恒一开始就和自己力排众议一手提拔起来的"大将军"梁永平合谋了一招"精神胜利法":决定先在浙江金华这块"弹丸之地"打一场"样板仗"。一时间,金华市内铺天盖地都是光明的广告,光明乳业的产品几乎占领了全部乳品零售终端,光明常温奶的商场占有率立刻跃至金华地区第一。

这场酣畅淋漓的胜仗让光明内部士气大涨,郭本恒则乘胜追击,让梁永平把"金华经验"先在华东大力推广。

"先聚焦资源做好华东,外地只留三个点,星星之火,不灭就行。"这是光明乳业2007年伊始便确定的方针。之所以先选择华东,是因为光明乳业在江浙沪品牌有影响力,网点也不错,甚至"人脉关系都是好的",如果这些条件都具备的华东光明都做不好,那其他地方就"更没戏"。2008年,郭本恒下令,开始在西南、华北、两湖三个外围点发力,他的算盘是:光明在华东能做到年销售额20多亿,外围发力后至少实现两三亿元,这样一来,常温奶这盘棋就可以活起来。

郭本恒的成绩不错。如今,光明常温奶的市场份额在江、浙、沪均跃到了第一,而2007年时,光明在这些区域的排名还都是第三,且和第一相差十万八千里;在西南等外围发力点,和蒙牛、伊利的差距也大幅缩小,终于"有了比划比划的资本"。对此,中投顾问也提供了这样一组数据:截至2008年年底,光明乳业不仅在新鲜奶全国占有率达26%,稳居第一,酸奶升至47%,而且,之前毫无生气的常温奶也争得了一成的市场。

八、经验而非定律

笔者从事快消品营销十余年,除了前述各节营销策略,还在实践中积累了大量经验,以下仅罗列几点内容,作为"快消经验谈"与读者分享。

☞ 货架抢占优势原则

以市场导向和满足消费者需求为目标,是企业发展和创新的根本。管理大师彼得·杜拉克曾说:"营销的最终目的是使销售成为不必要。"

对于快速消费品的营销来说,其成功主要基于以下两点:

- 通过渠道快速渗透，直接有效地抢占终端货架资源，保证价格渠道的畅通和有序，维持终端活动的长期良性健康发展。
- 3个月内必须通过整合传播实现与消费者的有效沟通与告知，通过差异化或领先策略抢占消费者心智。

以上两点总结下来即为两个抢占：一个是终端货架资源的抢占，一个是消费者心智的抢占。

对于许多小的企业来说，即使无法在全国范围内完成启动和操作，也可以在区域市场进行上述两个原则的操作，取得相应的成绩。

前述章节已经对消费者心智抢占介绍了较多的内容，以下将简要对终端货架抢占作解析。终端货架资源的抢占主要在于两点：一是产品，二是价格（渠道）。

对于快速消费品而言，产品在终端货架的表现必须是多品种、多品系的。

终端货架资源对于供应商和零售商本身就是一个矛盾，供应商的原则是争取最大的陈列面积和全品项陈列，而零售商本身出售的就是货架资源。换句话说，零售商的核心业务就是经营货架资源，其原则是所谓的"公平陈列原则"，即以利润贡献率的大小分配相应的货架资源。双方的博弈往往是供应商以现金购买货架资源，或承诺给予大量的促销支持，或让利来换取陈列资源。

在此，需要纠正许多销售人员对于零售商的定位问题。许多销售人员把零售商和零售商的采购人员视为敌人，号称今天"搞定"了哪个采购，明天"撂倒"了哪个超市。

事实上，我们必须改变观念，明确各自的立场，超市、零售商是我们竞争的战场而非敌人。有了这种定位，我们才能够很好地理解 $1+1>2$ 的营销哲学，这样才能实现营销战场上的和谐、共赢。

我们必须意识到，零售商和供应商需要解决的核心问题还是消费者利益最大化的问题，即围绕消费者需求来开发产品或配置货架资源。

目的相同了，那么核心就是信息的共享。可以说，当下供应商与零售商的矛盾，主要是由沟通和信息不对等造成的。

供应商或者说企业在产品研发、专业市场方面更有优势，而零售商则更能获得销售的品类数据、客单量数据、品类关联交易数据，这些信息的共享能促使双方在产品线延伸、关联购买陈列、联合促销等方面享有更广阔的合作空间。

因此，企业应做好专业的行业研究，做好产品的差异化，满足消费者日益多元化的需求；而零售商则应努力提供便利有效的购买平台，提升消费者购买的便利性。这样才能真正实现共赢，这也是供零关系的根本。也只有如此，专业人干专业事，合作又分工，我们的事业才能更强大，我们的行业才能更进步。

☞ 价格是快消品的生命

价格以及价格渠道控制是快速消费品的生命。

零售价格直接决定着消费者对于产品的价值认可，更直接决定着消费者的购买意愿，同时也与产品的品牌定位密不可分。因此，快速消费品需密切关注零售价格，它是整个产品利润渠道的标尺，产品的价格浮动必须反映到零售价格上，否则便会导致整个渠道利润分配的动荡和再调整。

价格的控制，在于渠道利润的分配，它是推动产品从厂家到经销商到零售终端再到消费者手中的动力。渠道的竞争某种意义上讲就是厂家价格控制的竞争。

☞ 购买便利性原则

美国著名营销专家米尔顿·科特勒曾分析过中美市场的不同，他发现，在中国市场获胜的关键是要尽可能将标准化的产品分销到大众手中，而在美国市场获胜的关键是通过产品创新来满足特定需求。因此对于中国市场，分销往往最为重要。

在中国做品牌的知名度易，做分销难，但没有分销，就没有未来。

在营销的4C理论中，已经将"便利性"提升到营销四个核心基本元素中，"一切为了买得到"已经成为广大快速消费品生产厂家分销的终极口号和奋斗目标。

☞ 渠道对价格的放大、缩小、趋整原则

渠道对价格有放大、缩小和趋整的作用。

所谓放大指的是在新产品上市时，分销渠道各个环节往往会增大各自获取利润的空间，将设计的价格放大、抬高。

缩小则是指一旦产品成为主流，渠道又会将产品变成"流通货币"，作为价格敏感性产品来吸引拉拢自己的其他买卖，从而使产品的利润空间缩小。

趋整指的是随着经济的发展，在批发市场、零售店、便利店找零的习惯已经没有了，零售价格趋整已成为一种趋势，如瓶装水的价格趋于1元、2元，饮料的价格趋于2元、3元，洗衣粉的价格趋于5元、10元。但还有一个现象，就是超市的价格大多以尾数定价，0.99、0.98这样的尾数越来越多，也正是在迎合消费者的购买心理。

👉 渠道使产品生命周期缩短原则

渠道对价格的放大、缩小和趋整必然导致产品生命周期缩短,因此,产品的更新换代速度必须加快,尤其是快消品,如果不主动,就会被市场淘汰。同时这种更替也是保持与消费者持续沟通的必要！因此,对于快消品而言,以产品群形式出现参与竞争成为必需。

👉 竞争重心前移

市场经济的几十年发展,见证和浓缩了从生产、推销、销售到营销的全过程。
市场竞争的趋势导致竞争重心迁移,而迁移的方向是更市场化、更竞争化！
以洗涤用品行业为例(见图2—25):

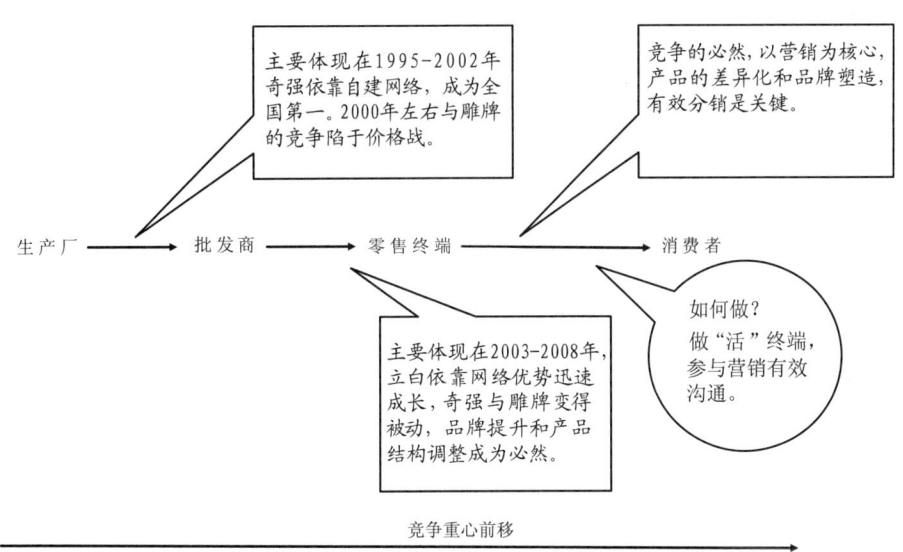

图 2—25　市场竞争重心前移与营销决策变化

竞争重心前移成为必然,也是营销的本质,即以消费者为中心,这也与中国的分销体系推进相关。

其实每一次分销的变革都会产生新的革命和新的霸主。

2000年以前,我国市场竞争的主体是国有企业(尤其是快消品),现在则以合资和民营企业为主,其主要原因我们不在此论述,我们期望从渠道分销的变迁中窥其一斑。

2000年以前的企业大多依靠渠道,也长于渠道,在计划经济向市场经济过渡的过程中,他们或自建渠道、自建网络、自购车辆进行分销,或与客户建立相对稳定的共赢战略,达到全国范围的分销。这期间我们听到更多的是"渠道为王"的营销宣言。

随着社会分工的日益明显和社会资源在全国甚至全世界的有效配置,专销、专营单一快消品的成本明显增大。在本世纪初,大多数企业面临利润压力,开始尝试新的转型,例如华龙占有率虽高但获利太低,奇强的占有率虽高但步伐艰难,因此品牌提升和渠道改造成为关键。但这些企业所依靠和固有的渠道模式在营销决策和转型中却成为制约其再生的阻力。渠道为王,导致这些企业在长期的决策过程中形成了重渠道、重推广、重促销而轻广告、轻消费者沟通、轻品牌建设的惯性模式,往往体现为销售部费用和市场部费用(许多企业的市场部隶属于销售部)八二分甚至九一分的局面。新品推广不利(老办法做新事、穿新鞋走老路),新品牌无钱推,只能等,不断等,越来越难,最终只能退出领先地位。

鹰是世界上寿命最长的鸟类,它的寿命可达70岁。要活那么长的年龄,它在40岁时必须作出困难却重要的决定。这时,它的喙变得又长又弯,几乎碰到胸脯;它的爪子开始老化,无法有效地捕捉猎物;它的羽毛长得又浓又厚,翅膀变得十分沉重,使得飞翔十分吃力。此时的鹰只有两种选择:要么等死,要么经过一个十分痛苦的更新过程——150天漫长的蜕变。它必须很努力地飞到山顶,在悬崖上筑巢,并停留在那里,不得飞翔。鹰首先用它的喙击打岩石,直到其完全脱落,然后静静地等待新的喙长出来。鹰会用新长出的喙把爪子上老化的趾甲一根一根拔掉,鲜血一滴滴洒落。当新的趾甲长出来后,鹰便用新的趾甲把身上的羽毛一根一根拔掉。5个月以后,新的羽毛长出来了,鹰重新开始飞翔,再度过30年的岁月!那需要的不仅仅是一种勇气!企业的生存也是如此,在发展面临瓶颈后,必须进行艰难但必要的转型!

零售业态的变化给中国快消品市场带来又一次机遇和挑战,从小商店变成大卖场,从闭架到开架,从品牌推介到"货币投票"(超市开架购买其实是消费者对产品的"货币投票"),中国以前所未有的速度向前进,中国企业的适应能力又一次面临挑战。

渠道为王,使我们在产品稀缺时代造就了一批经销富豪,但也纵容了他们成为坐商,不铺货,不巡店,不仅疏于市场的管理甚至连自己店的管理都无从谈起。面对沃尔玛、家乐福,面对一夜之间崛起的遍布乡镇的中小型超市,面对一到三个月的账期,面对进店费、条码费、堆头费、DM费、店庆费等等名目繁多的费用,面对终端拦截、有效展售、终端生动化等等促销方式,我们的客户好像一夜之间没有了方向。"终端为王"营销开始风行!执行力成为我们最常说的话题,快速、统一、执行成为取胜的关键。

渠道的变迁使中小型企业生存变得更加艰难,新品牌推广难度加大。全国性超市要求全国性配送、全国性促销,进店费就几百万,配送不到位、促销跟不上还要罚款,许多企业说"不进等死,进来找死"。业态的变迁成就了一批领导品牌,更巩固了国际品牌的地位,可口可乐、宝洁等的地位更不可取代。

但我们需要认清,市场竞争是抢夺消费者的竞争,消费者需求和品牌选择是市场存在的根本。以消费者为中心的营销才可能成为真正的胜者。

竞争重心的前移,见证了中国快销品发展的进程,而企业的适应度则决定了领导品牌的更替。

☞ 涨价体现在终端

涨价不仅仅是企业出厂价涨,只有真正体现在零售价上,并且被消费者接受才是真正的涨价。

渠道长短、渠道利润、行业返点(折扣)、运作模式都会制约企业的涨价。

企业自主涨价要注意幅度和各个分销环节的预期消化和缓冲作用,涨价幅度小,则涨出的价往往会被渠道(商业折扣)消化,终端价格没有变化,经销商会自动减少自己获利从而保持市场竞争力;涨价幅度过大,经销商往往会在涨价前大量囤积货物或在一段时间内不予进货,形成厂商博弈的局面。

在营销中,我们还必须正确认识商业折扣的意义。

商业折扣在于给经销商一个保底回报(率)。保底的内涵在于不因变化而减少,要给产品价格体系一个支撑,从而保证价格设计能够有效地传导。而对于公司而言,商业折扣是通过折价形式体现的销售费用。涨价过程要审视企业的返利政策,按销售收入计算商业扣点的政策。在涨价过程中会导致行业折扣同样增加,从而吃掉企业预留的获利空间,因此,应该作相应调整或说明协调,让政策回归合情合理,不应该支出的坚决不支出。

面对零售商的涨价,谈判也是比较困难的一件事情,因此,快消品更希望通过停旧品上新品或换规格的形式进行涨价操作。

但最终的突破还是在最后环节,零售终端价格上涨才是产品真正意义上的涨价。

零售终端的涨价要抓住一个"活"字,即终端活!只有"活",才是涨价和终端的突围之路。因此,所有的组织必须围绕"活"字进行。同时还要强调的是,涨价难,但产品的降价掌控不好对渠道的打击及杀伤力可能比涨价还要大。渠道对于涨价还是"买账的";但降价,如果不考虑渠道库存,则有可能会致使"渠道堵死"现象的出现。

附：涂料企业解读：市场部是个什么玩意？[①]

有人说市场部是"做物料的"（负责制作各种宣传物料、促销礼品）；有人说市场部是"做设计的"（设计一些平面广告、专柜、专卖店等）；有人说市场部是"做培训的"（培训内部营销人员和外部经销商）；有人说市场部是"做促销的"（策划各种促销活动的）；有人说市场部是"管品牌的"（进行品牌规划与传播）；有人说市场部是"做策略的"（策划品牌、产品、价格、传播、渠道策略）。

一个完整的市场部，以上功能全部都必须有。

目前中国企业的市场部主要有三种，可用"SHI"的三种写法来概括：一是"事"场部，二是"市"场部，三是"势"场部。

"事"场部："销售要什么我做什么，客户要什么我做什么。"

"事"场部主要存在于"销售驱动型"的公司，在中国为数众多。这类"事"场部的职能定位就是"服务"，偏内，依附于销售部，几乎所有工作指令均来源于销售部或销售副总，"销售要什么我做什么，客户要什么我做什么"。所以"事"场部是"销售导向"，充当"销售助手"或"销售内勤"的角色，与内务部、财务部的工作性质无异。"事"场部的经理有些来源于销售部门，有些则是半路出家，其工作表现出明显的即期性、可视性和服务性。主要的工作有：

——平面设计：品牌VI、平面广告、产品画册等设计。

——展示设计：产品卖场、展架、堆头设计。

——销售工具、宣传物料、促销礼品制作：画册、POP、展具、礼品制作。

——简单的传播：配合销售的线下广告投入。

——服务客户的各种需求：如广告设计、效果图设计、培训等。

"市"场部："市场需要什么，就做什么。"

"事"场部运作一段时间后，有些营销负责人渐渐对"事"场部不满，认为其工作被动，没有发挥引导销售、推动经销商的作用，"闭门造车"，缺乏创造性，于是赋予其更多的职能，主要是情报收集、市场调研、策略规划、传播企划、经销商辅导与培训等，于是"市"场部应运而生。

"市"场部的工作在传承"事"场部服务功能的基础上，跳出了"销售"的藩篱，围绕

[①] 来源：九正建材网专题（2013年2月26日）。

市场需求而展开。"市场需要什么，就做什么。"眼睛不再盯在公司内，而放眼行业、市场、消费者，眼界与视野也开阔了许多。它们不再被动地等待指配工作，而是主动出击，推动营销策略的实施，其工作表现出动态性、创造性。

"市"场部的主要工作表现为：

——情报系统：广泛搜集竞争对手、行业经销商的信息，并提出应对建议。

——消费者需求研究：市调、消费者访谈等。

——营销策略规划：年度营销策略。

——传播企划：年、季、月度传播计划。

——经销商培训与辅导：开展多项培训、编制教材、出版内刊等。

"势"场部："为未来做事。"

"市"场部的工作主要着眼于当下，为达成当期的销售业绩、利润指标服务，在很大程度上配合了一些短期的行为，如促销手段的大量运用，激励"移库式销售"，热衷"舞台表演"等。这些职能虽然满足了企业生存的需要，但对"发展"方面却考虑甚少。企业想要永续经营，做百年老店，需要造"势"，制造企业持续发展的动力。这些动力包括：企业文化、消费者喜爱的品牌、独有的价值组合。

——培育独特的企业文化。

——确立品牌所代表的价值组合。

——通过传播建立有影响力的品牌。

当制造势能成为主要任务时，"市"场部转变成"势"场部。在中国真正的"势"场部并不多，但只有真正做到"势"场部，市场部才能真正发挥其价值。

市场部要三"SHI"具备

一个完整的市场部，要事、市、势具备，以事为基，闻市而动，铸造势能。

观点三 抢占货架

营在于抢占心智,销则为抢占货架资源,销的目的是为了使商品有效地分销,包括销售网络建设和分销陈列。

超市和零售店出售货架资源,遵循"公平陈列原则",而厂家则要争取最大的陈列面积。销售就是要面对这一矛盾并平衡这一矛盾,是客户开发＋深度分销＋售点生动化的过程。

一、认识销售

☞ 市场销售的过程

市场销售过程可以概括为客户开发、深度分销、售点生动化,本部分也正是基于此三点展开论述的。

☞ 分销渠道管理的八种模式

1. 办事处模式

该模式的特点是异地商务、集中结算,由办事处完成销售中的商流和物流,客户与总部直接结算。采用此模式的优势在于总部可以严格控制库存,占压的资金较少,运输费用较低,但同时出现的问题包括:仓储费用较高、结算周期较长、容易引起税务纠纷等。

2. 分公司模式

该模式的特点是异地结算、异地商务、异地物流,总部与分公司直接结算,对分公司的发货视同销售,分公司可以独立完成对外客户的商流、物流和资金流。采用此模式的优势在于区域市场运营管理高效、配送费用低,但是由此而起的问题包括:权力高度分散、不容易形成整体优势、资金周转较慢。

3. 分公司+办事处模式

该模式是将分公司与办事处两种模式组合起来,业务向下延伸,总部下设分公司与办事处,分公司下设办事处,多层级的营销管理。该模式是针对特定市场的特定策略,容易聚焦高效的区域市场。但是由于管理层较多,机构调整频繁,容易导致资金回笼慢。

4. 产品事业部模式

企业根据产品特征,按产品大类划分多个事业部,在全国共用一套销售平台,即分支机构负责所有事业部产品的商流、物流和资金流。分支机构与各事业部之间是内部结算关系,既按照产品考核事业部的业绩,同时也考核每个分支机构的业绩。这种模式是两种渠道共用,人员规模和费用规模都容易控制在较低水平,但对专业产品的专业服务能力要求很高,售后服务的压力较大。

5. 独立事业部模式

各事业部在同一地区根据各自的产品特点和市场特点分别建立销售渠道,并与客户结算。当有两个以上的事业部在同一地区设立分支机构时,公司将统一在这个地区设立分公司,并负责管理所属的财务部门和本地各个事业部所属办事处的财务核算、商品核算以及事务性工作。这种模式专业分工明晰,能准确贯彻单一事业部产品策略,但人员规模大,销售费用高,不易形成合力。

6. 制造业连锁专卖模式

该模式是企业自行生产,按地理区域设立分公司,分公司负责发展当地的直营和连锁零售机构,在没有分公司的区域,由总部的专业部门负责加盟店的管理。总部与分公司、分公司与客户之间的商流、物流、资金流形成完整的封闭环。直营店、直营专柜相当于分公司的派出机构,商流、物流和资金流由分公司掌控。这种模式可以较低的成本实现稳健的扩张,而且灵活的区域市场策略可以快速实现对产品策略的调整。但相应的问题是库房分布广泛,容易导致库存积压,且直营与加盟的并立使价格策略难以统一。

7.流通业连锁零售模式

企业统一采购后,通过总部区域配送中心为各地分销商、加盟店、直营店进行物流配送。加盟店、直营店直接归总部管理;分公司或办事处只负责所在地渠道的开拓和管理;物流由总部配送中心完成;费用由分公司和客户进行结算。这种模式按业务类型区分渠道模式,保证了渠道的质量,以专业配送替代混合物流,节约了采购和储运成本。但其只适合管理数量较少的加盟店和连锁店,到达一定级别后,配送中心的配送能力和总部的管理能力将面临重大挑战。

8.商流、物流分离的办事处模式

采用这种模式就是将商流、物流和资金流完全分离,按照产品特性的不同,分别成立销售公司,每个销售公司均在当地设立区域销售公司完成商流。外管部同时在当地设立一个办事处负责物流,与客户的结算由总部的结算中心统一完成。严格的监控体系、高度的专业分工、统一的业务流程,可以降低非法侵占、挪用货款的风险,提高库存周转率,降低库存资金占压,减少无效运输,降低物流管理成本。

在这八种模式当中,商流、物流分离模式将成为未来渠道发展的趋势,但同时也存在一定的缺陷:同一区域需要设立多重机构,这导致直接管理费用较高;业务流程变长,一旦机构之间协同不力或者没有有力的信息化系统支持,将造成机构运作不畅等困难,会严重影响交货的及时性,进而危及整个渠道的稳定性。

☞ 方向来源于策略,管理来源于资源

1.销售方向来源于策略

做正确的事和正确地做事是对战略与战术最通俗的解释。

根据环境、社会、业态、物流、客户层次、公司政策等综合因素,确定该区域某一阶段的策略,或调整产品,或更新客户,或开拓新市场。策略一旦确定,就应当明确目标、坚决执行。

作为区域市场的管理者,在做事情前要"抬高一步思考",做事情时"降低一步执行",考虑宏观,着手细节,关注变化,随时修正策略。

2.销售管理来源于资源

资源是管理的工具也是管理的手段,要善于熟练运用资源。在此,我们再次列出销售简单化表3-1帮助我们分析市场销售状况。

表 3—1　什么是销售

什么是销售	客户开发	深度分销	售点生动化
销售管理什么	资源	价格	细节
使用工具	调扩增减(客户),奖罚惩处(客户、业务、导购)	掌控渠道,精勤管教	全品经营,软硬终端
使用手段	让客户感到给他的每一次费用与促销都来之不易。客户和企业战略同步、目标一致。对于企业销售人员而言,每一次费用、促销与返利都是最大的资源,要将其最大化、目标化,要使其成为深度分销、调整客户向既定目标前行的重要手段。	保持价格顺差。真正的涨价体现在终端。降价时,考虑客户库存。	有陈列就有销量。一切为了买得到。

同时应用"销售等式"去分析判断市场状况：

销量＝铺货率＋全品项＋客户活跃度＋售点生动化

☞ 销售要做到"三八、三好、三定"

"三八"指在市场操作中,要达到"80％的铺货率、80％的全品项、80％的店有人管"。

"三好"指产品在终端店内,要有"好位置、好形象、好价格"。

"三定"指终端店在日常开发与维护时,要"定人、定期、定线路"。

"三八、三好、三定"之间的关系是："三八"是做产品分销时的标准,"三好"是保障产品动销时的要求,做到了"三八、三好",从销售的角度讲,也就做好了产品的分销和动销的前期保障工作,必然带来销量的提升。"三定"则是实现"三八、三好"标准的有效途径,最终使产品在终端店让消费者"买得到、买得起、乐得买"。

"三八、三好、三定"是做销售分销的基本要求,目标是做到"三百、三好、三定"[①]。

☞ 站在客户立场

"成功是没有秘诀的,如果非要说有的话,那就是时刻站在对方的立场上。"多为别人着想,多了解别人的想法,这不仅仅有益于你和别人沟通,最重要的是你能借此知道别人的"要害点",做到有的放矢。如果学会时时站在客户的角度看问题,沟通的顺利程度将会超出你的想象。

---

① "三百"指三个百分之百,即 100％的铺货率、100％的全品项、100％的店有人管；"三好"指好位置、好形象、好价格；"三定"指定人、定期、定线路。

简言之，要使客户与你合作，就要学会站在客户的立场上考虑问题，掌握客户的真实动向，了解客户的真实需求，从而成功实现销售。

☞ 建立自信

销售是帮助客户成长和成功的行业，因此一定要表现出自信。

好的销售天生具有良好的心理素质，乐观并享受销售工作。

然而，在实际的销售过程中，好多人都出现过以下这些情况：第一次拜访客户，到门前犹豫再三不敢进门；好不容易鼓起勇气进了门，却紧张得不知说什么，结果被客户三言两语就打发出来；还有的不敢给客户打电话，即便打了电话也是说话又快又不清楚，客户一旦拒绝就几天不敢再打电话，结果时间一长就怀疑自己不是做销售的料；有的不能听客户的反面意见，一有客户说产品不好、价格太高，就怀疑自己做错了产品，就会向经理反映是不是降低产品价格，等等。其实，这些都反映出销售人员的不自信。

销售人员必须对自己的能力、自己的企业、自己的团队、自己的产品、自己的服务、自己的一切有足够的自信，这样才能获得最终的成功。

☞ 享受拒绝

销售过程中电话拜访的成功率不到1%，一个意向客户，一般拜访10次以上才能签单。

销售就是享受拒绝的过程。

你面对的是不同的人，也是不同行业的精英，你期望与他们沟通，并一同成长。拒绝也是一种经验和资本，享受它，你便会进步。

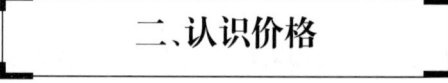

☞ 价格

价格的作用是多方面的：既要促进销售，又要取得利润；既要抑制或应付竞争，又要力争增加市场份额；既要保持价格稳定，又要收回投资……价格是一把双刃剑，用得好,可以创造需求;用不好,则会失去市场。因此,价格成为公司市场营销组合中的重要一环。价格决定企业的命运。

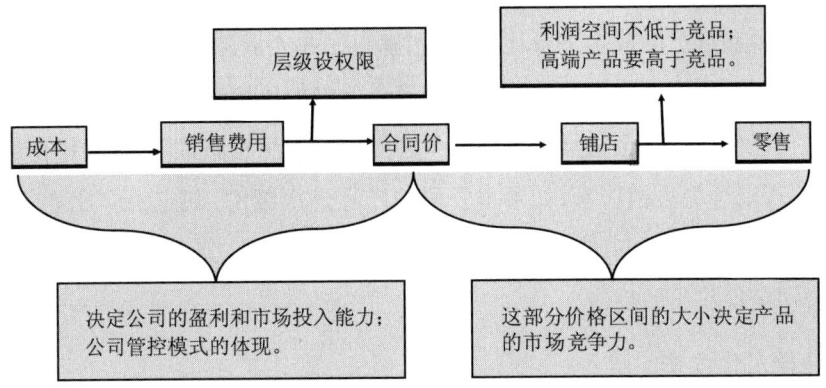

图3-1 价格分配图

产品定价是在公司、市场和竞争的互动中寻求平衡点,一成不变的价格策略只能把公司引入死胡同,价格的生命力就在于其灵活性和适应性:根据城市、需求和竞争状况的变动而变动。

1.选择定价目标

- 生存:当遇上生产过剩或激烈竞争或要改变消费者的需求时,就要把维持公司生存作为主要目标。
- 最大当期利润:估计出需求和成本后选择一个价格,这个价格将能产生最大的当期利润、现金流量或投资回报率。
- 最高当期收入:设定一个最高销售收入的价格。
- 最大销售成长:为了达到预期销售额的最大增长量(市场渗透定价)。
- 最大市场利润:一种高价策略。
- 产品质量领先:以树立产品质量领先为目标。
- 其他定价目标:非营利组织和公共组织可以采用一些其他定价目标。如一个大学的目标是"抵消部分成本",它就必须引来私人馈赠或公共资助以抵消它的维护成本;一家社会服务机构可以搞"社会定价",以适应不同客户的收入情况。

2.确定需求

在正常的情况下,需求和价格是反向关系,即价格越高,需求越低;价格越低,需求越高。

3.估计成本

公司制定的价格应包括生产、分销和推销该产品的成本,还包括对公司所作的努力和承担风险的公正的报酬。

4. 分析竞争者制定的价格

对竞争者和自己的成本进行比较,以了解自己是否具有竞争优势。此外,公司还需要了解竞争者的价格和质量。一旦知道了竞争者的价格和产品,就能利用竞争情报作为制定自己价格的一个起点。若与竞争者提供的产品相似,那么必须把价格定得接近竞争者,否则会失去销售额;如果本公司的产品是次级的,则定价应比竞争者低;若公司提供的产品是优质的,定价就可以比竞争者高。当然,公司也必须预测竞争者可能对本公司定价作出的反应。

5. 选择定价方法

通常的定价方法有成本加成定价法、目标利润定价法、认知价值定价法、价值定价法、通行价格定价法和密封投标定价法。

- 成本加成定价法:在产品的成本(变动成本和固定成本)上加一个标准的加成。
- 目标利润定价法:以公司正在追求的利润为目标定价。
- 认知价值定价法:以顾客对产品的认知价值为基础定价,它是定价的关键,依据的不是卖方的成本,而是买方对产品价值的认知。
- 价值定价法:利用相当低的价格出售高质量的产品。
- 通行价格定价法:这是考虑竞争者价格的一种定价方法,很少注意自己的成本或需求。公司的价格可能与其主要竞争对手的价格相同,也可能高于竞争者或低于竞争者。
- 密封投标定价法:这是一种竞争性的定价法,在很大程度上取决于预期的竞争者将制定怎样的价格。如某公司想赢得某个合同,就需要制定比其他公司较低的价格。

6. 选定最终价格

在选定最终价格时,必须考虑一些附加的因素,包括心理定价法、其他营销因素对价格的影响、公司定价政策和价格对其他各方的影响。

- 心理定价法:许多顾客把价格作为衡量质量的一种指标,如某些产品适当提高价格时,销量不降反升。
- 其他营销因素对价格的影响:最终价格必须考虑品牌质量与竞争者的广告宣传等因素。
- 公司定价政策:拟定的价格必须与公司的定价政策保持一致。

- **价格对其他各方的影响**：管理者必须考虑其他各方对拟定价格的反应，如分销商和经销商对于该价格反应如何？公司销售代表是愿意按此价格推销还是抱怨该价格太高？竞争者对该价格将如何反应？政府会不会干涉和制止该价格？等等。

☞ 折扣

折扣的目的是改变顾客的行为方式，因而在制定折扣策略时就应该考虑到顾客的反应。在向顾客提供折扣的时候，常会遇到顾客不一定按商家目标行事的情况。如果营销人员不能正确地让顾客理解折扣方案，那么盲目地实行折扣策略就是失策。

通常的折扣种类包括以下几种：

- **贸易或职能折扣**：这主要是提供给零售商、分销商等渠道成员的一种折扣。
- **数量折扣**：这是给大批量购买者的一种折扣，其中有两种类型，一种是可累计折扣，主要是给长期采购且采购量大而稳定的购买者。一种是不可累计折扣，主要是给那些非例行采购的购买者，根据当时的购买量来确定给予的折扣幅度。
- **季节性折扣**：淡季商品提供给顾客的一种折扣。
- **现金折扣**：主要提供给分期付款期限内提前付清货款的顾客。
- **地理折扣**：把产品运费包含在价格中的一种折扣，这种定价方式包括FOB定价、统一交货定价、区域定价以及弹性定价等。

☞ 涨价

在营销中，涨价可表现为以下几种形式：

1. 按涨价的主动性划分

主动涨价：指企业根据市场战略和需要主动涨价的行为。

被动涨价：指企业由于成本过高或库存不足而被迫涨价的行为。

2. 按涨价的策略划分

策略性涨价：指企业有策略地主动涨价，以达到预期目的，例如利用涨价使产品退市，垄断性行业高获利等。

跟随性涨价：指跟随市场形势或市场领导品牌而涨价的行为。

3. 按涨价的方式划分

硬涨价：指以直接提高供应价和零售价的方式涨价。

软涨价：指通过一些手段不直接表现为产品价格上升的涨价行为。

其中，软涨价主要有以下几种方式：

- 缩小计量或减少产品分量，以新规格上市。
- 更换包装。
- 提高附加价值。
- 更新配方。
- 取消买赠和促销。

在涨价过程中，我们提倡主动的、策略性的软涨价。

三、客户开发

☞ 渠道设计十大误区

1. 自建网络要比利用中间商好

很多公司通过自己的力量建立销售网络，执行分销职能，广泛设立分公司、办事处或专卖店，绕过中间商，直接将产品销售给最终用户和消费者。有人认为这样做有许多好处，如好控制、好指挥、安全、灵活、省钱等，实则这一渠道设计也有如下弊端：

- 不好控制。"天高皇帝远"，由于信息阻隔，分公司玩点"猫腻"，总公司不一定完全知晓。
- 不好指挥。以区域市场为基础而建立的销售分支机构只对总公司负责，彼此缺少协同，画地为牢，互成壁垒，极易形成一个个割据分裂的小诸侯。
- 不安全。"亏总部，肥个人"，应收账款回不来的，携带货款出逃的，比比皆是。
- 不灵活。摊子铺得太大，惰性积淀深重，一有风吹草动很难在短期内形成"拳头"快速出击。
- 不省钱。人员开支、广告费用、市场推广费用等浪费巨大。

2. 中间商数量越多越好

如果按照这种逻辑营造网络，将会发现面临以下问题：

- 市场狭小,僧多粥少,导致同室操戈。
- 渠道政策难以统一。
- 服务标准难以规范。

3. 渠道越长越好

渠道长有长的好处,如日用消费品,其消费对象居住区域高度分散,产品购买频率比较高,销售环节又较多,因而长渠道比较合适。但这并不意味着渠道越长越好,原因是:

- 战线拉长,增大了管理难度。
- 延长了交付时间。
- 环节过多,加大了产品的损耗。
- 公司难以有效地掌握终端市场的供求信息。
- 公司利润被分流。

事实上,渠道越做越短是渠道管理的发展趋势,超越一批,超越二批,直接向终端经销商和最终消费者销售。

4. 网络覆盖面越广越好

网络覆盖面固然越广越好,但实则也存在以下弊端:

- 建设和维护网络运作的费用相当高。
- 可靠性很低。
- 渠道管理难度大。
- 单纯追求覆盖面,必有疏漏或薄弱环节。
- 覆盖面广是好事,但需要精耕细作、不断整合。

5. 中间商实力越大越好

事实上,中间商的实力越大,经销条件就越苛刻,跟公司的讨价还价能力也越强,公司就越不容易掌握渠道决策权,常常会出现如下弊端:

- 实力强大的中间商可能会同时经销竞争对手的同类产品,以此作为讨价还价的筹码。
- 实力强大的中间商不会投入很大的精力去销售一个名不见经传的品牌。
- 渠道控制力是渠道成员争夺的焦点,弱小公司若选择了大中间商,势必会失去渠道控制权。

6. 选好中间商即可高枕无忧

这是一种很致命的错误，其弊端如下：

- 中间商的选择只是"万里长征"走完了第一步。
- 产品是否热销不是中间商个人所能支配的。
- "有奶便是娘"是绝大多数中间商的行事准则，公司要承担监控渠道运作、及时清理变节分子、保证渠道清洁的重要责任。
- 对于"偷懒"的经销商，要经常督促，提高其销货的积极性。
- 技术指导、售后服务是绝对必要的。
- 过多地依赖外力，久而久之便会使自身的销售能力下降，进而丧失对市场变化的敏感性。

7. 渠道合作只是权宜之计

持此观念行事，必须认清如下形势：

- 市场经济是合作经济，个人英雄主义导致的结果会很惨。
- "十年树木，百年树人"，只有长期进行投资才会有丰厚的回报。
- 与值得信赖的朋友为伍，可以节约防范和监督的成本，安心去做自己该做的事。

8. 渠道冲突百害而无一利，应该根除

事实并非如此。正确的说法应该是，渠道冲突有恶性与良性之分，不可一概而论。冲突永远根除不了，只能转化或化解。

9. 渠道政策越优惠越好

"利"是渠道黏合剂，无利的事情谁也不会去干，但是利多了，经销商并不一定就会很卖力地去销货。

- 产品不好，利给得再多也是白费事；好产品，即使利润很薄，经销商照样趋之若鹜。
- 利给得多，到了某些心术不正的人手中，反而会成为其要挟公司的资本，逼得公司只能不断往里面填钱。
- 经销商经销某一产品，除了考虑收益以外，也要评估风险，看是不是值得做。其实，经销商更看中公司的实力。

10. 渠道建成之后至少能维持几年

事实上，不变是相对的，变才是绝对的。唯有丢掉幻想，多想想危机，及早打算，多

准备几条锦囊妙计。

☞ 渠道设计与开发的九项原则

1. 接近终端

抓住终端,实际上就是抓住消费者的心。

2. 市场覆盖

商品只有放在想看就能看到、想买就能买到的地方,才能被想拥有它的顾客购买。"大面积撒网、广泛布点"是实现这一目标所必需的。

3. 精耕细作

市场覆盖只有与精耕细作相结合,其价值才能体现出来,否则就像一张破网,看着挺大,真要去打鱼,一条鱼也打上不来。因此要放弃"粗放经营"的观念,对分销渠道的各个环节进行精耕细作。这就要求准确地划分目标市场区域,对渠道中所有销售网点定人、定域、定点、定线、定时、定任务,实行细致化、个性化服务,全面监控市场,力争做到"网络恢恢,疏而不漏"。

4. 先下手为强

之所以要先下手为强,原因如下:绝大多数消费者都对"第一产品"感兴趣;几乎所有的公司都懂得"第一"的重要性;垄断市场的准入条件很苛刻。

5. 利益均沾

好事共享、风险共担,是处理渠道关系的明智做法。

6. 世上没有解不开的疙瘩

与商家要相互信任、相互支持,有冲突坐下来谈,这是解决矛盾的基本做法。

7. 钱不能打水漂

充分估计投资渠道的经济效益,根据实际情况妥善选择。

8. 争取做渠道领袖

要想掌握渠道主动权,成为渠道的主导者,其决定因素除了实力,还是实力。实力包括品牌、规模、信誉、资金、经验等。

9. 变则通,通则久

不以小有所成而自傲,唯以危机而自醒。

☞ 寻找制约因素

渠道的设计与开发受诸多因素的影响,除了目标顾客以外,应着力考虑以下几个制约因素。

1. 产品

市场营销意义上的产品,不同于一般意义上的产品概念,它至少包括以下四种产品形态:

- 核心产品:体现了产品的某种功能或使用价值,是产品整体概念最基本的部分。
- 有形产品:是核心产品的载体,通常表现为产品的质量、款式、花色、包装等。
- 附加产品:产品的延伸价值,如免费送货、维修等售后服务项目。
- 整体产品:核心产品、有形产品及附加产品一起构成产品的整体概念,这对分销渠道的设计与开发具有重大的意义。

表 3—2　产品对渠道设计的影响

	产品与渠道设计
单位价值	单位价值越小,路径越长,网络越密,要求布点越多,以便民为原则,中间商的作用越重要;单位价值越大,要求路径越短,宜采取"门对门"、专卖或总代理方式,要体现"物有所值"。
体积和重量	体积和重量越大,越应采取短渠道策略。
大众化程度	大众化产品购买频率高,应密集布点,走便民路线;贵重大件商品应选择知名度较高的卖场或专卖。
专用程度	专用产品,技术和售后服务要求高,如采取先订货后生产的方式,"门对门"最佳;如不是,也应选择短路径。通用性产品借助于中间商的力量效果更好。

2. 市场

表 3—3　市场对渠道设计的影响

	市场与渠道设计
市场容量	市场容量大的区域广泛布点,大面积覆盖,分销方式多样化。
市场密集度	市场密度大的区域应集中营销,网络要细密,以争取市场份额为主要出发点;分散性市场则借助于中间商较多。
市场成熟度	投入期求快,加之自身营销力量单薄,主要依赖中间商打开市场;进入成长期后,应培植自己的营销网络;进入成熟期后,主要依靠自己的网络,广泛布点;衰退期时应四处撒网,以尽快逃脱为要义。
地理位置	发达地区与不发达地区、城镇与乡村、中心区与郊区、文化区与商业区,对渠道的要求都不同。
顾客性质	一般性顾客,渠道较为复杂;专业用户,短路径为宜,主要精力花在技术支持和售后服务上。
购买习惯	渠道的设计要体现"顾客想怎么买,我们就怎么卖"的指导思想。

3. 竞争战略

表 3-4　竞争战略对渠道设计的影响

竞争战略与渠道设计	
对抗型竞争战略	采取"你去哪儿,我就跟到哪儿"的思路,凭借自身实力,在肉搏战中树立品牌;与股市的"高风险、高收益"道理相似,该战略要求密切关注竞争对手动向。
共生型竞争战略	同样采取"你去哪儿,我就跟到哪儿"的思路,却不以击倒竞争对手为目标,相反可能经营同类产品供顾客选择或经营相关产品以求互补。
规避型竞争战略	采取"避实就虚"的手法,避开对手锋芒,寻找市场空白点,专找别人做不了或不愿意做的市场开拓,往往成为渠道的开拓者。

4. 生产商

表 3-5　生产商及产品组合对渠道设计的影响

生产商与渠道设计	
控制能力	控制力强的生产商可凭借自身实力,如品牌、知名度、信誉、财务状况、管理水平、经验等,按照自己的意图进行网络布局,战略性较强;力量单薄的生产商往往更多地依赖中间商,尤其在实力强大的中间商面前,谈判能力较弱,渠道运作比较被动。
制造商产品组合	渠道布局与产品的种类、花色、规格、关联度等产品组合密切相关,尤其是关联度比较大的产品,通过相同或类似渠道经销,成本可大大降低。

☞ 网络化布局

1. 点、线、面是网络化的基本要素

营销渠道网络化的实质,是通过合理设计网点、网线与网面三个基本要素,使物流、资金流、信息流、促销流与谈判流在营销活动各个参与者之间有效地组织起来并顺畅运行。

(1) 布置网点

不管采取何种渠道战略,都要植根于网点建设。网点是指商品销售、消费的终端,是网络最基本的节点。公司就是在各个网点上与消费者完成商品与货币交换的。网点布局主要考虑网点设置的广度、密度和具体位置,基本要求是:广泛布点,最大限度地接近消费者。

(2) 疏通网线

网线是指网点与网点、网点与公司、网点与消费者、网点与中间商之间的连线,其作用是使物流、资金流、信息流、谈判流、促销流等在各个网络成员之间得以传播和沟通。

同一产品可能经过不同线路分销,不同产品也可能经过同一线路分销。网线的基本目标是使网流在低成本下畅通无阻。

(3)扩大网面

网面即市场覆盖面,指网点、网线所覆盖的市场广度。营销网点市场覆盖面大,有利于最大限度地接近消费者,提高市场占有率,扩大销量和提高知名度。

2.网络布局的基本套路

网络布局的基本套路有下面三种:

(1)四处撒网型

四处撒网型即将营销资源投放到一个相当大的市场区域内,广泛布点、设立根据地。

其优点是市场覆盖面大,线路多,可在同一时间供货,能够较好地贯彻公司的销售意图,也有利于宣传品牌。

缺点是"撒胡椒粉",平均分配力量,销售力度不够。市场覆盖面虽广,但较脆弱,极易为入侵者抓住破绽乘虚而入,进而导致全线溃败。

实力不强的公司应谨慎采用这种套路,否则,只见撒网,不见鱼上钩,白白浪费了宝贵的鱼饵。

(2)重点突破型

重点突破型将营销资源投放到一个或几个较小的区域市场,或对公司营销有重大意义的市场区域重点突破。

其优点是适用于营销资源有限的公司,市场开拓性强,可短期内拿下市场。

缺点是目标市场狭小,容量有限。

小公司应该坚持与其做大池塘里的小鱼,不如做小池塘里的大鱼的原则。

(3)蚕食型

这种套路是将营销资源有计划、有步骤地投放到目标市场,采取稳扎稳打、逐步蚕食的策略,逐块占领市场,之后连接成片,形成网络。

其优点是比较稳健,打下一块,巩固一块;可以合理地安排营销力量。

缺点是市场覆盖速度较慢,对时效性或时尚性强的产品不适合。

☞ 渠道设计与开发路径

渠道设计往往以竞争者的渠道模式为参照系,可按照如下步骤进行,汲取其优点,改造其缺点。

1. 细化渠道运作目标

一般来说有以下九项目标:

- 顺畅——最基本的功能,直销或短渠道较为合适。
- 增大流量——追求铺货率,广为布局,多路并进。
- 便利——广泛布点,灵活经营。
- 开拓市场——一般较多地依赖经销商、代理商,待站稳脚跟之后再组建自己的网络。
- 提高市场占有率。
- 扩大品牌知名度——争取和维系客户对品牌的信任度与忠诚度。
- 经济性——渠道的建设成本、维持成本及收益。
- 市场覆盖面积和密度,包括多家分销和密集分销。
- 控制渠道——培植自身能力,以管理、资金、经验、品牌或所有权来掌握渠道的主动权。

2. 确定渠道的层次结构

(1) 长渠道与短渠道

渠道的长短通常是根据纵向渠道的中间商数量来划分的。

表 3-6 长渠道与短渠道的不同

渠道类型	优点及适用范围	缺点及基本要求
长渠道	市场覆盖面广;公司可以将中间商的优势转化为自己的优势;一般性消费品销售较为适宜;减轻公司费用压力。	公司对渠道的控制度较低;增加了服务水平的差异性;加大了对中间商进行协调的工作量。
短渠道	公司对渠道的控制度较高;专用品、时尚品及顾客密度大的市场区域较为适宜。	公司要承担大部分或者全部渠道功能,必须具备足够的资源;市场覆盖面较窄。

(2) 宽渠道与窄渠道

渠道的宽窄通常以渠道同一层级的中间商数量、竞争程度及市场覆盖密度来划分。

- 宽渠道:渠道中同一层级中的中间商数量较多,竞争程度较强,市场覆盖密度较高。
- 窄渠道:渠道中同一层级的中间商数量较少,竞争程度较弱,市场覆盖密度较低。

- 根据渠道宽度，可以将销售形式划分为独家性分销、密集性分销和选择性分销（见表3—7）。

表3—7 三种分销形式比较

分销类型	含义	优点	不足
独家性分销	在既定市场区域内每一渠道层次只有一个中间商。	市场竞争程度低；公司与经销商关系较为密切；适宜专用产品的分销。	因缺乏竞争，顾客的满意度可能会受到影响；经销商对公司的反控力较强。
密集性分销	凡符合公司最低要求的中间商均可参与分销。	市场覆盖率高；比较适用于日用消费品的分销。	市场竞争激烈，导致市场混乱，破坏了公司的营销意图；渠道管理成本较高。
选择性分销	从入围中间商中选择一部分作为经销商。	通常介于独家性分销和密集性分销之间。	

3.界定渠道的等级结构

- 渠道领袖，即渠道的主宰者，其职责如下：制定标准，寻找渠道成员；规划渠道运作；负责解释渠道运作规则；给渠道各个成员分配任务；监控渠道成员；优化渠道。
- 渠道追随者，渠道的核心成员，具有以下特点：参与渠道决策，是渠道政策的主要实施者；是渠道领袖的忠诚者和主要助手；是渠道的主要获利源；是渠道资源的主要受益者。
- 力争上游者，具有以下特点：严格遵守渠道政策与规则；不易获得渠道的主要资源；与渠道领袖谈判能力较弱。
- 拾遗补缺者，具有以下特点：数量众多；无权参与渠道决策；缺乏参与热情；经销小批量商品；承担边缘市场分销任务；谈判能力最弱；能够遵守渠道规则。
- 投机者，具有以下特点：以获取短期利益为行动准则，有利便进，无利便退；缺乏渠道忠诚度，是否遵守渠道规则视收益情况而定；渠道顺畅之时尚且没事，一旦有风吹草动便极有可能反戈一击，出卖渠道利益。
- 挑战者，是现存渠道的最大威胁者，他们往往试图通过发展全新的渠道运作理念来代替现存模式。挑战者的"破坏"行为一旦成功，往往会激发一场革命，使整个渠道发生翻天覆地的变化。

4.分配渠道成员职责

- 销售：市场开拓、铺货、促销、演示、陈列、理货、补货、寻找新顾客、市场推广、维系市场。
- 广告：广告策划、广告费用支出、媒体选择、广告播放、广告效果评价。
- 实体分销：订货、订单处理、送货、提货、运输、库存、仓储设施、安全存货量。
- 财务：融资、信用额度、保证金、市场推广费、折扣、预付款、回款。
- 渠道支持：经销商选择、职责分配、培训、技术指导、店面指导、售后服务、市场调研、信息交流、渠道冲突协调、经验研讨、产品创新、紧急救助。
- 客户沟通：消费者需求调研、客户接触、产品推介、消费咨询、客户回访、意见处理、产品维修、退货处理、客户档案建立与管理。
- 渠道规则：合同管理、信誉保证、经销商利益保障、谈判、实施、监控、执法、渠道关系调整、品牌维护等。
- 奖惩：标准、额度、等级提升、优惠政策倾斜、特许授权、处罚、申诉、投诉。

5. 选择中间商

获取中间商信息的途径大体上有亲朋好友、业内人士推荐，大众传媒传播，商业展览会，顾客口碑，市场调研等。获取相关信息之后，可以通过两种方式进行联系：一是直接去函询问；二是通过发布广告进行选择。

6. 中间商的评定

仔细研究应招者所提供的资料，看其是否符合公司开出的条件；调查资料是否属实；实地调研，观察其分销能力；根据重要性排序；坚决剔除某些不合格者。

7. 确定合作关系

签订经销合同或代理合同之后，渠道关系就基本成形了。合同的签订必须稳妥，合作条件必须经过反复斟酌后方能作为合同条款载入合同之中。

☞ 认识客户

客户才是真正意义上承担着全部销售任务之人，是营销链条的重要环节（如图3－2），因此，要将客户纳入公司的内部管理体系，作为公司的一个部门尽心扶持、引导和教育。

供应→生产→销售→客户→消费者

图3－2 营销链条

目前国内企业销售承担的作用主要为管理和服务。因此，必须在策略层面去指导和培训客户良性发展。要像经营企业一样去经营客户，对客户的认识应当包括以下两点：
- 客户是公司销售体系的重要组成部分，是公司的重要资产之一。
- 客户是公司的合作伙伴，公司与客户是承担相应利益、责任和义务的利益共同体，二者应共同开发市场、管理市场。把销售任务由业务员转移到客户身上，客户就会少了"上帝的感觉"，把开拓和控制市场当成分内之事。

☞ 客户管理及开发

一粒麦子有三种命运：一是磨成面，被人们消费掉，实现其自身价值；二是作为种子，播种后结出新的麦粒，创造出新的价值；三是由于保管不善，发霉变质，丧失其价值。这就是说，麦子管理好了，就会为人类创造出价值；管理不好，就会失去其价值甚至会带来负价值，客户开发同样如此。

以开发新的经销商为例，提高其销售业绩至少有两种方法：(1)提高现有经销商的销量(如扩大该经销商的产品占有率，对现有经销商进行纵深层面的管理)；(2)增加新的经销商(如扩大市场占有率，从横向层面继续开发新的潜在经销商)。

关于开发新经销商，很重要的一条是填写"新客户开发报告表"(见表3-8)。

表3-8 新客户开发报告表

编号	拜访客户对象	拜访次数	面谈时间	面谈对象	结果
1					
2					
3					
4					
5					
6					
7					
8					
9					
10					
实际情况	拜访目标数量		今后对策：		
	实际拜访数量				
	实际面谈数量				
主管建议					

1. 开发新经销商的方法

第一,确定专人开发新的经销商。

第二,对潜在经销商进行市场调查。锁定潜在的经销商,在行动之前,有必要对其进行市场调查,事先了解该经销商的销售状况、商品陈列状况、与各厂商的往来情况、负责人的经营及敬业情况等内容。

第三,设定"新经销商开发日"。业务员平时因销货、送货、收款、拜访等而疲于奔命,可能无暇顾及新经销商的开发,区域经理可以设定某日(如每月第二周的星期五)为"新经销商开发日"。业务员平时可注意搜集资料,在"星期五"则全力投入开发新经销商的工作。

第四,设定开发新经销商的条件。业务员开发新经销商时,需要得到包括政策在内的多种帮助,区域经理可协调公司制定一套与经销商沟通的管理模式。此外,区域经理还应该协助公司确定一些签约办法(如规定发展新经销商的标准),以便于业务人员开展工作。

第五,主管鼎力协助。主管要求业务员去开发新经销商(店)时,业务员可能不会马上行动,即使马上行动,效果可能也不明显,有时业务员甚至会有很多借口:"目前实在太忙,等空一些再去吧""市场上待开发的经销店已很少了""去开发新客户,还不如去拜访老客户呢"等等。因此主管必须经常开导部下,如向他反复陈述"维持老客户固然重要,但不注意开发新客户可能导致业绩下降"的道理。

第六,相关部门配合。主管应协调区域分支机构或经销商,对"开发新客户"的行动予以配合,保证开发新客户的工作顺利推进。

2. 怎样开发新客户

开发新客户(最终用户,包括企业客户和个人客户)是开发、深耕市场的重要手段,是销售人员的一项重要日常工作,可用以下三个指标加以衡量:

M:Money,代表"购买能力",即所选择的对象必须有一定的购买能力。

A:Authority,代表"购买决定权",即该对象对购买行为有决定、建议或反对的权力。

N:Need,代表"需求",即该对象有某方面(产品、服务)的需求。

对于潜在客户的分析,可以用以下方式进行分类(见表3—9)。

表3—9　潜在客户分析表

购买能力	购买决定权	需求
M(有)	A(有)	N(大)
m(无)	a(无)	n(无)

- M＋A＋N：有效客户，是理想的推销对象。
- M＋A＋n：可以接触，配上熟练的推销技术，有成功的希望。
- M＋a＋N：可以接触，并设法找到具有决定权的人。
- m＋A＋N：可以接触，需调查其工作状况、信用条件等给予融资。
- m＋a＋N：可以接触，应长期观察、培养，使之具备另一条件。
- m＋A＋n：可以接触，应长期观察、培养，使之具备另一条件。
- M＋a＋n：可以接触，应长期观察、培养，使之具备另一条件。
- m＋a＋n：非客户，应停止接触。

针对不同的市场，其方法和方式是很多的，在此主要介绍FABE法。

在FABE法中，F是产品特征(Feature)，A是产品优势(Advantage)，B是客户利益(Benefit)，E是保证的证据(Evidence)，即把商品先按其特征分类，把这些特征各自所代表的利益列出来，并把产品的利益与客户的利益结合起来，然后拿出证据来证明其符合客户的利益，或者让客户去尝试接触并加以证明。

首先，应该将商品的特征(F)详细列出来，尤其要针对其属性列出其具有的特点。将这些特点进行列表比较，充分运用自己所拥有的知识，将产品属性尽可能详细地表述出来。

其次，应列出商品的优势(A)。也就是说，所列商品究竟有什么功能？对使用者能提供什么好处？等等。

再次，确保客户的利益(B)。当客户对象不同时，其利益也可能呈现不同的形态。但有一点我们必须考虑：产品的优势(A)是否能真正给客户带来利益(B)？也就是说，要结合产品的优势与客户所需要的利益。

最后，应保证满足消费者需要的证据(E)。如证明书、样品、商品展示说明、录音带或录影带等。

简而言之，FABE法就是将一个商品分别从四个层次加以分析、记录，并整理成商品销售的诉求点，同时也是与客户进行有效沟通的方法。

3.寻找潜在客户的方法

发掘潜在客户有两种通用的方法：资料分析法和一般性方法。

(1) 资料分析法
- 国家有关部门的统计调查报告、行业在报刊或期刊上刊登的统计调查资料、行业团体公布的调查统计资料等。
- 名录类资料：客户名录（现有客户、旧时的客户、失去的客户）、同学名录、会员名录、协会名录、职员名录、名人录、电话黄页、公司年鉴等。
- 报章类资料：报纸（广告、产业或金融方面的消息、零售消息、迁址消息、晋升或委派消息、订婚或结婚消息、建厂消息、诞生或死亡消息、事故、犯罪记录、相关个人消息等）、专业性报纸和杂志（行业动向、同行活动情形等）。

(2) 一般性方法
- 主动访问：别人的介绍（顾客、亲戚、朋友、长辈、校友等）、各种团体（社交团体、俱乐部等）。
- 其他方面：邮寄宣传品，利用各种展览会和展示会，经常去风景区、娱乐场所等人口密集的地方走动。

4. 潜在客户的资料登录

搜集到潜在客户的名单后，必须登记并管理潜在客户的资料。建立客户资料卡（包括公司潜在客户卡、个人潜在客户卡两类）后，业务员通过客户资料卡决定何时、如何进行拜访或推销，以提高拜访的效率和效果。可以使用表3－10：

表3－10 客户资料卡详细内容

内容	企业客户	内容	个人客户
1	公司名称	1	姓名
2	公司地址	2	年龄
3	电话号码	3	住址
4	经营范围	4	联系电话
5	年营业额	5	职业
6	从业人数	6	工作单位
7	主要产品名称	7	出生地
8	资本额	8	配偶姓名
9	负责人	9	家庭成员
10	主要客户	10	兴趣爱好
11	业界地位	11	个人性格
12	市场占有率	12	受教育程度
13	工厂所在地	13	购买决策人

续表

内容	企业客户	内容	个人客户
14	承办部门	14	所喜爱的运动
15	承办人	15	第一次购买本公司产品的日期
16	承办人性格	16	付款情形
17	承办人兴趣	17	信用状况
18	采购决定人	18	购买周期
19	与本公司的交易起始日	19	本公司过去的业务承办人
20	信用状况	20	业务介绍人
21	购买本公司产品的周期		
22	本公司过去的业务承办人		
23	业务介绍人		

5.潜在客户的数量管理

必须要求业务员始终拥有一定数量的潜在客户,当成功开发其中一位后,应迅速补充一位新的潜在客户。

此外,还必须区分潜在客户的重要性。可以将客户分成三类,并分别用红、黄、绿三种颜色的卡片区分"已成交客户"、"短期内有望成交的客户"和"潜在客户/可能购买的客户"。对一种颜色的卡片(如黄色)可以用 A、B、C 三种符号来区分,A 级(黄卡)表示一周内可能成交的客户,B 级(黄卡)表示一个月内可以成交的客户,C 级(黄卡)表示三个月内可能会成交的客户。

6.潜在客户的拜访推销方式

- 邮寄广告资料。
- 登门拜访。
- 邮寄新产品说明书。
- 邮寄私人性质的信函。
- 邀请其参观展览会。
- 客户生日时送上(或邮寄)小礼物。
- 在特别的日子寄送庆贺或慰问信件。

在提高开发成功率的各种方法中,一条重要的原则是"加强沟通与拜访",并在"拜访计划"中列入针对潜在客户的拜访内容。

为了更好地拜访和推销,销售人员应制订"月拜访计划"。对于要拜访的对象,可以将他们分为两类：老客户和潜在客户。对于老客户，可按其重要程度分为若干等级，对重点客户的拜访次数可以多一些，对非重点客户的拜访次数可以少一些。

潜在客户也必须列入拜访计划内，并注意事先搜集相关信息和资料。为了有效地拜访潜在客户，必须把潜在客户按可靠程度进行分类，以便分别处理。分类项目可以划分为"应继续跟进访问的""拟间隔一段时间进行再次访问的"和"放弃访问的"三类，然后对前两类客户分别拟定重复拜访的频率。

7. 客户卡的管理

为有计划地开发新客户并提升业绩，业务员必须拥有一定比率的潜在客户，并制作"潜在客户资料卡"，方法如下：

- 将每一位潜在客户的资料填入资料卡，同时编号、分类、分级（如前所述）。
- 每周至少整理资料卡两次，按照变动情况重新分级、分类。
- 对 A 级客户的资料卡每天翻阅，对 B 级客户的资料卡每周翻阅，对 C 级客户的资料卡每月翻阅，并依照发展情况提升为 B 级、A 级。

8. 潜在客户开发检核

开发客户是一项系统且长期的工作，为了保证开发活动有序、有效地开展，需要对客户开发活动进行定期检核，以便及时调整思路，保证目标得以实现。潜在客户开发的检核内容如下：

- 是否已做好行销地图？
- 对客户的收入水准、风格、习惯、意识是否有正确把握？
- 是否已经将潜在客户进行了市场细分？
- 是否已经做好客户资料卡？
- 是否已经给予业务员明确的开发目标？
- 有没有规定业务员每天的拜访数量？
- 是否分配好每个业务员的重点开发地区或客户群？
- 是否活用了所有的促销品？
- 开发难度较大的客户群时，有没有对业务员进行特别训练或指导？
- 是否已经将过去成交而目前没发生交易关系的客户整理出来？
- 是否按照不同产品设计了不同的开发方法？
- 是否设计了潜在客户的开发方法？
- 是否建立了信息搜集网络？
- 是否准备好避免被挡驾或被拒绝入内的方法？

- 各种活动是否都有预定时间表？
- 是否将成功可能性较大的机会全部单列了出来？
- 是否利用了各种场合争取订单？
- 是否充分借用了有影响力人士的介绍或口碑？
- 是否知道对方的购买决策？
- 是否交叉运用了"信函"和"登门拜访"的推销方式？
- 是否对潜在客户进行了深度开发？
- 是否竭尽全力地去培养主要客户？
- 是否将自己最喜欢的本公司产品介绍给了自己的亲朋好友？

☞ 正确处理开发与维系的关系

1. 科学认识新老客户的重要性

与老客户继续维持交易关系，远比开发新客户的成本要来得低，开发新客户的成本往往要达到维系老客户成本的4—6倍。如果老客户对公司很满意，他很可能成为公司的义务推销员，可能会无意中帮助公司传播正面的口碑，使公司拥有更多的交易机会。老客户代表着许多潜在的生意机会，老客户不但会重复购买，甚至会换购价格较高的产品或增购公司提供的替代、相关产品。而且，这样做所花费的代价未必很大。老客户的忠诚度与支持度对公司的获利能力具有直接而重大的影响。老客户的流失率如果降低5%，可使公司的利润降低25%—85%。事实上，客户基础犹如大楼的地基，地基愈深厚、愈扎实，就愈具支撑力。老客户是构成客户基础的重要元素，老客户越多，客户基础就更深、更广、更牢靠；反之则较为脆弱。

2. 利用基于老客户的"交叉销售法"扩大销量

要培养与维系老客户，首先要持"整体服务"的观念，为老客户提供完善、持续的服务，使每个老客户都满意。事实上，老客户建立不易，但要流失却不难。

为提升客户的价值，可以利用"交叉销售"的技巧，即让老客户来销售其他产品，以较低的成本扩大销售。

3. 预防"重新轻旧"

- 在开发新客户时，考虑"质"较"量"更为重要。
- 在吸引新客户的同时，应分配更多的资源来维持原有产品及服务的质量。

- 在尽量吸纳新客户的同时,不要令现有的老客户产生被忽略、被轻视的感觉。
- 对待新客户时,不但要与他们开始一段"甜蜜的初恋",更要与他们一起走过一段"天长地久、永志不渝"的人生。

☞ 客户表格化管理

进行客户管理时,必须建立客户档案资料,实行建档管理。建档管理是将客户的各项资料加以记录、保存并分析、整理、应用,借以巩固厂商关系,从而提升经营业绩的管理方法。其中,客户资料卡是一种常用工具,它包括以下四个方面的工作。

1. 建立客户数据库

(1)客户资料卡的内容

表3—11 客户资料管理内容

类　别	详细内容
基础资料	客户最基本的原始资料,主要包括客户的名称、地址、电话、所有者、经营管理者、法人代表及个人的性格、爱好、家庭、学历、年龄、创业时间、与本公司的起始交易时间、公司组织形式、行业、资产等。
客户特征	主要包括服务区域、销售能力、发展潜力、经营观念、经营方向、经营政策、公司规模、经营特点等。
业务状况	主要包括销售业绩、经营管理者和销售人员的素质、与其他竞争对手之间的关系、与本公司的业务关系及合作态度等。
交易现状	主要包括客户的销售活动现状、存在的问题、保持的优势、未来的对策、公司形象、声誉、信用状况、交易条件以及出现的信用问题等。

(2)建档管理的工具

常用的建档管理工具主要包括客户资料卡(见图3—3)、客户记录总表(见图3—4)、客户信用卡等。

2. 数据的采集办法

数据的采集主要是通过实地调查得到,还可以参考以前的客户资料卡,主要工作包括以下几个方面。

大区：　　　　　　　　办事处：　　　　　　编号：

客户名称				地址			
电话			邮编		传真		
性质			A. 个体 B. 集体 C. 合伙 D. 国营 E. 股份公司 F. 其他				
类别			A. 代理商 B. 一级批发商 C. 二级批发商 D. 重要零售商 E. 其他				
等级			A级　　B级　　C级				

人员	姓名	性别	出生年月	民族	职务	婚否	电话	住址	素质
负责人									
影响人									
采购人									
售货人									

工商登记号		税号（国税）	
往来银行及账号			
资本额		流动资金		开业日期	
营业面积		仓库面积		雇员人数	
店面	○自有 ○租用	车辆	
运输方式	○铁路 ○水运 ○汽运 ○自提 ○其他		
付款方式		经营额	
经营品种及比重			
辐射范围			
开发日期及开发人			

填表人：　　　　　　　　　　　　　　　填表日期：

图3－3　客户资料卡

区域(办事处)：

编号	ABC分类	客户名称	辐射区域	营业面积	员工人数	地址	邮编	电话传真	负责人	负责业务员

填表人：　　　　　　　　　　　　　　　　　　　　　填表日期：

图3—4　客户记录总表

(1)客户资料卡的填写和管理

销售人员第一次拜访客户后即开始整理并填写客户资料卡(见图3—3)。随着时间的推移，销售人员应注意对其进行完善和修订。区域经理应协助和监督业务员做好客户资料卡的建档工作。客户资料卡应妥善保存，并在开展业务过程中加以充分利用。客户资料卡的建档管理应注意下列事项：

● 是否在访问客户后立即填写此卡？
● 卡上的各项资料是否填写完整？
● 是否充分记录客户资料并保证其准确性？
● 区域经理应指导业务员尽量详细地填写客户资料卡。
● 最好在办公室设立专用档案柜放置客户资料卡，并委派专人保管。
● 自己或业务员每次访问客户前先查看该客户的资料卡。
● 分析客户资料卡上的资料，并作为拟订销售计划的参考。

(2)客户资料卡的利用

区域经理应关注客户资料的建档管理,并注意利用(或监督业务员利用)客户资料卡。下面是主管善用客户资料卡增加业绩的一些方法:

- 每周至少检查每位业务员的客户资料卡一次。
- 提醒业务员在访问客户前按规定查阅资料卡的内容。
- 要求业务员出去访问时只携带当天访问的客户的资料卡。
- 要求业务员访问回来时交回客户资料卡。
- 在每月或每季终了时,区域经理应分析客户资料卡,作为调整业务员销售路线的参考。
- 应参考客户资料卡的实际业绩,从而拟订年度区域销售计划。
- 将填写客户资料卡视为评估该业务员绩效的一个重要项目。
- 业务主管更应提醒自己是否常与业务员讨论前一天(或数天前)客户的交易成果。
- 检阅销售、收款是否平衡,有无逾期未收货款。

(3)利用客户资料卡进行客户管理的原则

在利用客户资料卡进行客户管理时,应注意把握以下原则:

第一,动态管理。客户资料卡建立后不能置之不理,否则就会失去价值。由于客户的情况总是在不断地发生变化,所以对客户资料的管理也应随之不断进行调整。通过调整剔除陈旧的或已经变化的资料,及时补充新的资料,在档案上对客户的变化进行追踪,使客户管理保持动态性。

第二,突出重点。应从众多的客户资料中找出重点客户,重点客户不仅包括现有客户,而且包括未来客户和潜在客户,从而为选择新客户、开拓新市场提供资料,为市场的发展创造良机。

第三,灵活运用。客户资料收集管理的目的是为了在销售过程中善加利用,所以,不能将建立的客户资料卡束之高阁,应以灵活的方式及时提供给销售人员及相关人员,使死资料变成活材料,从而提高客户管理的效率。

第四,专人负责。由于许多客户资料是不能外流的,只能供内部使用,所以客户资料管理应确定具体的规定和办法,由专人负责,严格控制、管理客户资料的利用和借阅。

3.客户调查

认识客户、了解客户是销售人员的重要工作,为了积极、有效地扩大市场份额,必须通过各种途径和方法了解以下内容:

- 客户的需求和期待是什么？对客户来说，其中最重要的是什么？
- 对于这些需求和期待，自己能满足多少？竞争对手能满足多少？
- 如何才能做到不只是单纯地满足客户需要，而是真正满足客户所追求的价值？

4. 组织客户系列化

一个地区有少则几十多则几百个甚至更多的客户，如何管理好众多的客户是一项十分重要的工作。组织客户系列化就是这样一种化繁为简、行之有效的管理方法。具体操作时，可使用如下两种不同的工具。

(1) 按客户对待产品的态度进行组织

按照客户对待产品的态度，可将客户分为忠诚客户（包括新产品的率先使用者）、品牌转移客户和无品牌忠诚客户三类。客户管理的重点就是培养对本公司产品忠诚的客户和新产品的率先使用者。

(2) 按客户购买产品的金额进行组织

在客户管理中，还可以把全部客户按购买金额的多少，划分为 ABC 三类：A 类，大客户，购买金额大，客户数量少；C 类，小客户，购买金额少，客户数量多；B 类，一般客户，介于 A 类、C 类客户之间。管理的重点是抓好 A 类客户，照顾 B 类客户。

客户系列化的目的是培养本公司产品的忠诚客户和新产品率先使用者或者 A 类客户。客户系列化程度高，说明公司产品形象好，有良好的客户关系。根据客户系列化，公司应与忠诚客户或 A 类客户保持密切联系，同时吸引品牌转移客户。

☞ 评估选择客户的办法

1. 评估客户的标准

表 3—12　评估客户的标准

项目	产品组合	配送能力	销售网络	对本产品兴趣	经营者思想
项目代码	P	S	W	I	T
权重(10)	3	3	2	1	1

评估打分办法：

$Y = 0.3P + 0.3S + 0.2W + 0.1I + 0.1T$

其中，各项目数据的标准化为以下五个方面：

(1) P——产品组合的数据标准化

需要说明的是，产品组合的数据标准化应遵循以下几个原则。

- 小项目的评分标准要根据公司、市场与客户的资源状况来制定。
- 品牌知名度是指省级及省级以上的品牌;品种档次是指经营高、中、低三种不同档次的产品;相关联产品指与公司产品在相同渠道中销售的产品。
- 考核产品关联性是看经销商提供给下游客户或用户的产品组合,这与经销商经营本公司产品的积极性有很大关系。如果公司产品所在组合的整体销售额占的份额较大,创造的毛利较高,经销商对此产品组合的重视程度就高,反之就低。
- 品牌的数量与品牌的知名度是考察经销商已掌握的产品资源,这种资源的优良与否将直接影响与带动其他产品的销售。
- 以上所列项目均可以在经销商店面观察得到。

关于产品组合各项的评分标准,如表 3-13 所示:

表 3-13　产品组合各项评分标准

项目	权重	指标	权重	量化指标			
品牌	0.2	数量	0.5	个数	≥7 个	≥2 个	<2 个
				分数	10 分	5 分	0 分
		知名度	0.5	个数	≥3 个	≥1 个	没有
				分数	10 分	5 分	0 分
产品品种	0.2	数量	0.5	品种数	≥15 个	≥7 个	<7 个
				分数	10 分	5 分	0 分
		档次	0.5	品种档次	高、中、低全有	有 2 种	只有 1 种
				分数	10 分	5 分	0 分
产品毛利	0.2	利润率	0.5	利润率	≥6	≥3	<3
				分数	10 分	5 分	0 分
		销售额	0.5	总数	≥500 万	≥100 万	<100 万
				分数	10 分	5 分	0 分
产品关联性	0.4	相关数量	0.5	相关个数	≥7 个	≥3 个	<3 个
				分数	10 分	5 分	0 分
		占总销售额比重	0.5	比重	≥50%	≥30%	<30%
				分数	10 分	5 分	0 分

(2)S——配送能力的数据标准化
- 首先制定配送的最小起送量和最大起送件数,这个指标与客户能否做终端有直接的关系。

- 根据公司产品的特点和客户的仓储能力,制定各自的标准。一般来说,交易量大的产品仓储面积要求大,而且对仓储指标也应加大权数。
- 配送范围是指双方在协议中商定的销售区域。

关于配送能力各项的评分标准,如表3-14所示:

表3-14 配送能力各项评分标准

项目	权重	量化管理细化标准				
配送辐射范围	0.2	标准	80%覆盖	70%覆盖	50%覆盖	50%以下覆盖
		分数	10分	6分	3分	0分
车辆	0.2	数量	6台以上	3台以上	2台以上	2台以下
		分数	10分	6分	3分	0分
员工数量	0.2	人数	10人以上	5—10人	3—5人	2人以下
		分数	10分	6分	3分	0分
仓库	0.1	面积	300平米	150—300平米	50—150平米	50平米以下
		分数	10分	6分	3分	0分
配送频率	0.4	权重	量化标准			
配送频率细分	次数	0.2	每天次数	≥5次	≥3次	<3次
			分数	10分	5分	0分
	最小起送量	0.1	件数	≤10件	≤30件	>30件
			分数	10分	5分	0分
	最大起送件数	0.1	件数	≥300件	≥100件	<100件
			分数	10分	5分	0分

(3) W——销售网络的数据标准化

我们在考察经销商的同时,必须做到既考察经销商对网点的控制力和影响力,也考察网点本身的影响力,以确保经销商所找的都是优质的分销网点。

关于销售网络各项的评分标准,如表3-15所示:

表3-15 销售网络各项评分标准

项目	权重	量化管理细化标准				
网点覆盖率	0.4	县级客户覆盖乡镇	覆盖率	70%	30%—70%	30%以下
			分数	10分	5分	0分
		地级客户覆盖县乡	覆盖率	70%	30%—70%	30%以下
			分数	10分	5分	0分

续表

项目	权重	量化管理细化标准				
网点完整性 (4种网点：超市及终端、农贸市场、二批商、直接客户)	0.2	种数	4	3	2	1
		分数	10分	7分	3分	0分
网点质量	0.16	卖货数量	定性评价	好	中	差
			分数	10分	5分	0分
	0.12	网点控制力	定性评价	好	中	差
			分数	10分	5分	0分
	0.12	网点本身的影响力	定性评价	好	中	差
			分数	10分	5分	0分

(4) I——对本产品兴趣的数据标准化

客户经营本公司产品的兴趣主要是看重公司的品牌，故品牌的权重应根据具体情况适当放大。

关于客户对公司的兴趣评价，各项的评分标准如表3-16所示：

表3-16 产品兴趣评价各项评分标准

项目	权重	定量指标			
品牌影响	0.4	定性判断	影响很大	影响一般	没有影响
		定量分数	10分	5分	0分
利润	0.1	定性判断	很看重	一般看重	不看重
		定量分数	10分	5分	0分
配货需要	0.1	定性判断	很需要	一般需要	不需要
		定量分数	10分	5分	0分
质量	0.2	定性判断	很看重	一般看重	不看重
		定量分数	10分	5分	0分
服务	0.1	定性判断	很看重	一般看重	不看重
		定量分数	10分	5分	0分

(5) T——经营者思想的数据标准化

这个指标主要靠经销商在经营中的一些细节来判断，如表3-17所示：

表 3-17 经营者思想量化指标

项目	权重	量化指标			
店面陈列	0.15	定性指标	分类陈列/整洁/美观	分类陈列/较整洁	不分类/凌乱
		分数	10分	5分	0分
商业信誉	0.15	定性指标	3年内无欠款记录	1年内无欠款记录	经常欠款
		分数	10分	5分	0分
财务管理	0.1	定性指标	账目清楚/人员完整	账目清楚	流水糊涂账
		分数	10分	5分	0分
市场了解	0.1	定性指标	很了解	知道大体	不清楚
		分数	10分	5分	0分
人员管理	0.1	定性指标	积极性高/责任明确/气氛向上	责任明确	士气低落
		分数	10分	5分	0分
社会形象	0.1	定性指标	与职能部门关系良好	能应付职能部门	常被职能部门处罚
		分数	10分	5分	0分
人际关系	0.1	定性指标	固定客户≥50	固定客户≥20	固定客户<20
		分数	10分	5分	0分
学习内容	0.05	定性指标	电脑/专业期刊/报纸	专业期刊/报纸	三种都没有
		分数	10分	5分	0分
行为举止	0.05	定性指标	礼貌/观点新/朋友多	观点新/朋友多	三种都没有
		分数	10分	5分	0分
家庭面貌	0.05	定性指标	夫妻和谐/子女上进	子女上进	关系紧张
		分数	10分	5分	0分
经营计划	0.05	定性指标	短目标/中目标/长目标	短目标/中目标	无目标
		分数	10分	5分	0分

2. 经销商的取舍标准化

一般来说,挑选经销商的综合评分应以 6.7 分作为基准,低于 6.7 分的不予发展,高于 6.7 分的则视为稀缺性资源对待。

☞ 客户管理的沟通方式

对客户进行管理,需要采用科学的管理方法,"巡视管理"是一种非常重要、行之有效的管理方法。其实质是倾听客户的意见和建议,与客户保持接触。而有效的巡视离不开有效的沟通。通常的沟通方式有以下三种:

1. 倾听

要制定有效倾听的策略,有以下八条:

- 鼓励他人说话:表情友好,精力集中,态度自然等,都是鼓励他人畅所欲言的良好因素。
- 反馈性归纳:不时地把对方谈话的内容加以总结并征求意见,如"你刚才说的话是这个意思吗",这也说明巡视管理者对客户的观点予以了慎重考虑,并使客户有重申和澄清其本意的机会。
- 理解对方:在倾听客户所谈内容的同时,充分理解客户的感情。
- 避免争论:当客户在讲一些没有道理的事情时,不要急于纠正,而要在谈话开始的时候就避免谈那些有分歧的问题,强调那些双方看法一致的问题。
- 走访客户:深入客户中间,倾听他们的真实看法和想法。
- 客户会议:定期把客户请来举行讨论会。
- 利用通信工具与客户沟通:一是认真处理客户来函来信,及时消除客户疑虑;二是安装免费的"热线"电话来处理客户的投诉。
- 热情接待来访客户。

2. 教育

引导客户树立正确的消费观念,教会客户如何使用本公司的产品。

3. 帮助

帮助客户解决购买、销售中的所有问题,为客户提供优质服务。

☞ 辅导、协助客户

1. 支援经销商的内容

表3-18　支援经销商详细方案

内容	详细描述
与经营管理相关的支援	指导如何拟定收益目标、销售目标或制订经营计划； 对变更经营方针提供意见与指引； 对经营者、管理者进行培训； 指导如何制定与运用预算制度； 指导如何制定与运用资金周转表； 指导如何确立内部组织结构。
与销售活动相关的支援	灌输商品知识与销售教育； 提供行业动向、厂商动向等有关信息； 举办店员、业务员业务培训； 指导如何改善商品管理方法； 支援开发新客户的宣传； 协助改善顾客管理。
与广告、公关相关的支援	支援制作广告宣传单或DM； 支援海报、广告板的制作和配发； 支援客户举办的文娱活动； 在电视、新闻广告上经常提及客户； 允许客户使用商业影片、广告片、广告信息； 支持、协助召开消费者座谈会或其他会议； 分担客户的广告费。
指导店铺改善装潢和商品陈列	支援制作店铺的招牌、标示牌； 支援开设展示窗、陈列室； 对店内商品展示、陈列技术进行实际指导，协助制作POP广告、展示卡、活动广告等用具； 协助提供展示台、陈列台等各种台架； 协助提供或选择各种陈列器具； 协助制作各种旗子、吊牌或展挂字幕； 对店内装潢布置、商品排列提供技术指导。
拟定并推动与促销活动有关的项目	传达公司宣传活动计划并邀请其参加； 支援客户的企划宣传活动； 支援举办公司对社会、客户的"新产品展示会"和客户对消费者的"产品展示会"； 举办品尝活动、试用宣传活动； 协助地毯式销售活动的筹划及推动； 邀请其参加公司举办的销售竞赛活动； 协助各种销售活动。

2.协助客户时的注意事项

- 制订年度支援计划。
- 研究达到理想效果的具体办法。
- 制定必要的经费预算制度。
- 除了资金或物质方面的协助外,还要特别注重提供其他方面(尤其是经营、销售技巧等)的协助。

☞ **售后服务**

1.产品售后服务

(1)维护商品信誉

- 保证商品品质。
- 履行服务承诺。千万不要漫不经心地向客户承诺某种服务,后来却没有履行承诺,这很容易造成误会或令人不快。

(2)提供产品资料

- 商品商情报道资料:通过不断为客户提供资料,能起到间接宣传的效果,往往会吸引更多的客户。
- 商品本身的资料:商品售出后,客户基于某些理由,往往希望了解商品本身的动态资料。

2.客户的维系

客户的维系是指销售人员及销售机构与客户之间的情感、信息维系,这种维系是售后服务的主体,而售后服务工作是否做得到位、圆满,主要看是否充分做到了与优良客户之间的维系工作。

(1)联络感情

售后服务在很大程度上就是做与客户联络感情的工作。由交易而产生的人际关系往往比较自然、融洽,客户常常因购买了产品而与卖方交上朋友,业务员也可以因与客户交易而成为朋友。因此,客户不但可能成为商品的使用者,还可以变成公司的拥护者与业务员的好朋友。

与客户联络感情的方法通常有:

- 拜访

经常去拜访客户是非常重要的,拜访并不一定是为了推销,主要目的是让客户感觉到业务员和公司对他的关心，同时也是向客户表明公司对销售的产品负责。业务员拜访客户时不一定有明确的目的，也许只是为了问个好，也许是顺道拜访。关键是把握一个原则：尽可能使拜访行为更为自然，不要使客户觉得你只是有意讨好，更不要因拜访而干扰客户的正常工作和生活。

- 书信、电话联络

当有新资料需要送给客户时，可以附上便笺用邮寄的方式寄给客户。当客户遇到婚丧事务时，可以致函示意。通常，客户对收到的函件会感到惊喜。打电话与客户联络也是一种很好的方式，偶尔几句简短的问候会让客户感到高兴，但对于这些礼貌性的电话，要注意语言得体、适当，不能显得太陌生，也不能过于热情或过于随便。

- 赠送纪念品

这种方式至少可以起到两种作用：一是满足人们的某种需求心理；二是可以作为再次访问及探知情报的手段和机会，是进行销售的一种技巧。

（2）搜集情报

- 了解客户背景

与客户联络感情时，不管是在什么场合，业务员都应该有意识地巧妙询问或测知客户背景，包括其家庭背景、职业背景及社会关系。对于客户的这些背景资料，业务员应及时加以记录、整理。通过接触更多的对象，有可能找到有益于推销的线索，因此，对客户的背景了解得越多，就越能把握客户，从而增加销售机会和成功的概率。

- 口碑传播

老客户可以成为公司及业务员的义务"传播者"。客户被业务员的真诚和热情打动后，往往愿意做一些品牌宣传工作，这些由客户口中道出的"情报"往往具有很大的价值。但要注意的是，通过这种方式进行宣传必须注意分寸，以免引起对方的戒心和反感，尽可能不要给客户增加麻烦。

☞ 客户管理二十条

1. 了解公司的政策

了解、吃透公司不同时期的政策，既要与公司政策保持一致，又要结合当地实情，不能盲目地追求销售额，以免扰乱市场秩序，损害公司和经销商的利益。

2. 平衡销售品种

要引导经销商均衡地销售公司的各级产品，不要只销畅销品，而冷落新产品和利润低的产品;要有重点产品、培育产品、系列产品的正确区分。

3. 重视商品陈列

经销商店铺内产品陈列、摆放的好坏,对促进产品销售、树立经销商形象以及产品的品牌形象有着十分重要的作用。

4. 参与促销活动

没有经销商参与的促销活动,效果不会理想,也不会持久。因此,对公司举办的各项促销活动,经销商只有积极参加并认真配合,才能使产品销量不断上涨,新产品才可能得到推广。对不愿意或不努力配合的经销商,销售人员要分析原因,制定对策,尽快解决。

5. 分析销售额增长率

原则上,一个经销商要有较好的销售增长率,才是好的经销商,但要具体情况具体分析。如果经销商的销售额在增长,而公司的平均增长率不涨反降,说明销售人员对经销商管理不善,经销商对公司产品的信心在下降。

6. 均衡销售额

销售额持续增长且各月比较均衡,这是正常的,若波动太大,即是管理不完善的表现。公司要求实际销售额的涨幅不超过计划的20%。

7. 对比销售额

检查公司的销售额占经销商总销售额的比率。

8. 控制费用比率

如果公司的费用增长超过销售增长,则表示公司发展不良。如果经销商折扣大就多进货,折扣少就少进货,没折扣即使存货不多了也不进货,并向折扣大的竞争公司进货,说明客户对本公司没有忠诚度。

9. 调控货款周转率

货款周转过快过慢都不好:货款周转过快,可能是将大量产品向外调拨,会对周边地区造成冲货的影响;货款周转过慢,可能是库存积压,销货不畅。一般正常情况下周转率为10—20次/年。

10. 加强终端支持

如产品展示、POP、现场促销。

11. 严格执行拜访计划

拜访经销商是销售人员的基本职责之一。除了特殊情况和临时任务需要增加或减少拜访次数之外，一般情况应按拜访计划执行。公司要求至少每周拜访经销商一次，二级联销商每两周拜访一次。销售人员应该避免只拜访销量大且与自己关系好的经销商，而较少拜访销量不高却有发展潜力或销量不错但与自己关系不好的经销商。

12. 确定拜访内容

一是要按制订的拜访计划和任务要求认真执行；二是除了常规拜访以外，销售人员要努力做到建设性拜访，即每次拜访都要对经销商的经营管理工作有所帮助，不要给经销商造成麻烦。

13. 发展客情关系

销售人员和经销商之间拥有良好的关系，会促进销售工作的开展，是销售工作的主要内容。销售人员要经常检查自己与经销商的关系是否融洽，保证双方在共同拓展、巩固市场中彼此加深感情。

14. 加大经销商支持程度

在竞争越来越激烈、商品与交易条件差异不大的情况下，销售人员能否取得经销商的支持、支持程度的大小，对产品销售具有很大影响。

15. 及时传递信息

销售人员应将公司制定的促销政策及时、准确地传达给经销商，然后了解经销商是否确实按照公司规定的方法进行了操作。如果发现经销商未能按照公司的规定去做，说明经销商的运营机制出了问题，公司的销售人员必须及时对问题进行跟踪，设法改善管理经销商的方法。

16. 开展意见交流

销售人员应该经常与经销商交换意见。如果不曾有这样的机会，销售人员应该考虑如何改进工作方法、改善个人关系。意见交流和谈判应同时进行，这样可以强化彼此之间的关系。

17. 提升对公司产品的评价

公司的产品（品牌）在经销商心目中的地位是决定经销商是否努力提高销售量的关键。销售人员应该努力提高公司产品在经销商心目中的品牌地位。

18. 培养对公司的忠诚度

经销商是否具有忠诚度,影响着经销商对公司的政策是否积极配合。销售人员应该加强对经销商讲解一些公司的方针和政策、公司的现状和发展,培养经销商关心企业,期望与企业共同发展。

19. 增强建议被采纳的频率

不同经销商的个性和特点是不同的,销售人员向经销商提出什么样的建议要因人而异,要事先加以分析。如果建议被采纳的频率增加了,说明关系是融洽的,管理是积极的。

20. 整理经销商数据

要及时记录、整理经销商的各项数据。如果销售人员对于经销商的销售量、库存量、增长率、利润率、销售任务完成率等统计数据能够如数家珍,则有助于对经销商的管理和引导。

☞ 经销商的六大谎言

1. 卖你们的产品不挣钱

只要是商人,不管他卖什么,都会这么说。经销商继续卖产品的理由只有两个:无利有量或无量有利。

第一种情况往往是市场知名度高、销量大的产品,而这些产品的价格透明度也高,导致商家无利润或微利润,那他们为什么还愿意销售呢?主要是这些产品可以带来人流商机,通过带动其他产品的销售而带来利润。

第二种情况往往是刚进入市场、知名度低的产品,虽然销量低,但商家通过独家经销来控制市场价格,仍然能获取利润。

2. 让我做独家,你们说需要多少销量,我全包了

万一商家完不成年度目标,他只会说声对不起,市场风险最终还是由厂家来承担。如果商家需预存一笔销量保证金在厂家那里,以作为万一完不成销量对厂家的补偿,相信愿意这么干的商家就很少了。

3. 做生意就是做人(言下之意他是豪爽之人)

大道理人人会讲,最重要的是听其言观其行。事实上,商人最看重的除了利益还

是利益,只是表达方式各有不同。个别厂家销售代表放弃原则与不法商家达成某些私下交易,往往也是觉得对方够朋友,讲义气,才酿成大错。

4. 要放弃甲品牌?不行,你的乙品牌我可以注册另一家公司来操作

如果他还要求你的乙品牌交给他独家经销,其完全有可能出于以下目的:为了避免竞争对手拿到乙品牌的经销权与其甲品牌竞争,其实他并不会主推乙品牌,有时厂方催得紧,才会象征性地进点货。难怪许多厂家往往与经销商签署排他性经销协议。

5. 你们是国际大公司,亏点钱是九牛一毛(他不能亏)

错!商家和厂家,无论大小都以盈利为最终目的,在商业行为中,双方都有各自的利益,倒是有些厂家的销售人员对此没有清醒的认识,至少在心里会认同客户这个观点。为了完成个人的销售目标,有时会对客户无原则地让步。

6. 甲产品广告力度很大,给我们的价格也有竞争优势,还有信用支持

不要相信甲产品真的会给他这么多支持,也许他对甲厂家说同样的话。经销商往往会"忽略"你已做过的工作,目的只有一个,从厂家获取更多优惠条件。

☞ 客户管理的难题与应对措施

1. 客户资金不足及对策

- 帮助制订收款计划,协助加快客户回款周期。
- 合理安排促销活动,加快货品及资金流转。
- 多批次、少批量送货。
- 设立专用资金。
- 鼓励其集中资金用于主要品牌,放弃无生命力的产品。
- 以私有资产作为抵押担保。
- 建议用其他贷款方式筹集资金或由银行提供担保。
- 把区域或渠道缩小,由另一个经销商做。
- 加强/改善客情关系。
- 在合理情况下提供适当的信用额度。

2. 不愿冒信贷风险及对策

- 坦诚讨论问题所在。

- 如由于"资金不足",以"第一种情形"处理。
- 如其他因素,必须给予合理解释。
- 找出对方不愿冒哪类商业风险。
- 找一家代理商施加压力。

3. 库存太低及对策

- 如由于"资金不足",以"第一情况处理"。
- 调查及讨论销量流失问题。
- 强调客户不满的后果。
- 加强促销力度以提高其积极性。
- 重申公司的立场。

4. 送货不及时及对策

- 分析产生问题的原因,如"库存太低",以"第三种情形"处理。
- 讨论问题的后果及严重性。
- 制定明确的配送目标要求。
- 帮助重组拜访路线与送货路线。
- 确定及计划所需车队数量,需要时应买车或租车来解决困境。
- 培训相关人员。
- 制订提高现有车辆运输效率的计划。
- 加强内部管理,设立奖罚机制。
- 合理调整经销商库存并对其施压。

5. 仓储条件不良及对策

- 分析并讨论哪方面需改进。
- 讲清不良条件所带来的负面影响。
- 如何改善才能创造良好条件?

6. 价格太高及对策

- 讲明利害,告知其可能的后果。
- 制定最高价位并达成共识。
- 建议双方共同投入。

7. 冲货及对策

- 重新明确销售区域。

- 调查货品来源,如证据确凿,应给予警诫或惩罚。
- 货品送达可疑的区域,应做上记号或记录生产日期。
- 重新评估市场潜力及指标的合理性。
- 向上汇报,提出解决方案。

8. 削价竞争及对策

- 进行区域划分,限制发展销售网点的数目。
- 制定市场最低价格并确保各方赞同。
- 说服经销商克服短期观念,着眼长远并列举削价造成的弊端。
- 落实区域管理,执行处罚。如多次重犯,应强行制裁。

9. 代理品牌太多及对策

- 提出选择本品牌的好处。
- 分析公司能给予的支持。
- 协助其开发网点、收款、理货等。
- 经常提供公司发展计划、信息,以提高其信心。
- 安排老板拜访,建立友好关系。
- 提供达标奖励计划并协助其完成。

10. 代理竞争品牌及对策

- 表明我们的态度,说服经销商。
- 提出选择本品牌及公司的好处,以行动及业绩来强化公司的地位。
- 尽量搞好客情关系。
- 提供达标奖励计划并协助其完成。
- 保留选择经销商的主动权。

11. 只选择畅销的产品及对策

- 确定产品的铺货率。
- 尽量做好产品在货架上的陈列位置。
- 针对不畅销产品提供奖励计划。
- 联合客户促销,以提高市场需求量。
- 组织当地活动。
- 协同经销商人员到店建立品牌形象、增加信心。

12. 提出无理要求和条件及对策

- 聆听其诉说，找出可推翻的要点。
- 分析经销商的盈利状况。
- 让其充分了解公司的制度和规定。
- 展望长期合作计划，强调双赢局势。
- 提供可能及合理的交替方。

13. 要求更高利润及对策

- 分析经销商售卖公司产品的盈利状况。
- 确定合理的销售目标及制订奖励计划。
- 鼓励其多做销量以提高利润，而不是专注于单位利润。
- 协助经销商开拓其他渠道或领域以改善盈利状况。
- 协助改善管理，如安排送货路线、提高销量、降低成本等等。

14. 难于获取信息及对策

- 先认清对方是"不能"还是"不为"。
- 制定相关政策，说明立场。
- 积极协商，讲明益处。
- 加强与内外信息人员的关系。
- 帮助经销商分析信息，共享反馈成果。
- 如"不为"，必要时可拒绝提供支持。

15. 对方内部不协调及对策

- 了解对方情况，找出问题的症结。
- 列举哪方面不规范，告之不规范所带来的负面影响。
- 利用客情关系解决对我方不利的因素。
- 提供培训，提高规划管理意识。
- 提供成功的管理模式作为参考。
- 协助建立管理制度系统。

16. 业务管理思路/观念不同及对策

- 真诚沟通，分析不同思路的差距及利弊。
- 以新观念来引导并适当举成功的例子。

- 说明不能解决的后果。

17. 处理客户投诉不当及对策

- 建立投诉处理流程及负责人员。
- 培训对方人员的处理方法及整体意识。
- 告知处理不当的负面影响。
- 定时与有关人员讨论投诉事件及处理方案。

18. 拖延公司的优惠政策及对策

- 明确期限及数量。
- 在通知书上及传真上盖章确认。

19. 经销商业务人员素质差及对策

- 指出差的表现并说明什么是好的表现。
- 针对性地提供培训。
- 加强陪同走访。
- 制定奖罚制度。
- 建议并提供征聘标准。
- 研究及调整待遇问题。
- 建立绩效评估系统。
- 协助培训新业务人员。

20. 开发网点速度慢及对策

- 要求客户指派专人负责。
- 协助确立目标及制订开发计划。
- 公司短期内派人协调/协助。
- 对人员提供相关产品及开发新客户的培训。

☞ 如何面对客户要政策的行为

1. 客户如何要政策

(1) 向客户要政策的模式

先诉苦,说产品目前在市场上遇到了哪些瓶颈,为何达不到预期销量,在市场开拓、宣传、促销等方面还存在哪些缺憾,需要厂家如何支持;抱怨竞争激烈,做产品利润薄,要求增加返点;先说竞品在市场上表现如何,现在又怎样加大了力度,必须怎样投入才能保住市场并进一步拓展,因此希望厂家从哪些方面给予支持等等。

(2)给与不给的困惑

给,满足了经销商的欲望,加强了企业与其的关系,让其能够更舒心地配合,把市场打开。但是这样一来,企业的利益如何维护?满足了这个经销商,别的经销商又怎么办?政策不同,会出现倒货、窜货的现象吗?人的欲望是无休止的,这次满足了他,那下次他再跟你要怎么办?不给,虽然保证了厂家的利益和市场的稳固,但经销商自然不乐意,下一步市场运作就不容易开展。

2.解决办法

(1)物有所值

企业与经销商合作有两种方式:一种是厂家负责费用的投放,在这种情况下,经销商要政策的情形分为两种:一种是要来政策做市场,为的是把市场做大;另一种是要来政策为牟利,有的甚至是为窜货,这都是短期行为。因此,企业必须要有相应的机制监督费用的使用情况。

另一种方式是一步到位,就是厂家给经销商一个底价,市场完全由经销商自己运作。这样的经销商一般都比较有实力,有成熟的网络和管理经验,有长期发展的想法。这样的方式厂家不容易插手,经销商能够有序地管控市场,不会特别乱。

每个企业做市场都是为了赚钱,因此所有的投入都要落到实处。公司付出了代价,就要有回报。同时应该尊重经销商,经销商的信息都来自市场一线,比企业掌握的更灵敏、及时,不能一听说经销商要政策就全盘否定。同时,对经销商提出来的政策要认真考虑,在进行市场调查和分析后,根据公司的实际和利润比例适当地给经销商一些价格、促销、配送或人员安排等方面的支持。

(2)关系制胜

政策不过是企业给经销商的支持。大客户,比如说总经销商,大都不太在意这些,他们更在意品牌的长远发展和与企业之间的关系,考虑更多的是消费者而不是厂家。但企业并不能只依赖他们,还要加强与二批商之间的关系,要充分调动其积极性。

二批商大多没有品牌忠诚度,谁的产品利润多就卖谁的。企业的资源是有限的,不能要就给,否则下次会要得更多。

关键是要加强与经销商的日常联系。与经销商合作首先要投缘,平常要多沟通。厂家提供的资源并不是第一位的,各个厂家的政策其实都差不多,没有太大的差别。

这时候，谁能走进经销商的心里谁就占有了先机。通过情感沟通，关系好了，他们也就不好意思去要一些可有可无的优惠政策了，而会更多地把眼光放在二者的共同发展上。

（3）有节制地给

大部分经销商的眼光都比较长远，非常注重维护与企业的关系，提出来的政策要求很少，而且大都是为了品牌的长远发展。偶尔他们也会希望厂家给一些促销品或市场费用的支持，但如果不给，他们一般也能理解。只要经销商认为企业确实是在认真帮他们，也就不说什么了。

但如果碰到那种"硬要"政策的分销商，应付的方法就是催得不紧就不理睬，口头上答应着，但实际上不去争取；催得紧了就向企业申请，当然申请数额要超过经销商要的数额。需要注意的是，企业可能会给你一部分支持政策，但是这些政策不要全都给了经销商，先给他一半，缓解一下他的情绪，也让他感觉到要政策的难度。这样有节制地给往往能收到很好的效果。

（4）引导

在产品入市初期，品牌不够知名，企业又没有太强的背景，这时的首要任务就是打开市场，因而迫切需要经销商的支持和帮助。如果双方对产品是否够成功打开市场都没有把握，企业可以在保证市场正常运作的情况下尽可能地给经销商一些优惠政策。各地市场不同，要根据不同的市场状况作出判断，制定不同的政策。但是，给予优惠措施有一个很重要的前提，就是经销商的首批打款要到位，他要有信心把产品做起来，这样才可以成为企业的扶持对象。

产品市场成熟后，产品利润已相对较薄，这时可以在不损害企业利益并保证主要市场稳定的前提下提供一些隐性政策。如配送、促销人员支持等等，其中最关键的是引导。由于成熟的品牌利润空间已非常有限，这时候业务人员就可以引导经销商去经销该品牌的系列新产品，以老品促新品，增加利润率。这样既保证了经销商的利润，又可以趁机导入新品。

☞ 客户管理技巧

1. 利益管理

公司必须让经销商赚到钱。利益是联系经销商与公司的纽带，这点要时刻谨记。公司与经销商之间没有永恒的友谊，只有永恒的利益。客户把产品分为两类：一类是能够赚钱的,一类是能够带货走量的。如果产品不能让客户赚钱,就要能为客户带货,使客户能够从大量走货中赚钱。但如果产品只起带货的作用,风险就产生了:一旦别人的产品也能够带货,客户就可能在某一天放弃公司的产品。如果你的产品既不能让客户赚到钱,又不能让客户带货,客户就会选择放弃。让客户赚钱,不只是取决于公司的产品留给客户的价差有多大,更重要的是取决于公司的市场开发与市场管理能力。为产品营造一个畅销的局面,为销售创造一个良好的秩序,是让客户赚钱所必不可少的条件。

2. 支援和辅导经销商

公司不仅要让经销商赚到钱,而且要教会经销商赚钱的方法。公司要支持和辅导经销商发展,经销商的经营管理水平提高了,销售能力提高了,公司产品的销售量才会随之而上升。可以采取以下两种方法:

第一种,辅导经销商,即教育训练经销商,提高经销商的经营素质,强化其销售能力。"授人以鱼,不如授人以渔",让经销商掌握促进销售的技能,比短期奖励更有效。公司派出的销售经理负有进行商品知识辅导及销售方法训练的责任。

第二种,支援经销商,公司对经销商提供与销售有关的指导与帮助,主要包含六个方面:

- 与经营管理有关的指导、支援。确定销售目标,制订销售计划;针对经营方针、经营政策提供意见;对经营者、管理者给予进修教育;提供财务管理意见;指导其设置公司内部组织机构等。
- 与销售活动有关的指导、支援。提供同业动向、厂商动态等信息;指导与协助市场调查与分析;帮助培训销售人员;协助开发新客户;指导改善顾客管理;在信用额度的设定与信用管理方法等方面给予指导。
- 与广告、公关有关的指导、支援。支援制作广告宣传单及 DM;支援经销商所举办的活动;在电视、广告上提及经销商;允许经销商使用公司制作的广告;支援、协助经销商召开消费者座谈会;分担经销商的广告费等。
- 指导经销商装修店铺、设计商品陈列。如支援店铺招牌制作、展示窗、陈列室制作;提供商品展示、陈列技术;指导制作 POP 广告;协助、提供展示台、陈列台;协助、提供或选择陈列工具;对店内装修或布置提供技术指导等。
- 拟定并推动与促销活动有关的项目。支援经销商的企划宣传活动;协助举办试用活动;协助举办店头示范活动;举办销售竞赛并邀请其参加等。
- 指导经销商如何从各种刊物或大众传媒获取信息。发行供经销商参考的销售信息刊物；编辑供经销商推销员阅读的小册子；传递有关同业信息等。

公司对经销商给予支援的原则是：对批发商给予经营管理、促销活动策划方面的指导，表明诚意，使经销商乐于合作；对零售商，重点则放在指导改进店铺陈列、公关、广告策划、促销活动等方面。

3. 改善客情关系

销售是人和人的沟通，因此，感情关系是客户管理的重要手段，可以弥补利益的不足之处。销售经理的首要职责就是与客户建立良好的客情关系。

要与客户建立良好的客情关系，最基本的要求就是加深销售经理和经销商的感情，同经销商交朋友。成了朋友，经销商自然就会有积极性，而确保经销商的积极性就要确保经销商的利益。经销商讲感情，但更讲利益，只有有了利益保证，感情才有依托，不讲利益只讲感情是长久不了的。要确保经销商的利益，就要维护好市场、保证产品质量。公司同经销商的沟通渠道一般有以下几种：

- 内部刊物：由经销商及销售经理指导，专人负责编写。
- 业务座谈会：季度、半年度或年度召开业务座谈会，直接面对面地沟通，收集客户意见，探讨公司发展思路，安排下一步工作。
- 主管领导拜访计划：由主管领导定期或不定期地拜访客户，收集意见，了解情况，消除公司同经销商的隔膜。

4. 提高经销商的积极性

提高经销商的积极性是做好市场的成功之本，也是衡量一个销售人员成功与否的重要标准。销售人员在市场操作过程中，不仅要出色地完成企业交给的销售任务，更要调动经销商的销售积极性，把市场做细做实，培养经销商对品牌的忠诚度、对企业的信任感，帮助经销商解决市场中的实际问题，增加产品销售量。具体而言，可采用以下14种措施：

（1）多沟通，多交流，信息对称

- 经销商在与企业的合作过程中希望得到厂家的重视和支持，因此，多沟通能解决经销商的心理顾虑，消除一些不必要的误会。
- 沟通与交流能及时将厂家政策传递给经销商，同时也能将经销商的意愿和要求反馈给厂家。
- 充分的沟通与交流能够为解决问题作铺垫。
- 沟通要有多向性，如各级业务人员之间的沟通、区域市场内各级经销商之间的沟通、相邻区域经销商之间的沟通等。沟通可以使产品保持统一价位，可以密切关注经销商之间的感情,一定程度上可以防止市场之间窜货。

(2) 多动脑,多思考,多出思路

- 经销商在经营过程中思路较为单一,容易出现模式化操作,惯性运作市场,因此没有新思路的灌输,其在销售上难以突破瓶颈。
- 多出思路能够提高业务人员自身的凝聚力。
- 只有多思考才能发现市场商机。

(3) 多研究,多分析,做好参谋

- 在研究市场竞争状况,分析市场竞争格局,感悟市场竞争趋势的基础上,针对市场状况为经销商经营出谋策划。
- 帮助经销商分析经营状况。

(4) 多动口,多跑路,多做实事

- 说千言万语,走千山万水,寻求市场商机,发展销售网络。
- 对各级客户勤回访,发现问题,解决问题。

(5) 多主动,多参与,把握市场

- 不能懒惰,要制订个人工作计划,积极做事。
- 积极参加经销商的各项事务,只有多了解才能更好地参与。
- 通过做事更好地把握时局、掌握商机。

(6) 多激励,多自励,树立信心

- 对经销商要多激励,增强其做市场的信心,使其敢于投入。
- 对自己的产品要有信心,一心为企业做事。
- 对自己要有信心,要有做好市场的决心。

(7) 多理性,少急躁,求真务实

- 做市场要实事求是,理性做事。
- 任何事情都有一个过程,不能急于求成。

(8) 多友善,多协商,换位思考

- 对经销商要友善,以礼待人。
- 遇到问题要协商解决,不能武断处事。
- 经常换位思考,多为别人考虑。

(9) 多服务,少指挥,以情动人

- 虚心向经销商学习,低姿态进入市场。
- 树立服务市场、服务经销商的思想,真诚做事,以情动人。
- 遇到公司指令性任务多与经销商沟通,帮助经销商解决难题,圆满完成任务。

(10) 打窜货,管价位,维护市场

- 坚决打击市场窜货,维护市场安定。
- 切实管理好产品价位,保持产品生命周期。

(11) 高效率,快节奏,真抓实干

- 要真正投入到工作中去,做事敏捷,想到的事情马上去做。
- 对事情要一抓到底,决不能半途而废;对靠自身能力不能解决的问题,要逐级沟通、善借资源。

(12) 多总结,多对比,挖潜自我

- 对自己的工作要多做阶段性总结。
- 阶段性工作对比可以发现不足或成功的闪光点。
- 通过总结、对比可以对自我再挖潜、再提高。

(13) 多转换,找定位,适应角色

- 销售人员应扮演多个角色:指导员、服务员、送货员、直销员、监督员、信息传递员等。
- 在不同的角色中找好自己的不同定位,努力适应各种定位。

(14) 多团结,多合作,厂商双赢

- 搞好团结是服务市场之首,搞不好团结肯定做不好市场。
- 处理好与经销商的合作关系,朝一个方向努力才能真正做好市场。
- 明白厂商一家的道理,产品依靠网络来传递。

5. 客户管理中要克服的做法

- 填鸭式的工作:强行要求经销商经销××品种,强行打款发货等,这些做法往往导致经销商情绪化地操作市场。
- 杀鸡取卵式的工作方式:要求商家短期内见效,销售上量,这往往会造成经销商资金周转不畅、降价销售、利润降低,从而失去积极性、过早夭折。
- 为完成销售任务而被动工作:整天为销售任务所累,没有真正从市场去挖潜。强行给商家压任务,造成商家库存积压严重,对市场造成负面影响。
- 只做单一角色:只做信息员或只做送货员、直销员等,没有对经销商起到指导、监督作用,没有调动经销商的积极性。
- 缺少成本概念:做好经销商服务,提高经销商的积极性,不是说经销商的所有要求都要支持,要有利益观念和成本观念。
- 简单的销售任务分解:销售人员不能简单地将企业分解的销售任务指标再分解

到经销商,并强制要求其完成;决不能让经销商觉得他是在为你完成企业的销售任务指标而整日忙碌工作。

- 工作方法单一:动辄以取消经销权威胁经销商,这是知识浅薄、不尊重他人的一种无能表现。
- 贪图小便宜的思想:在服务经销商的过程中,不能要求经销商给予个人生活上的方便,更不能要求特别的利益,只有廉洁自律说话才有分量,管理才能到位。
- 懒惰、等靠要的思想:市场瞬息万变,竞争异常激烈,即使想到就做还难以赶上别人,更何况去等呢?想到的事就要抓紧时间落实,需要沟通的就随时打个电话,能早三分不推一秒。
- 以攻击竞争对手而做市场:贬低别人绝不能抬高自己,只有靠新颖的营销思路去参与竞争才是唯一的出路。

☞ 经销商促销

对经销商的促销,有两项重要工作:一是鼓励经销商出货、陈列、销售;二是协助经销店贩卖(终端促销)。

对于鼓励经销商出货、陈列、销售,促销主要在于销售奖励。

销售奖励的项目如图3-5:

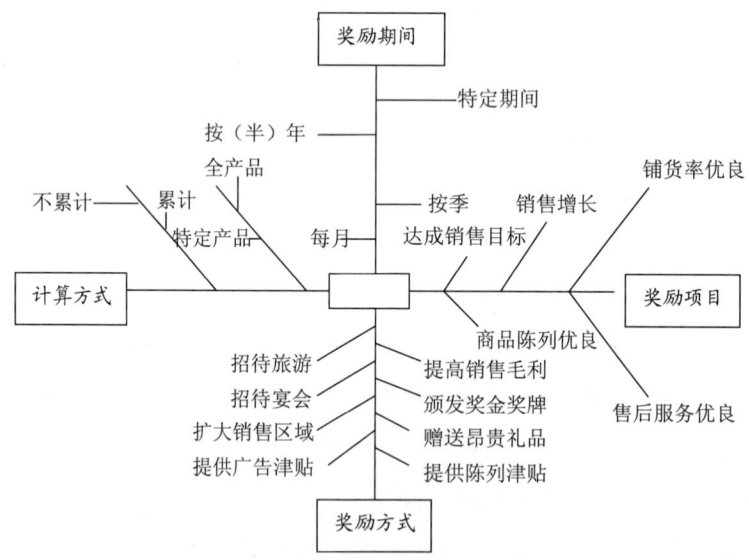

图3-5 针对经销商的各种销售奖励项目

各种奖励项目可根据实际情况,具体执行。

1. 针对经销商的常见促销工具及其优缺点

表3－19　针对经销商的促销工具及其优缺点

促销工具	说明	
折价	说明	适用于具有知名度、已有一定品牌形象的成熟产品
	优点	见效快; 增加短期内的销量; 可增加顾客的购买量; 紧急对抗竞争者的行动最有效; 受中间商欢迎。
	缺点	无法长期帮助销量增长; 不能解决营销的根本问题; 导致产品价格难以提升复原; 有损公司利润; 长期持续的降价会损害品牌形象; 造成市场虚假繁荣,易误导公司的营销决策; 有损顾客的品牌忠诚度; 吸引新顾客的效果不大; 易引发价格战或竞争者的反击。
附送赠品	说明	赠品可用于不同状况的产品
	优点	形成产品在售点的差异化,增加吸引力; 通过赠品传达、强化品牌概念; 凭借赠品达到市场细分的目的; 能吸引新顾客尝试购买; 能吸引老顾客再次购买; 可增加产品的使用量,加速重复购买; 有助于对抗竞争者的市场行动。
	缺点	劣质赠品反而会给销售带来致命打击; 促销成本不低,易造成赠品积压; 赠品设计创意较困难,创意不佳会影响赠品促销效果; 易中途遗失,影响顾客的收益; 众口难调,顾客对赠品的反应较难预测; 中间商不欢迎体积大、影响运输与货架陈列的赠品。
集点换物	说明	适用于知名度高且购买频繁、消耗量大的成熟品牌
	优点	鼓励顾客反复购买,有利于培养购买习惯; 活动费用成本较低; 作为宣传诉求点,能为产品制造出差异; 提高产品的防御竞争能力。
	缺点	顾客兴趣较低; 中间商积极性较低; 吸引新顾客试用的效果较差。

续表

促销工具		说明
联合促销	说明	适用于各种产品
	优点	降低成本； 借联合者之力，快速接近目标顾客； 增加对顾客的吸引力； 能针对性地选择目标顾客群。
	缺点	无法强调产品优点； 筹划、举办较困难。
免费使用	说明	适用于新产品、新品牌或能明显感受到差异性的产品
	优点	顾客接受度较高； 帮助达成阅读广告的任务； 能吸引顾客购买； 提高产品入市速度； 能够针对性地选择目标顾客； 对提升品牌知名度与形象有帮助。
	缺点	成本较高； 对同质性强或个性色彩弱的产品效果较差； 活动操作、管理难度较大。
抽奖模式	说明	适用于知名度高、品牌形象较好的产品
	优点	能覆盖范围宽广的目标消费群； 对销售有直接的促进作用； 吸引顾客注意到广告； 吸引顾客尝试购买； 促使老顾客再次购买或多次重复购买。
	缺点	顾客的参与热情并不像想象中那样高； 对品牌无助益，甚至会因未中奖的挫折感而影响到顾客对品牌的好感； 难以预估参与率和活动成效； 对新品牌帮助不大。
有奖竞赛	说明	适用于各种产品
	优点	有助于建立或强化品牌形象； 增加广告的吸引力； 可针对特定目标消费群； 提高顾客了解产品的兴趣。
	缺点	活动的参与率低； 参与者不一定是目标顾客； 创新较难； 对销量帮助不大。

续表

促销工具		说明
促销游戏	说明	适用于知名度高的成熟品牌
	优点	提高顾客对产品的兴趣； 激励顾客重复购买； 有助于加深品牌形象； 可针对特定目标消费群。
	缺点	吸引新顾客效果不佳； 参与者有限； 媒体费用较高。
竞技活动	说明	适用于各种产品
	优点	帮助顾客接受新产品； 有助于传达和提升品牌形象； 提高顾客的注意力； 可区隔特定的目标消费群。
	缺点	成本较高； 对销量帮助不大； 参加者不一定是目标顾客； 效果较难预估。
公关赞助	说明	适用于各种产品
	优点	提升品牌知名度，建立品牌形象； 创造有利于公司的公众环境； 直接促进产品的销售。
	缺点	需结合或创造特定时机； 对组织能力要求高； 投资高。
会员营销	说明	适用于新品牌或品牌形象良好的产品
	优点	培养顾客的品牌忠诚度； 加强营销竞争力； 不易被竞争者觉察。
	缺点	回报周期较长； 费用较高； 效果难以预估。
现场展售	说明	适用于各种产品
	优点	引起顾客更多的注意； 刺激顾客的购买冲动； 投资相对较低。
	缺点	知名度不高的产品难以得到零售商的支持； 时间过短、过度竞争会降低展售的作用； 场所的有限性使得展售活动的影响面有限。

续表

促销工具		说明
人员推广	说明	适用于各种产品
	优点	进一步弥补广告与促销信息沟通的不足； 促成顾客完成购买行为； 提高产品在渠道中的竞争力。
	缺点	单位成本高； 管理困难； 目标顾客覆盖面窄。
退费优待	说明	适用于新入市品牌或已有一定品牌影响力的产品
	优点	吸引新顾客试用； 对品牌影响较小； 成本较低； 有助于收集客户资料； 不易引起竞争对手的强烈反击； 可激励老顾客再次购买。
	缺点	顾客吸引力低，激发力较小； 回应率较难估计，导致预算编制较为困难。
凭证优惠	说明	适用于有一定知名度、一定品牌形象的产品
	优点	能吸引新顾客购买试用产品； 能使老顾客再次购买，培养购买习惯； 可针对特定目标顾客群。
	缺点	顾客对优惠券信任度不高； 顾客激发力较小、参与率低； 中间商如不合作会严重影响活动的开展； 对新品牌或无知名度的品牌效果不佳； 兑换率较难预测； 劣质优惠券会损害品牌形象。
渠道激励	说明	适用于各种产品
	优点	有利于增强产品在市场中的竞争力； 能帮助解决最紧急的销售不良状态； 能配合顾客促销活动的展开； 能提高产品铺货率，确保顾客买到产品； 争取更多的货架空间或POP等展示的支持； 操作比较简单。
	缺点	造成渠道成本不断增加，中间商要求增多； 很难预计促销奖励回报； 影响促销预算及品牌建立。

2. 在各种不同背景下应用各类促销工具

(1) 产品导入期

在产品导入期，为使产品尽快进入市场，产品的营销投资是较高的。其中，大量的品牌广告或公关活动可以使产品知名度迅速提高；同时，还可以开展规模较大的以激励顾客试用为目的的促销活动，并且要有人负责开发渠道和产品铺货等工作。

(2) 产品成长期

在产品成长期，总的营销投资仍应保持在一个较高的水准上，其中，品牌广告与公关活动担负着提升品牌知名度与美誉度的任务。促销活动可以略微减少，以免使用过多给顾客留下负面印象。人员推广仍然是一个重要的工具，以帮助产品在渠道中的销售。

(3) 产品成熟期

在产品成熟期，营销投资费用可适当降低，以保证公司获得最大的销售利润。在资金分配中，品牌广告的投资比例减少，只做维持性宣传，促销活动与人员推广所占的比重随之增大，以帮助公司直接获得销售额与利润。

(4) 产品衰退期

到了产品衰退期，促销可能是唯一的沟通工具，以最低的费用促使销售达成。

然而，由于产品的各个生命阶段很难界定，许多品牌盛销百年，其几度遭遇营销低谷，却又通过及时调整营销策略、促销组合而焕发出新的生命力。因此，丰富的经验、敏锐的触觉、创新的思维才是营销的通用原则。

(5) 市场份额低的产品

市场份额低的产品使用促销进工具往往更有利可图，因为负担不起可与市场领导者匹敌的大笔广告费，但又要产品摆上零售店的货架，这就不得不提供渠道激励。弱小品牌通常用价格竞争来设法扩大自己的市场份额，不过，这种方法对于市场领导者产品来说效果不明显。

(6) 市场成熟的产品

由于促销的主要作用是吸引追求额外利益的顾客，这些顾客只要能获得奖励或优惠就会转换品牌。因此，在成熟的产品市场上，促销不太可能培养出长期的购买者。此时，公司就应发挥品牌广告的作用来建立产品的品牌形象，以求得顾客的认同。

(7) 同质性高的产品

对那些同质性较高的产品采取促销措施，从短期来看能产生较好的销售反应，但很难持久。相反，公司更应注意品牌形象的建设与产品的不断推陈出新，以使产品比同类产品有更多的差异化优势，从而吸引顾客。

(8) 差异性较大的产品

产品如果具有明显的差异性,则促销可以激励人们试用,而更多满意的顾客则可以让公司市场份额不断扩大。

四、深度分销

有效的深度分销和渠道终端掌控能力是销售成功与否的关键。

在操作层面,许多人认为深度分销就是铺小店、填图表,并没有认识到深度分销的真正意义在于对销售渠道的良性掌控并保证其有序发展。

"掌控渠道、精耕细作、消除盲点、规范系统、全品经营、适势而变"应当是对深度分销的准确注解。

深度分销的概念最初应用于医药行业,对于非处方药品的销售原则概括为:三管齐下、精勤管教、力求八五、计划有序。

三管齐下即广告、推广、公关整合传播;精勤管教即要求营销人员精于产品知识,勤于药店维护,加强药店管理和善于教育店员;力求八五即力求达到三个85%,即产品铺货率达到85%,店员的首荐率达到85%,店员中能完整陈述产品功能的人数达到85%;计划有序即营销人员应明确每天的目标,制订每天的计划,将年度目标分解到每季、每月、每周、每天的每个药店,同时应做到计划日日清、周周结,更要理顺产品的价格体系。以上原则应是任何医药企业都努力想达到的目标。

后来康师傅、统一和可口可乐等市场领导企业将其引入了快速消费品行业,并起了一定的作用。

深度分销的另一种理解为"精益化管理下的通路精耕"。通路精耕是针对各层级通路成员(零售终端为主)进行销售管理的一种作业方式。厂家可以通过对通路中的网点进行定人、定区、定点、定线、定期、定时的细化服务和管理,全面把握产品的销售状况和市场竞争状况,通过在通路中创造竞争优势而切入,继而形成区域乃至整体目标市场的竞争优势。

从管理的角度来看,通路精耕是一个量化管理的过程。实施通路精耕,可以使企业由定性的粗放式管理转型至定量的细致化管理,可以使市场运作过程中的人、财、物等营销资源的分配和使用更合理、更科学,运作流程亦更趋于高效。

通路精耕注重的是对销售及市场的过程化管理,通过定人、定量等措施对销售过程进行全方位管理。厂家可以了解、掌控销售的全过程,对市场动态的把握能力也会相应提高。

通路精耕对大部分国内快速消费品企业来说是一个提高、理顺和稳固价格体系控制力的过程。通路精耕还是一个信息化管理的过程,它可以使企业的触角直接伸展到市场一线,及时发现问题,帮助企业正确地作出反应。

通路精耕在推广新品上对各层级通路都是一个催化和推动的过程。推广新品有风险,中间通路(经销商、二批商等)一般会有畏难情绪。厂家业务团队的直接跑单、提升铺市率、生动化活动无疑可以对通路起到积极的推动作用,继而逐步获取通路的资源配合。

一般来讲,要顺利地推行并实现通路精耕的各项预定目标,企业须遵循以下几条原则:

第一,通路基础。通路精耕是在通路基础上进行深入、细致的管理,没有通路则谈不上通路精耕,各层级通路较为完善的企业方可引入通路精耕。

第二,适宜产品。并非所有的快速消费品都适宜采用通路精耕模式,例如利润空间比较高、能够全通路销售、冲动性购买成分较高的产品便易于实施;而难以全通路销售、利润空间受限、季节性过强及节庆礼品类的产品则难以或不宜实施。

第三,适宜区域。经济较发达的地市级以上城区较为适宜。

第四,定价条件。实施通路精耕除了要有一定的利润空间外,还要有利于业务团队掌控价格体系。

第五,通路精耕不仅是对销售业务的管理,也是对人的管理。业务团队的配置无论采取何种方式(全体系空降应急或者渐进式相互帮带培养),都有一个人员磨合、企业文化融合的过程,企业和准备加盟的业务人员都应有这种思想准备。

综上所述,通路精耕其实并非仅仅是一项细化的销售管理工作,而更应该是一项较系统化的营销管理工程,需要企业人力资源、生产、财务、物流等各环节的共同支持和推动,以期在互动中使企业的管理上层次、上台阶。

通路精耕的核心就是要达到厂家和商家客户掌控渠道、精耕细作、消除盲点、规范系统、全品经营、顺势而变的目的。

五、售点生动化

☞ 认识终端

终端是从生产厂家到真正购买者手中的最后一环。终端可以是零售场所,也可以是人员直销、厂家直销、邮购、展览会。一般而言,终端指零售场所。

1. 终端分类

- 超级终端:包括采用开架式售卖的大卖场、仓储超市、会员超市、量贩店以及采用柜台方式售卖的大型商场、购物中心、百货公司、主题商城。
- 小型零售终端:遍布大街小巷的便利店、小卖部、小商店、摊贩。
- 社区终端:分布在社区周围的超市、连锁店、商场、菜市场、小商店、食杂店、夫妻店。
- 农村终端:二批、三批、批零店、小商店、便利店、食杂店、烟杂店、百货店。

2. 终端价值

- 拉近消费者与产品的距离:只有经常看得到的产品才是消费者最有可能购买的商品。终端是实现从买得到(无处不在)到买得起(物超所值)再到乐意买(情有独钟)三步营销规划的第一步。
- 方便购买:一般来说,消费者对快速消费品无品牌忠诚度可言,极有可能仅仅为了价格便宜1毛钱就把钱投向竞争品牌的钱箱中。因此,只有让消费者在最方便和习惯购买的地方看到商品,才能与成交更近一步。
- 快捷:终端是展示产品、品牌和企业形象的最佳舞台,是开展促销活动的理想场所,是了解消费者需要、获取真实市场信息最直接的第一手资料,也是拦截竞品最后、最有效的防线。终端做好了,就会对整个分销渠道形成最强的拉动力,也是对中间商最有效的激励和帮助。

3. 对公司有益的四类终端

- 盈利型终端:其产出大于对其开发和维护的投入。
- 广告型终端:对展示产品、宣传品牌和企业形象有很大的帮助。
- 促销型终端:适合开展各类促销活动,具有较好的促销影响力。
- 竞争型终端:可以有效地拦截和封杀竞争品牌。

☞ 终端开发

1. 铺货

铺货就是指在限定的时间内将产品铺入终端售点并摆上货架的过程。

没有铺货就没有销售。即使是世界上最好的产品,即使有最好的广告支援,除非消费者能够在销售点买到它们,否则,根本销不出去。

营销的首要问题就是解决产品和消费者见面的问题,产品的铺货是实现和达到消费者购买便利性的第一步,其次才是消费者愿意购买的问题。同时,有效的铺货也可增加产品的曝光率(产品本身也是广告),即使无推广,也会有部分销售。

(1)铺货在产品生命周期各阶段的作用

- 新产品上市时,需要用铺货创造与消费者见面的机会。
- 产品进入成熟期后,需要用铺货提升销售量。
- 产品进入衰退期后,需要用铺货提高终端见面率。
- 在淡季转入旺季时,需要用铺货抢占终端的库位。
- 在旺季转入淡季时,需要用铺货保持产品的陈列面。

(2)铺货在终端的作用

- 方便购买。
- 激励随机购买。
- 抢占资金。
- 抢占货架。

(3)铺货注意事项

- 时间越短越好:一般应在一周或一个月内结束铺货流程。如时间拖得太长,就会影响正常的销售价格和市场秩序。小区域市场应在一周内完成,全国市场铺货应在一个月内完成。
- 快速开拓市场:集中人力、物力、财力(促销品)高效、快捷地在目标区域开拓批发点、零售点和消费者。
- 多种营销方式并行:包括推销产品、招贴广告、赠送促销品以及各种促销活动。
- 把铺货作为持久性工作:要不间断、有计划地铺货,才能获得成功。

(4)需要铺货的产品

- 新产品上市。
- 现有的非主打产品。
- 新规格、新式样的产品。
- 市场占有率下降或见货率下降的产品。
- 夕阳产品。

(5)铺货目标

- 买得到:不仅买得到,而且无所不在,铺货后的见货率要大于80%。
- 买得起:不仅买得起,而且要让消费者知道买的产品是物超所值的。

- 乐意买：不仅被接受，而且情有独钟。

(6) 铺货前的准备工作

- 对区域内售点所经营的竞争品种、价格政策要有所了解。
- 制定合理有效的铺货奖励政策。
- 联系落实分管区域供货配合的经销商或二级批发商。
- 准备好广告招贴和样品。
- 准备好产品介绍、名片、铺货表。

(7) 铺货工作的组织

- 组织落实充分的人力。
- 落实经销商配合送货、供货及其他服务。
- 对铺货人员进行信心、技巧、注意事项的培训。
- 落实车辆。
- 做好补铺、重铺、二次三次进货的准备。
- 落实铺货前后的媒体广告和终端拉动工作。

(8) 铺货促销政策

- 制定合理的促销、奖励政策。铺货需主动向目标销售点推荐产品，而且往往不是畅销产品。如果销售网络还未形成，则需开辟新售点。没有合理的促销激励政策会事倍功半。
- 铺货的产品价格与二次进货的基本价必须统一。
- 在基本价的基础上根据需要制定优惠政策。

(9) 铺货注意事项

- 在商品投放市场的起始阶段加大铺货量，可以推动实际销量的增长。当市场逐渐饱和时，铺货时增长的那部分对实际销量的影响将越来越小。当超过市容量时，铺货量加大不仅于事无补，反而会给厂家带来更大的损失。
- 铺货量不应超过实际销量的20%，铺货量的加大时机比实际销量的增长提前半个月左右为宜。
- 铺货量呈波浪式递进：在零售货架不断档的前提下，可使批发商的库存数量形成一个低谷，采取饥饿疗法。准确掌握实际销量的波峰周期，消费高峰前及时铺货。新产品边际效率较高，但不能过分乐观。当实际销量长时间疲软而产品质量和销售策略又没有问题时，就标志着产品进入了衰退期。

(10) 如何有效地铺货

为了减小铺货的阻力，有效地铺货，在铺货过程中，我们应根据实际情况，有效地

实施相应策略,达到目的,具体策略如下:

第一,铺货奖励策略。包括定额奖励、层级奖励、进货奖励、开户奖励、铺货风险金、促销品支持、免费产品、现金补贴等。针对大经销商可采用进货层级奖励;针对二批商可实行返箱子奖励或开箱有奖奖励;针对零售商可提供销售展具或招贴画。注意在此过程中应设定好层级价格和促销策略,保持渠道畅通。

第二,避实就虚策略。避实就虚,先易后难,以小围大,即小店围攻大店,小超市包围大超市。

第三,示范效应策略。即选择重点突破,以点带线,以线带面,选择"重点(批发、终端)领袖""擒贼先擒王""做样板市场",从而实现突破。先做一个样板市场,以示范效应带动整体市场的铺货。要注意一个原则:首先在终端渠道做出示范效应,以此为据,重点突破。

第四,搭便车策略。有两种办法:一是把新产品和畅销产品捆绑在一起销售,利用原有畅销产品的通路影响力来带货销售。二是把自己的新产品作为成熟客户的相关产品的促销品,利用老品带新品、老品促新品、老品捆新品的策略降低新产品的铺货阻力,达到铺货的目的。

第五,消费者策略。即用免费试用、现场演示等手段形成购买拉动力,再与客户或终端进行谈判。给予消费者试用装或进行小区活动,拉动终端,协助铺货。

第六,适量铺底策略。在第一次铺货时采用铺底销售,第二次接货后开始现金交易。要注意每户铺底要少、铺货户要多、拜访要频、价格要高、促销力度要大,同时把给客户的返利扣下。

第七,赠送铺货策略。即直接把产品少量地赠送给零售店。

第八,终端辅助策略。在铺货过程中附带赠送客户企业画册、产品手册、广告光盘和有关陈列促销品(POP、展架、易拉宝、太阳伞),协助客户布置店面和陈列,协同作战。

第九,产品招商推介策略。如产品推广会、招商等。

(11)成功铺货的模式

- 将目标铺货区域划分为若干个小区域。
- 组织两支铺货队伍,每支队伍各编三支小队,并分为先锋队、中军队、后军队。
- 先锋队的职责是市调摸底,张贴宣传画造势,最主要的任务是联系落实二批商。
- 中军队是铺市工作的主力军,扫街铺货。
- 后军队检查铺市工作,查漏补缺,最主要的工作是协助、指导二批商跟进服务,对已经开始售出产品的零售店及时补货,并建立二批商对零售网点的长期供应关系。

(12) 铺货中需处理好的四种关系

- 网点数量与网点质量的关系：什么样的产品进什么样的店，要根据产品的档次、性质来选择合适的零售终端铺货，不必强求全面开花，网点的出货量是非常重要的，做一个活一个才能有效地培育市场。
- 前期铺货与后期管理的关系：铺了货不等于上了柜，上了柜不等于卖出去。日常的理货也非常重要，应设专业的理货员，尤其是产品新上市时期。
- 铺货量与实销量的关系：一般来讲，上市初期实销量的增长与铺货量的增长是同步的，但当市场逐渐饱和时，铺货量的增长对实销量的增长贡献会越来越小。
- 铺货与广告促销的关系：包括以下三种情况：

第一，先铺货后打广告。这种做法可以减少广告投入的风险，实现广告与产品销售的同步，以减少广告费用的投入。缺点是难以找到实力雄厚的经销商，铺货阻力大，拖的时间长，容易把市场做成夹生饭，造成一上市就滞销，产生不好卖的印象。

第二，先打广告后铺货。这种做法可以减少铺货阻力，有利于集中、大规模地铺货，有利于实现现款现货。缺点是短时期内完成不了铺货，易造成广告浪费，消费者的购买冲动不能转化为购买力，导致消费热情减退。

第三，广告和铺货交替进行。办法是广告前进行试探式铺货，然后进行少量广告支持，铺货及时跟进。这部分广告投入是给经销商看的，不是给消费者看的。完成铺货后，加大广告力度，同时加大铺货力度。最后在零售点推出各种促销活动，以期尽快实现销售。这就是"广告铺货不脱钩，促销活动启终端"。

2. 超市开发

每开业一家大型超市，就会有20家中小型超市、商场关门；每开业一家中小型超市，就会有20家零售摊点关门。

不进超市就是等死，现在消费者购物越来越向超市集中；进超市是找死，但还有一丝活下来的希望。

(1) 超市的特点

- 规模大，资金雄厚，管理规范，统一采购配送，统一经营管理，统一财务结算，统一质量标准，统一服务规范。
- 购物环境好，商品品种齐全，价格低，质量可靠。
- 店大欺客，产品进店费高，门槛高，要求多。
- 进店后有利于增加销量、维护形象和开展促销活动，易拦截竞品，能维持可观的利润。

- 旺点超市具有良好的宣传作用,很多超市实际上已经成为一种媒体而非仅仅是卖场。
- 低价是超市竞争的主要手段。
- 大多数厂家进店后出现无利润甚至亏损,价格乱,影响全局,返款慢,赊账期长。
- 连锁店经营不规范,挂羊头卖狗肉。
- 账期长,风险大,一旦倒闭会形成大量死账。

(2)判断超市经营状况的方法

- 看选址
  * 看超市是开在商业区还是居民区,商业区的店多以低价取胜,居民区的店多以便利性取胜。以此判断超市的定位。
  * 看是否有停车场,尤其是商业区的店面,以50辆车的停车场为判断标准。以此判断超市的营业状况和服务水平。
  * 看店面周围公交站牌的多少,以6路车到达为判断标准。以此判断人流量和交通情况。
- 看收银台
  * 在低峰期能否有三分之一的收银台运转,高峰期是否有排队现象,且排队人数达到每台3人以上。以此判断该店资金周转是否良好。
  * 一般来说,每200平米配置一个收银台。据收银台分布可以迅速算出营业面积。
- 看柜台产品陈列及店内环境
  * 每个产品是否有足够的陈列。
  * 每个产品陈列是规范还是凌乱。
  * 店内采光是否充足。
- 看堆头设置
  * 设置位置与入口的距离远近。
  * 堆头上陈列的东西与时令是否吻合,如是转季或返季产品,说明超市在赚取短期利润。
- 看生鲜区
  * 生鲜是超市利润最高的产品组,也是资金周转最快的产品,但是生鲜的供应商一般要求的结款周期比较短。
  * 看超市是否有足够的冷柜,冷气是否充足,上柜是否丰满。
- 看快速消费品

* 看品牌,是否有大牌产品。
* 看快速消费品的生产日期,生产日期离得越近,说明销售越旺。
● 看员工的精神面貌
* 着装是否统一、干净、整洁。
* 服务是否周到、热情,文明用语使用率是否高。
● 询问各种情况
* 营业时间长短,开店一年以下的店面不要贸然进入。
* 店主的经营口碑,店面的租金高低,租金是否付清。
* 开门营业以来,业务处于怎样的发展趋势。

(3) 如何应对入场费

● 收取入场费的类型
* 拒绝入场型:因为产品没有名气,无意销售,以入场费作为门槛想挡住你。
* 顺手牵羊型:你的产品他有一定兴趣,但处于可进可不进的状态,顺手加入。入门费其实他也是可收可不收的。
* 邯郸学步型:他还没有收过入场费,只是学别人的样子,但他心中对收多少、如何收并没有底。
* 店大欺店型:他的生意很好,是众多品牌争抢的卖场,所以他待价而沽,收取费用。
* 骗人钱财型:他关门在即,利用各种手段骗取钱财。

● 应对高额入场费的战术
* 农村包围城市:先不理他,在他的周围持续做各种促销活动,让他感觉到这种产品好卖,直到他主动与你联系愿意经销你的产品。或者绕道而行,先不做大卖场,专做中小超市;先不做超市,专做小区;先不做城市,专做农村。
* 准备挨一枪:明知道费用躲不了,找一种自己最乐意的方法去承受,如协商以首单免费换取免收入场费,以全年促销支持换取减少固定费用。
* 提供优质服务,换取减免。
* 苦肉计:坚持"7次拜访,60%成功率"的理论,采取软磨硬泡的方式。
* 箱子战术:铺货前让业务员每天出门都举几个箱子逐一拜访客户,好像送货一样,造成好销的印象。
* 用产品抵进场费:一方面,产品有毛利;另一方面,可以减少现金支出。此为支付进场费的首选方式。
* 加大支付别的费用来换取减免进场费:如买断超市的户外广告牌或场内广告

位；为超市制作店招、营业员服装、货架、顾客存包柜、顾客休息桌椅。
* 尽量支付能直接带来销量增长的费用：包括堆头费、DM 费、促销费和售点广告发布费，不能直接带来销量增长的费用有进场费、节庆费、店庆费、开业赞助费、物损费、条码费等。
* 自建终端：实力大的企业也可以自己建零售店进行销售，如康师傅建的乐购超市。
* 选择连锁超市做经销商：这样做往往无需交进场费和终端的其他费用，但一定要提供最优的价格、最大的促销支持。
* 通过厂商联合会捆绑进场：通过多个厂家或与其他供货商联手进场，或通过加入当地的工商联合会进场，由联合会出面签订大合同后再进入。
* 以 OEM 形式为超市加工产品：通过加工超市的自有品牌产品赚取加工费用。
* 通过经销商捆绑进场、分摊费用：通过有实力的经销商捆绑进场。经销商应具备的条件：已在当地大型超市有户头；有一定资金实力；手中经营数个畅销品牌；与超市有良好的客情关系；能顺利结款；有较强的配货能力。这样做可以免掉进场费，甚至可以免掉店庆费、返点等费用。

(4) 如何减少进场风险

- 进场之前评估盈亏：以两年为测算周期，计算出投入产出比是否合适，如果两年时间还不能收回所有投资，达不到盈亏平衡点，则应考虑暂时放弃进入。
- 供货价留有余地：在提交报价单时，对所有超市一视同仁，不分大小，统一报价，但可以针对不同的超市给予不同的折扣和返点。
- 科学选择进场品种：定位准确、市场潜力大、竞争激烈程度较小，是选择品种的标准。一般来说，利润空间接近底线的品种不要进场。量大和利大的品种要合理组合，量大的产品保证人气和基本销量，利大的产品保证一定的毛利水平。
- 不要让所有的产品同时进场：因为有些品种一旦被卖场淘汰想再进去就难了，既不畅销又没有利润的产品不必进去。谈判时一定要提出免费更换品种的附加条件。
- 先做外围，再攻超市：大卖场扶强不扶弱，往往是劫贫济富。新产品入市，缺乏必要的影响力和市场基础，即使进入也不一定畅销，结果是投入大量费用仍不免被末位淘汰，甚至把整个市场拖垮做死。可用的办法是先做好批发渠道、周边市场、中小型超市，包围大卖场。外围做好后，就应果断攻击大卖场。与其被动地谈判，不如主动开拓周边市场；与其送上门去被人宰割，不如省下这笔钱来布局造势，因为要真正地开拓市场，在宣传和促销上不投入是不可能的，关键是要用好这笔钱。

(5) 谈判前的准备工作

- 了解费用情况

  * 进店费——供货商进入超市的档案管理费用。
  * 新品费——每增加一个条码的费用。
  * 物损费——对商品丢失、破损的补偿。
  * 促销管理费——厂方促销人员的管理费用。
  * 胸卡费——促销人员上班的工卡费用。
  * DM费——促销刊物的印刷派送费用。
  * 店庆费——每年门店店庆活动的支持费用。
  * 堆头费——占有卖场堆头的费用。
  * 开业赞助费——开业庆祝的费用。
  * 排面费——货架黄金位置陈列费用。
  * 端架费——使用货架两端的费用。

- 了解结款方式

  * 货到付款——商品送到后即刻付款。
  * 账期——货到若干天后结清所有到货的货款。
  * 滚结——每次订货结上一次的货款。
  * 月结——每月根据销售情况结款一次。
  * 代销——销售满多少金额予以结款。
  * 铺底——供应商一次性送一定金额的商品后,所送商品的结款方式为货到付款或以上其他方式。

- 了解竞品在超市中的销售价格、销售情况、费用情况

  同类产品退场时,往往也是自家产品进场的好时机。

- 了解超市的组织结构、买手采购权力大小、谈判程序

- 了解超市感兴趣的促销宣传活动和对新品的要求

- 了解超市谈判者的情况,包括个人背景、爱好、工作任务、上司和同事对他的评价

- 了解进场谈判的内容

一般来说与买手的谈判一般分为两个阶段:第一阶段是谈判产品进场事宜,第二阶段是产品进场后的陈列、促销和货款结算事宜,进场事宜通常包括:

  * 采购产品:品牌、品种、质量、规格、包装。

* 采购数量：采购总量和采购批量，单次采购的最高订量与最低订量。
* 送货：交货时间、频率、地点、最高与最低送货量、验收方式、送货产品的保质期。
* 陈列：陈列面积和陈列位置。
* 促销：促销保证、促销组织配合、导购员进场事宜。
* 价格及价格折扣优惠：新产品价格折扣、付款折扣、单次订货数量折扣、累计进货数量折扣、年底返利、季节性折扣、提前付款折扣。
* 付款条件：付款方式、付款期限。
* 售后服务：包退、包换、包修。
* 各种费用：进场费、新品费、店庆费、陈列费、促销费和广告费。
* 退货：退货条件、退货时间、退货地点、退货方式、退货数量、退货费用分摊。
* 保底销量：产品的每月最低销售量，末位淘汰的约定和处理办法。

● 准备好相关文件
* 已盖公章的报价表。
* 已通过当年年检并加盖公章的企业营业执照复印件。
* 已通过当年年检并加盖公章的企业税务登记证复印件。
* 企业相关资料：开户行、开户账号、税号、企业地址、企业法人、电话、联系人、传真、邮编等。
* 商标注册证。
* 产品检验报告，进口产品还需要进口产品检验证。
* 代理授权书。
* 指定经销商或总经销商证书。
* 样品。
* 特殊行业必备资料，如食品和药品的生产许可证。

● 准备好谈判工具
* 企业简介。
* 产品样品。
* 价格表。
* 宣传单。
* 市场推广方案。
* 近期大型促销活动方案。
* 大众媒体投放计划。

* 以前的报纸广告和市场概况分析报告。
- 派专业人员进行谈判

(6) 超市运作注意事项

- 区分必须承担的费用和可选的费用
  * 必须支付的费用:进店费、店庆费、佣金。
  * 可选费用:新品、物损费、堆头费、DM费、开业赞助费、促销费。
- 争取结款优先,力争把账期控制在30天以内
- 多种价格策略
  * 根据门店的费用水平,可变更对门店的报价。
  * 要有现金结款价格、账期价格、代销价格等多份报价单。
- 退换货或残损商品

要求超市在产品保质期到来之前退货,否则不予退货。

- 确定各店配送比例

由专人对超市尤其是连锁店的店面进行巡检,敦促产品在每个店面顺利上架。

- 坚守底线

对于对方的要求,不能一味许诺,要死守底线。进入之前要先摸底,以免"挨宰"。还要做好外围市场,做好一个样板市场。

(7) 超市管理

- 选择经销商
  * 有一般纳税人资格,有一定经营能力和规模,资金雄厚,流动资金充足。
  * 谈判能力强,服务意识好,经营理念现代。
  * 有长远眼光,愿意投入。
  * 做超市的经销商最好不做通路。
- 人员管理
  * 设专职终端经理,其人要具备谈判能力、组织能力、服务意识、商品知识、公关能力。
  * 组织一支训练有素的理货队伍。
  * 对理货员进行规范系统的商品展售技能培训。
  * 有一整套时间管理、路线管理、理货管理、陈列标准等的考核办法。
- 细化管理
  * 大商场超市的谈判由公司统一进行,并落实供货商和专人管理,明确公司、供货商、业务主管的权责和义务。

* 中型超市按片落实人员管理,落实责任,提高效率。
* 对卖场、供货商建档,用于考核供货商、卖场和超市业务主管。
- 运作原则
* 不断货,缺货、断货会损失10%的销售机会。
* 帮助经销商缩短账期(运用促销手段、谈判手段缩短报销周期)。
* 重视卖场推出的促销和特卖活动。
* 重视生动化(陈列、店头广告、宣传品)的作用。
* 加强客户关系。
- 建立日常管理和监督制度

(8)超市的运营特点及应对策略

特点一:价格竞争激烈。价格是超市的敏感话题。消费者来这里期望能低价购物。超市之间的竞争焦点在于价格。

对策如下:

* 产品尽可能多、尽可能醒目地明码标价。
* 特价促销。
* 加强陈列效果,规划传播策略,提升品牌形象,增加产品附加值,使消费者觉得物有所值。
* 合理降低经营费用,强化成本优势。

特点二:自选式购物,场地大,陈列面大。

对策如下:

* 许多消费者是冲动性消费,因此生动化(陈列、店头广告、宣传品)是业务要点。
* 尽可能大、尽可能多、尽可能美观且风格一致地做堆头、端架、货架陈列。

特点三:管理正规,仓储、财务、店面营运、产品定价均为分部门、分权执行,各自为政。

对策如下:

* 搞好与仓储经理、营业经理、财务经理、柜组长、库管、财务出纳等关键人物的关系,跑超市的业务代表要有很强的公关、人际协调能力。
* 多与超市搞联合促销活动,以增进双方合作关系。
* 在连锁超市评选销量最大或销售额最高的冠军店,给予该店经理及员工奖励。
* 特殊节日如圣诞节、情人节为超市提供带本公司标志的对话树、拱门等。
* 消费者在该超市购物满××元送礼品一份。
* 超市庆典时提供特价、免费产品。

* 做好售后服务。
* 合同签订专业、严谨。
* 吸纳超市专业人才,进行现有业务员专题培训。
* 在不影响本职工作的前提下,尽可能帮店方员工做力所能及的事。

特点四:超市多有相对较大的库存面积,存货品种多、数量大,容易混乱。超市送货接货时效性强,入库手续较正规,但较复杂。

对策如下:

* 与库管、仓储经理保持良好的合作关系,把自己的产品摆在仓库最外边——最容易拿到的地方。
* 高频率回访,做好库存管理,防止断货,督促超市仓储人员更多地关注本公司产品库存量。
* 与柜组长保持良好关系,促使他们及时向超市配送部门调货并上架。
* 了解、掌握超市的收货习惯,如有需要,提供夜间送货服务。

特点五:到超市购物时,消费者购买的90%以上的物品用作家庭消费,多为定期采购生活用品。

对策如下:

* 力推大包装,方便消费者全家共享。
* 力推多种产品包装,如半打装、三联包、捆扎销售、礼品包等,做到方便携带,促使扩张性消费。
* 制定多包装的促销价,鼓励消费者一次性多购买。

特点六:采购者多以女性、主妇为主。

对策如下:

POP、告知牌的宣传风格要和这一部分消费者的心理特点相呼应——如卡通式POP、生动有趣的摇摇牌、醒目抢眼的促销价格与原价格比较。

特点七:超市对产品的期望不仅是利润,更重要的是对店内客流量的带动以及对本超市低价形象的树立。

对策如下:

* 拿出本公司在此店的促销活动排期表。
* 积极开展促销活动,为超市带来人流。

特点八:在超市购物的消费者需求各异。

对策如下:

* 在保证盈利的前提下,坚持多品种进场的原则,提供尽可能多的品种。

* 精选几种畅销、生命力强的产品进入，先站稳脚跟，再引进其他品种。

特点九：大部分超市对售点广告有限制，不允许张贴海报。

对策如下：

* 制作突出品牌个性、图文并茂、色彩明快、吸引力强的导购板，如易拉宝，放于超市入口或店内合适的位置。
* 在产品陈列货架或堆头附近旋转印刷精美的折页或手册，方便消费者拿取。
* 店内悬挂醒目的吊旗。
* 在超市开业或重大节日，在超市门前布置气球彩带或彩虹门，举行有文娱节目配合的展示活动。
* 制作精美的门头灯箱广告，档次要高，使用期要长，定期更换，保持整洁美观。
* 对于新品上市，电视广告、报纸广告应加以配合。
* 与超市联合举办一些推广活动。

特点十：大型超市实行末位淘汰制。

对策如下：

* 产品进场只是完成了销售的第一步，接下来就要采取各种推广措施，使产品在超市里畅销起来。
* 争取尽可能好的陈列位置、尽可能大的陈列面积，做好陈列和售点广告的布置。
* 买断一些超市内外的广告位置。
* 做好终端生动化工作。
* 设立导购。
* 经常开展买赠活动。
* 推出 DM 物价。
* 举办限时抢购活动。
* 开展大力度的赠送活动。
* 如完不成指标，宁可自己把货买回去，也要避免被退场。

特点十一：激烈的超市终端竞争给中小企业带来巨大压力。

对策如下：

* 与其做大池塘里的小鱼，不如做小池塘里的大鱼，选择能形成自己优势的超市去做精做好。
* 宁肯少些，但要好些。

(9) 超市费用申请指导原则

● 主要费用明细

* 进店类：进店费、赞助费、节庆费、店庆费、新产品上柜费。
* 促销类：堆头费、端头费、DM费、特价费、场地费。
* 促销人员管理费：促销人员工资、促销人员奖金。
* 促销品费用：宣传材料费、广告发布费。
* 巡店、管理费：巡店员工资、理货员工资（补贴）。
* 其他类：条码费、号码费、服装费、健康证明费、押金等。

● 运作步骤及要求

* 进店类：首先要考察超市并了解同行业费用标准（最高和最低），与超市业务部门签订合同。尽量压低费用，进店费一般为进店时一次议定并付清。进店费用中除进店费外的其他费用仅限用于大卖场。
* 促销类：根据超市销售情况，选择适当的促销方法。大型超市要有月销售动态表和月促销计划。促销人员只限于大卖场及大超市，中小型超市一般只限于堆头、特价及买赠等促销。新开辟的超市要尽量设导购人员，应有半年左右工作经验，以增加终端的活力，保证产品上得去、销得动。
* 巡店、理货类：巡店员一般由业务员兼任，理货员一般为超市组长或主管。
* 其他类：原则上由经销部承担，因特殊原因无法承担的费用提请超市经理审批，并要求详细写明费用发生的理由和过程。

☞ **售点产品生动化**

在了解产品生动化之前，应该知道的数据如下：

* 70%的顾客去超市不知道要买什么，随机购买者占多数。
* 顾客一般在售点逗留时间平均为15分钟。
* 75%的消费者在5秒钟内决定是否购买。
* 顾客在每一种商品前驻足的时间不会超过2秒钟。
* 如果顾客看不到要买的东西，40%的人会买其他品牌的商品。
* 陈列的好坏对销售额的影响至少相差1倍以上。

1. 什么是产品生动化陈列

产品生动化陈列是指通过最佳的陈列地点、陈列位置、陈列形式以及活泼醒目、有创意、有冲击力的助销品,吸引消费者的眼球,激发他们的购买欲望,让产品通过陈列的形式提升销售。一般说来,它需要在以下几个要素上下功夫:

(1)正确的产品

在产品生动化陈列实施时,产品是最重要的。消费者一般会选择回转率高的商品,并且优先从高利润产品群中挑选。当然,产品的种类、规格必须符合市场和消费者的需要,并且有明显的竞争优势。如果产品选择错误,陈列对销售的提升效果将无法发挥出来。

(2)正确的地点

产品生动化陈列实施的地点应该是人流量大的地区,位置能够符合消费者购买的习惯,能够有效地对竞争品牌的类似产品进行拦截。

(3)正确的时机

产品生动化并不是任何时候都会有明显的效果,它往往被用于下列时机:季节性购买时刻、高峰购买时间、周末购物或者配合广告和促销活动的时候。

(4)正确的数量

产品生动化陈列实施时要注意两点:一是要考虑陈列带来的销售增长,因此需要有足够的库存以免断货;二是需要有足量的存货配合达到陈列的效果。两者缺一不可。

(5)正确的价格

价格对于同类产品而言应该有明显的竞争力,在价格标志上应清清楚楚地告诉消费者购买时在价格上所能得到的好处。通常在陈列促销时价格会有折让。

(6)正确的陈列形式

有足够的空间,并放在容易拿取、容易比较、容易选择、容易看到的位置。

2. 产品生动化陈列的好处

如前所述,产品生动化陈列的根本目的是为了促进销售。

产品生动化陈列可以大大促进冲动型购买。有近70%的消费者在进入零售店时并没有决定要买什么或者买哪种品牌的东西,他们只是因为店内的产品陈列醒目而激发了购买需求。因此,店内的产品生动化陈列可以有效地获得这类顾客的生意。

当前,国内的多数快速消费品企业已经将产品生动化陈列作为销售工作的"重头戏"来抓,但是仍然有一些企业至今还没有一个产品生动化陈列的实施标准。制定产品生动化陈列标准的好处如下:提供衡量标准,对一些特定的市场和产品制定推广的标准和重点,可以让销售人员集中注意力达成;在与零售商沟通的时候能够帮助他们达成整体的营业指标;有利于销售人员在工作中把生动化陈列当成一种习惯去追求。此外,在销售方面,通过产品生动化陈列还可以形成陈列的美观性和消费者购买的方便性;争取大的陈列面,以改善各类商品的库存量;增加商品的回转率;提高对零售商货架的占有率,抢占竞争品牌的陈列空间;增加产品的市场占有率;配合广告和促销,最大限度地发挥销售效率;增加零售商的利润,同时建立良好的通路关系;树立好的品牌形象;实现销售的活性化。

3. 产品生动化陈列实施的重点和原则

实现产品的生动化陈列要讲究技巧,同时要与零售商建立好的客情关系。销售人员要注意以下几点:

- 力争取得固定位置。货架陈列应该以相关产品类别的正面为宜,可能的条件下要争取端架,这些位置既具备良好的促销性,而且陈列时间还可能更长久。
- 除了有较好的货架陈列位置外,还应该设法取得第二陈列位置,比如大量的堆箱陈列、岛式陈列或者墙边陈列,进行重大促销活动的时候必须做到拥有第二陈列位置并且使拥有的时间尽量延长。
- 销售人员应该尽量使客户明白,这样的陈列可以帮助客户取得好的营业额和利润,使他们满意,并帮助客户的采购和营运人员取得好的业绩,帮助他们达成目标。
- 任何时候都要记住客户经营的出发点及他们关注的重点目标,在进行销售陈述的时候,销售人员要围绕利润、营业额、节省时间、提高周转率等因素做文章,这样才能使客户更容易接受。
- 与店员建立好的关系,帮助店员摆货,即在进行产品生动化陈列时请店员帮忙,这样可以与店员建立好的关系,确保货架位置持久。
- 在与零售商进行沟通以便实施生动化陈列时,应该尽可能告知公司的广告和促销支持,这样可以帮助产品取得更好的货架空间和位置,做到深度促销。

在实施产品生动化陈列的时候,销售人员必须遵循以下六个原则:

原则一,取得好的位置。零售商的资源有限,各厂家都在争夺货架和陈列位置,因此必须投入大量的精力和技巧。一般说来,以下位置比较有优势:同类产品附近的堆箱陈列;端架、端架旁的货架或者特殊货架;柱子旁边;货架上与目标购买者视线平齐处;人流量高的地方;公司的专用货架。

原则二,获利能力。不同的促销方法会有不同的成本,获利能力也会有所不同。销售人员要清楚地告诉客户促销的结果,同时要将平时的促销额和促销时进行比较。

原则三,影响力的提升。陈列足够的货量,凸显产品/品牌的形象和吸引力;陈列位置、货架或者地板上的货品、广告宣传品和创意都能够提升产品的影响力;适当利用垂直陈列提升形象,以引发顾客的购买欲望;陈列的时候产品标签正面向前,以吸引消费者的注意。

原则四,可触及性。堆箱陈列的时候保证消费者至少可以触及80%的产品;陈列量越大,吸引力越强,品牌的效益也就越大;在使用促销品时要保证其牢固可靠、不易散乱;不要与众多的品牌产品陈列在一起,这会大大削弱陈列效果。

原则五,价格。标签的大小要能够吸引顾客,但要适可而止,不能过分夸大;标签上的内容应简单明了,列出价格比较;颜色要有冲击力,字迹清楚,信息准确。

原则六,稳定性。尽可能使陈列长久,这样消费者可以根据其购买习惯轻松地找到产品;货架陈列时小包装在上面、大包装在下面;避免奇形怪状的陈列;注意做到拿取的时候不倒塌。

4. 产品生动化陈列的货架管理原则

无论是消费者直接从货架上选择产品还是通过营业员之手形成的销售,商品的货架管理都是十分重要的。

足够的货架位置可以有效地减少脱销现象,减少因为脱销而给客户和消费者带来的不良影响,减少客户及公司因为产品脱销而产生的直接利润损失。对消费者而言,良好的货架管理可以帮助他们进行比较和选择,帮助他们迅速发现所需的目标。此外,良好的货架陈列还可以帮助产品树立品牌形象。陈列的时间以7—10天为好,否则如果工作中哪一个环节出现问题,就极容易出现缺货的情形。如果需要比较大的陈列量配合销售,那么选择一个额外的比较大的位置显然也是十分必要的。

在进行产品的货架陈列时,要注意不同类别的产品集中摆放,尽量做到分门别类。如果产品是水平方式摆放,那么同一品牌、不同规格的产品应该在两边摆放;如果是垂直摆放,那么同一个品牌、不同规格的产品应上下摆放。这样陈列的目的是为了建立一个巩固的品牌形象,强化品牌的视觉冲击力。

货架陈列中的黄金位置是以消费者视线为中心来决定的。在中国市场,黄金位置是以中国家庭主妇的平均身高155CM为基准,离货架约70—80CM的距离,最佳范围是以视线下20度的地方为中心,向上10度和向下20度。最适合顾客拿取的高度是75—125CM之间,比较适合顾客拿取的高度可以扩大到60—150CM之间。陈列的高度极限为上方150—170CM之间,下方30—60CM之间。有的时候,产品摆放过低,虽然有存货在货架上,但会形成通常所说的"视觉上的脱销",这种情况与实际的产品脱销本质上并没有差别,都会造成经营上的损失。

在进行产品生动化陈列的时候,销售人员要始终注意:竞争品牌在货架上必须有其相应的陈列位置。正确的选择是:没有必要(也很少有可能)把竞争品牌撤离货架,而应该争取到比竞争品牌更有优势的位置,陈列面积至少应与产品的市场占有率相当。

成功的货架管理应该达到如下标准:

- 将目标产品分销到目标零售店内。
- 将新产品分销到目标零售店。
- 店内产品陈列经常能得到有效的改进。
- 产品必须保持清洁、整齐摆放。
- 轮转货架上的老产品摆放于货架前,新产品摆放于货架后(先进先出)。
- 产品正面应向前摆放。
- 增加合理的陈列面并使用公司的促销品。
- 防止假冒、仿制产品摆放在旁边。
- 零售价格管理到位。

5. 争取不到好的位置,就要以创意去抗击优势位置

- 没有好的位置,要赢就只能赢在好的创意上了。
- 如果陈列位置不好,可以在入口处安排人员派送有吸引力的小赠品,在第一时间拦截顾客,引导顾客到货架前,同时在商品陈列处装饰气球等物品。
- 把产品摆放于卖场外,在卖场外搞促销活动,还可以让顾客到陈列产品的货架领取赠品或小礼品。
- 将产品展列于付款台的小展架上。
- 在偏僻的角落陈列的商品可以和超市协商,在陈列区设置一个落地售点广告,标示"往前走××,必有收获"。顾客到达货架后就赠送小礼品,介绍产品。
- 制作脚印状不干胶贴在超市的地板上,从主要通道一直延伸到陈列商品的区域。

6. 通过观察确定陈列方案

第一,观察顾客在卖场中的走动路线和购买区域。进入卖场时的常规路线是怎样的?主要人流方向是怎样的?顾客有走回头路购买所需商品的习惯吗?哪些区域是顾客经常光顾的?哪些区域是顾客停留时间最多的?

第二,观察顾客的选购习惯。顾客倾向于在左边还是右边拿商品?非黄金视线

时,顾客倾向于从上面还是下面拿取？哪一种形式更适合顾客拿取？变动商品陈列位置对顾客的选择有什么影响？

第三,观察卖场中适合投放售点广告的位置。

7. 生动化陈列的18项原则

原则一,显而易见原则。让消费者看清楚商品并引起其注意,激起其冲动购买心理,这是达成销售的首要条件。这要求商品陈列要醒目、展示面要大,力求生动美观。

原则二,最大化陈列原则。尽可能增加货架上的陈列数量,只有比竞争品牌占据更多的陈列空间,顾客才会购买你的商品。

原则三,垂直集中陈列原则。人们的视觉习惯是先上下、后左右,因而在商品陈列时要体现层次感,以造成一种气势,力争把公司所有规格和所有品种的商品集中展示,把混入公司陈列中的其他品牌清除掉。

原则四,下重上轻原则。将重的、大的商品摆在下面,小的、轻的商品摆在上面,便于拿取,符合审美习惯。

原则五,全品项原则。尽可能多地把公司的商品全品项分类陈列在一个货架上。

原则六,满陈列原则。让自己的商品摆满陈列架,做到满陈列,增加商品展示的饱满度和可见度,防止陈列位置被竞品挤占。

原则七,陈列动感原则。在满陈列的基础上有意拿掉货架最外层陈列的几个产品,营造产品好销的销售气氛。

原则八,重点突出原则。在一个堆头或陈列架上陈列公司系列产品时,除了全品项和最大化之外,一定要突出主打产品的位置,这样才能层次分明,让顾客一目了然。

原则九,伸手可取原则。将产品放在让消费者最方便、最容易拿取的地方,根据不同消费者不同的年龄身高特点进行有效陈列。儿童商品放在1米以下,成人商品放在1.5米左右,达到不需弯腰或踮脚伸手就可以取得的标准。

原则十,统一性原则。所有陈列在货架上的商品,标签必须统一,将包装上的中文商标正面朝向消费者,做到整齐划一、美观醒目,整体陈列的风格和基调统一。

原则十一,整洁性原则。保证所有的商品整齐、清洁。

原则十二,价格醒目原则。标示清楚、醒目的价格牌是促进销售的动力之一。如此既可以增加产品陈列的醒目宣传效果,又能让消费者买得明白,可对同类产品进行价格比较。还可以写出物价和折扣数字,以吸引消费者。记住:如果消费者不了解价格,即使很想购买产品,也会犹豫。

原则十三,先进先出原则。按出厂日期将先出厂的产品摆放在最外一层,最近出厂的产品放在里面,避免产品滞留过期。专架、堆头的货物至少每两个星期要翻动一次,把先出厂的产品放在外面。

原则十四,最低储量原则。确保店内库存产品的品种和规格不低于安全库存线:安全库存线＝日平均销售量×补货所需天数。

原则十五,堆头规范原则。堆头可以更集中、突出地展示商品,不管是批发市场还是超市的堆头陈列,都应该遵循整体、协调、规范的原则。从堆头围、价格牌、产品摆放到POP配置都要符合这个原则。以下是具体的陈列方法:

- 堆箱陈列法:注意垫底的稳固性,可以使用交叉堆法或使用垫箱陈列板,除承重底箱外,均应割箱陈列,POP及产品包装正面面对消费者,高度不可过高或过低,要容易拿取。
- 割箱陈列法:将成箱产品按箱体结构和商标印刷格式合理切割,一般以正面梯形剖至下腰部,使产品充分展示,并利用箱体进行简易陈列。
- 岛形落地陈列法:位于客流主通道中央,可以从四个方向拿到产品,除最下面一层外,全部割箱,露出商标。
- 梯形落地陈列法:背靠墙壁,把产品摆成楼梯状,可以从三面拿到产品,除最下面一层外,全部割箱,层层递进。

原则十六,色彩对比原则。利用不同品种包装的不同,设计组合出动人的图画。

原则十七,利用空间原则。利用堆头上面的空间陈列产品或在堆头上空搭建简易宣传物,烘托气氛。

原则十八,生动化陈列原则。陈列位置、外观(广告、POP的配合)、价格牌、产品摆放次序和比例等四个要素尽量完美组合,创造出生动的效果。

☞ 适合在超市终端开展的各种促销形式

1. 特价促销

适用于具有知名度、已有一定品牌形象的成熟产品。

(1)优点

- 见效快。
- 增加短期内的销量。
- 增加顾客的购买量。
- 紧急对抗竞争者的行动最有效。

- 受中间商欢迎。

(2) 缺点

- 无法帮助长期的销量增长。
- 不能解决营销的根本问题。
- 导致产品价格难以提升复原。
- 有损企业利润。
- 长期持续的降价会损害品牌形象。
- 造成市场虚假繁荣,易误导企业的营销决策。
- 有损顾客的品牌忠诚度。
- 吸引新顾客的效果不大。
- 易引发价格战或竞争者的反击。

(3) 如何做好特价促销

- 选好时机
  * 重大节日。
  * 好的事由和主题,如公司十年庆、当时热点事件、当地重大事件。
  * 产品处于销售旺季。
  * 季节性很强的产品面临淡季时。
  * 旧包装要淘汰的时候或者有新卖点的替代产品即将上市之前。
  * 主要竞争对手或领导品牌大做特价时。
  * 有新的强劲竞争对手上市时。
  * 产品的生命周期处于衰退期时。
  * 产品价格明显过高,价格因素成为阻碍产品畅销的首要因素时。
  * 受大卖场要挟,而自己由于缺乏谈判筹码而不得不接受特价促销时。
  * 销售分支机构或公司急于完成销售任务时。
  * 出于某种原因急于提升销售量时。
  * 为避免被大卖场"末位淘汰"时。
  * 清理库存,急于回笼资金时。
  * 产品接近保质期时。
  * 产品销售下滑而迫于终端卖场或经销商压力开展特价促销时。

- 选好特价商品
  * 最畅销的产品。
  * 即将淘汰的产品。

* 滞销需处理的产品。
* 季节性很强的产品，如蚊香。
* 同质化程度高的产品。
* 利润空间比较大，但仍未被消费者接受的产品。

● 定好特价促销幅度
* 快速消费品特价幅度在10%以下时，几乎收不到什么促销效果，特价幅度至少要在20%以上才会产生明显的促销效果。
* 知名度低的产品，特价幅度要大，知名品牌即使小幅度降价也会收到好的效果。
* 经常开展促销活动的品牌特价幅度要大些，很少开展促销活动的品牌特价幅度可以小些。
* 一个品种的大幅度降价，比几个品种的小幅度特价促销效果更好。
* 采用尾数定价法。平时价格为32元的产品，如果特价定为29.99元，顾客会认为只是20多元的产品，便宜了一大块。

● 定好特价促销的持续时间
* 一般2周为宜，不能超过1个月。时间太长效果递减，还会造成事实上的降价，恢复价格就不容易了。时间太短则达不到最佳促销效果。
* 15天周期一般是对新品而言，随着新产品或新品牌在市场中的知名度逐渐提高，一次特价促销的持续周期可以逐步缩短。
* 特价幅度越大的活动，时间应该越短。

● 活动主题
* 事出有因，名正言顺。
* 主题常新。
* 设置特价陷阱，即大幅度的特价促销。
* 季节性、换季物价。
* 重大节日特价酬宾。
* 为庆祝超市店庆、新店开张。
* 企业重大事件，如销售额达到××亿，获得××称号，品牌诞生××年庆。
* 表达爱心义卖，如抗洪、助学、希望工程、环保工程。

● 争取卖场全方位支持
* 利用特价促销筹码，争取免费上刊、免费堆码支持、免费场外促销位置、免费POP、免费卖场广播，不允许同类产品促销，允许在卖场内布置促销宣传材料。

* 要求在卖场里做现场促销。
- 特价促销信息发布到位
  * 争取最显眼的陈列位置和最大的陈列排面，争取码堆和端架陈列，让顾客一眼就能看到商品。
  * 场外通过促销信息栏、展板、横幅、促销台、海报等发布促销信息，场内通过广播、产品陈列、现场海报、导购人员、扩音器传递促销信息。
  * 布置好宣传品，悬挂POP、码堆的围贴。
  * 利用好特价标签，标出原来的价格、现在的价格、特价幅度、起止日期、品牌包装等信息，有效突出"特价"，把价签直接放在产品陈列架上。
  * 宣传标语上多用"只要××钱""省××钱""帮您省××"。
  * 顾客愿意买"占便宜"的商品，而不是"便宜的商品"。
- 特价促销管理事项
  * 备足货源、及时补货。
  * 加强导购、拦截顾客。
  * 及时恢复正常价格。
  * 价格打折，但品质和服务不能打折。
  * 特价促销的批复权力要管控。
  * 新产品、低知名度的商品慎用特价。
  * 不可杀鸡取卵、过频过滥，同一产品两次特价活动间隔周期应在45天左右。
- 如何应对竞争对手的特价促销
  * 开展有吸引力的买赠促销，每天限量惊爆价、限时抢购。
  * 以另外一个品种做特价，如对手做洗衣粉，我就做肥皂。
  * 固定一个畅销品种作为狙击性品种。

2. 赠品促销

(1) 优点

- 营造产品在售点的差异化，增加吸引力。
- 通过赠品传达、强化品牌概念。
- 凭借赠品达到市场细分的目的。
- 吸引新顾客尝试购买。
- 吸引老顾客再次购买。
- 增加产品的使用量，加速重复购买。

- 以帮助对抗竞争者的市场行动。

（2）缺点

- 差的赠品反而会给销售带来致命打击。
- 促销成本不低，且易造成赠品积压。
- 赠品设计创意较困难，创意不佳会影响赠品促销的效果。
- 发放的中间环节会遗失赠品，影响顾客受益。
- 众口难调，顾客对赠品的反应较难预测。
- 中间商不欢迎体积大、影响运输与货架陈列的赠品。

（3）买赠促销的常见形式

- 即买即送

这种形式能有效地刺激消费者购买新产品，方式有两种：一是买新产品就送赠品，二是把新产品作为老产品的赠品送给顾客。

* 包装外赠送：赠品与产品分开放置，在购买的现场将赠品送给顾客。
* 包装上赠送：将赠品附在产品包装上，用橡皮筋、胶带、丝带、透明成形包装、收缩膜、套头等将产品和赠品绑在一起。采用这种形式要注意：让导购人员维护好赠品，以免顾客偷走或被店内的工作人员据为己有。赠品一般应比产品体积小，并绑在侧面。
* 包装内赠送：将赠品放在包装内，如洗衣粉送的量勺。采用这种形式要注意：用透明包装物让顾客直接看到赠送的东西，在外包装上要有明显的赠送提示。可以设计成套的赠品，吸引重复购买。
* 可利用包装：把产品装在容器中，产品用完后容器可以再次利用。如香皂装在皂盒中，牙膏装在刷牙杯中。这种形式可以增加在货架上的陈列效果，吸引顾客注目，增加产品的促销力。如果赠品非常实用，还可以促进销售。耐用的可利用包装可以增加消费者的重复性购买，带来回头客。

- 凭证兑换

即顾客在买到商品后可以凭购物小票、商标、包装内兑奖券到指定的兑奖地点兑换相应的赠品。

* 兑换点最好设在交通方便、知名度高、人流集中的大型卖场的出入口或委托卖场的收银台、前台作为兑换点。
* 价值低、量又大的赠品最好让顾客直接在购物的售点兑换；价值大的赠品可以到指定地点兑换。
* 最好结合中奖的形式开展，让顾客有二次中奖的机会。

- 附加条件赠送

即顾客购买产品后,不能马上得到赠品,还需要满足相关的要求后才能获得。具体操作形式分为以下几种:

* 部分付费赠送。即再加××元,即可获得××。

  这样做可以起到以下作用:付出一定成本后获得的赠品,顾客会加倍珍惜。附加条件不高时如赠品价值较大,顾客会感到物超所值。但要注意的是,要求付费的额度必须低于这个赠品市售价的30%—50%。赠品应该有唯一性,要想获得只有这条途径。

* 集点赠送。即顾客需多次购买并集齐相关的凭证后才能获取赠品,如集生肖、集消费分数、集图案、集包装、集商标等。这种形式要求赠品有足够的吸引力,集点的难度不大。

* 信息赠送。即顾客在兑换赠品时,要详细填写一份调查问卷或消费者档案。

(4)选择赠品的要求

- 有吸引力,让人产生新奇感,越不常见的赠品杀伤力越大。
- 物美价廉,但结实耐用,有品位。
- 多样化选择,针对不同的购物条件,多做几种赠品。
- 推陈出新,可以设计一套赠品,分开使用。
- 简单方便,易用、易携带、体积小。
- 使用频率高。
- 把企业的品牌打在赠品上。
- 与产品要有相关性,如洗衣粉可以送储粉罐,香皂可以送皂盒、毛巾,洗洁精可以送洗碗布。
- 赠品不能喧宾夺主,商品是红花,赠品是绿叶。
- 如不采用集点或附加赠送方式,则赠品的价格应比商品低。
- 赠品的体积最好比商品小。

(5)降低赠品成本的办法

- 选择零售利润高的商品,如化妆品、小家电、玩具。
- 选择公司自己生产的其他产品。
- 好的赠品不妨让顾客加点钱。

(6)赠品促销注意事项

- 时间控制以两周为宜。
- 做好赠品的发放监督工作,防止赠品滥用、丢失、被侵占。

- 杜绝赠品采购黑洞。
- 做好售点广告。

3. 联合促销

联合促销指有关联的企业结成伙伴关系,充分利用对方的资源合作开展促销活动,相互促进,共同让利给消费者。此种促销目的是攀附知名品牌,提升自己品牌的美誉度。

(1) 优点

- 有效降低促销费用。
- 互相促进销售。
- 帮助新产品迅速建立分销系统。
- 提高附加价值。
- 有利于提升品牌形象。
- 互相创造需求。

(2) 缺点

- 突出自己的品牌困难,因此,必须有自己品牌的广告和促销主题,不要让人感到牵强。
- 行动难以统一,协调始终是一个大问题。
- 联合双方难以做到心齐。

(3) 联合促销的类型

- 企业内部的联合促销
  * 不同品牌的联合促销。
  * 同一品牌的联合促销。

以热销的品种带动新上市的品种;以畅销的品种带动滞销的品种;切忌把老产品作为新产品的陪衬,赠品应是新产品;选择最受欢迎的老产品和新产品搭配;用途相近或相同的新老产品联合促销效果并不好。

- 不同生产企业之间的横向联合促销

指不同企业之间的联合推广,这种手段尤其对新产品或新品牌的上市推广有助益。一般是不同行业的生产企业之间联合促销,不同行业之间不存在竞争,可以优势互补,尽量不要和同行业的企业联合。

- 生产企业和其他类型企业间的联合促销

与报纸、杂志、交通、娱乐场所等非生产型企业联合,在做事件营销时最常采用。

如世界杯期间,可以把产品作为奖品给上述企业。

- 商企联合,即纵向联合,费用共担、优势互补、互惠双赢

如企业与零售商为庆祝商场店庆,给予商场让利,商场从利润中拿出一部分再次对商品让利。企业可以印刷优惠券并大量派发,商场在得到优惠券的时候按约定价格销售。

(4)联合促销操作要点

- 两种产品目标市场相同或相近,有基本一致的消费群体、产品定位和品牌形象。
- 品牌形象相近,门当户对,名牌与名牌联手,彼此借势,交相辉映,相互衬托;如果强弱联合,就会弱者得利,强者吃亏。
- 各联合方要互惠互利,发起企业在设计促销方案时,应充分顾及其他参与者的利益,如凭甲方产品或凭证购买乙方产品可以享受××优惠。
- 产品相互匹配,优势互补,最好列出自己的优势资源与联合方合作,当这些优势资源是对方所缺少和需要的时候,联合就会一拍即合。
- 定位不同的产品不宜联合促销,如果自己是低档品牌,最好搭一个高档品牌的便车。
- 如果产品用途关联性不强,则对新产品的试用带动不大。
- 不花钱的联合促销是最高境界,如在销售洗衣粉时推荐洗衣机,要求洗衣机厂免费提供多台用于促销。

4.抽奖促销

即通过设定参加者的资格,预先说明抽奖方式和有吸引力的奖品,再在公正的条件下抽出中奖名单,然后把奖品发给中奖者。一般来说,此方式适用于知名度高、品牌形象较好的产品。

(1)优点

- 能覆盖范围宽广的目标消费群。
- 对销售有直接的促进作用。
- 吸引顾客注意到广告。
- 吸引顾客尝试购买。
- 促使老顾客再次购买或多次重复购买。

(2)缺点

- 顾客的参与热情不像想象的那样高。
- 未中奖的会产生挫折感,进而影响到对品牌的好感。

- 抽奖促销时间较长。
- 难以预估参与率和活动成效。
- 对新品牌帮助不大。
- 顾客不认为自己能有好运气中大奖,而小奖又不足以引起兴趣。

(3)抽奖促销的常见形式

- 回寄式抽奖,即要求顾客把相关的购买凭证和抽奖券邮寄给厂商参加抽奖,这种形式需要较长时间,需要顾客花邮资邮寄,不方便,信誉度差,速度慢,用得越来越少。
- 即开即中抽奖,顾客在购买后就能知道自己是否中奖,当时就能拿到奖品。即开即中抽奖主要有以下两种形式:
  * 把奖券放在包装当中,开启包装后就知道是否中奖。
  * 刮刮卡,即开即中。
- 多重连环中奖,也称为多重机会大抽奖,即参加者有多次参加抽奖的机会:
  * 在购买一定量产品后,获得第一次抽奖机会,即开即中。
  * 将未中奖的抽奖券按指定方式回寄给企业。
  * 企业将未中奖奖券进行定期抽奖,定期公布中奖情况。
  * 回寄的奖券在抽奖后仍未中奖,再滚入下期抽奖活动中。
- 定期兑奖式抽奖,即顾客在参加抽奖后,不能立刻知道自己是否中奖,需要举办单位公开授奖后才知道自己是否中奖。
  * 奖券印刷必须有抽奖联和存根联,抽奖联由顾客填好后回寄给企业。
  * 定期抽奖后及时公布获奖者名单和兑奖地点。
  * 奖励额度必须非常大才能有效。
- 不以购物为必要条件的抽奖
  * 在报纸、杂志、商家的宣传单中印刷集个人资料、问卷、广告、奖券于一体的抽奖券,并由促销人员派发给目标消费者。
  * 定期抽奖,公开发布结果。
  * 奖励额度要大。
- 折价券合二为一的抽奖
  * 把折价券派发给目标消费者,折价券后面印上抽奖表格。
  * 顾客把自己的姓名、地址、联系方式填写在表格中。
  * 购买产品时,可以享受折价优惠。
  * 从收回来的折价券中定期抽出中奖者。

(4)抽奖促销操作要点
- 制定抽奖活动细则
  * 开始和截止日期:时间长度以 2—3 个月为宜。
  * 活动范围:活动的市场区域及促销哪种商品。
  * 抽奖办法:抽奖的具体时间表和地点,公布中奖者名单及通知中奖者的方式。
  * 参加抽奖者必须具备的资格:主办企业、经销商、合作广告公司工作人员及直系亲属不准参加。
  * 购买要求:同时附上包装袋才为有效的抽奖券。
  * 参加抽奖的具体手续和活动方式:如何取得抽奖券,把填好的抽奖券和购物凭证寄往何处,收件的截止日期。
  * 列出奖品及奖额数量:对不同等级奖额和不同等级中奖者人数进行说明。
  * 参加次数:明示顾客可参加的次数,如仅限每人一次、不限次数或循环参加。
  * 标出评选机构,以确认最后决定的权力。
  * 由哪家公证机关对活动进行监督和公证。
  * 说明中奖者是否自己缴纳个人所得税。
  * 说明领奖时必须携带的证明材料及领奖的时间、地点。
  * 公布中奖者名单,通常以所附的回执为通知。
  * 说明奖品的兑领方式,公布兑奖地点。
  * 发生纠纷时解释权归谁所有。
  * 告知参加者,所有活动资料的所有权属主办单位。
- 奖品的设置与组合
  * 顾客最感兴趣的是头奖,价值不高的奖品再多也比不上一个超级大奖吸引顾客。
  * 送奖品比送现金划算。
  * 奖品组合一般采用金字塔形,即一个豪华大奖,接下来若干中奖,再下来是数量众多的小奖或纪念奖。
  * 5000 元是法律规定的奖项上限,所以可以设置多名 5000 元大奖来增强吸引力。
  * 尽可能百分之百中奖,刺激消费者抽取大奖的野心,减轻人们的挫折感。
- 奖券的发放形式
  * 放置于包装内,随产品发送。
  * 印刷于产品包装上。

* 印刷于报刊上。
* 印刷在折页等宣传手册上,顾客自由索取。
* 由零售商发放。
* 由导购人员、促销人员发放。

- 及时公布中奖者名单
- 抽奖趣味化

把游戏活动融入到抽奖活动当中去,如幸运转盘、投飞镖、抓乒乓球、刮刮卡等。

5. 活动促销

活动促销适用于各种产品,指利用人们的好奇心、好胜心和竞争心理,通过有效参与,展现其聪明才智、赢得丰厚奖励的促销办法。

(1) 优点

活动规模便于掌握。

费用较少,可控性强。

比较有吸引力,能提高顾客的注意力。

能覆盖范围宽广的目标消费群。

对销售有直接的促进作用。

吸引顾客尝试购买。

促使老顾客再次购买或多次重复购买。

(2) 缺点

顾客的参与热情并不是想象的那样高。

活动设计不好,对品牌无助益,甚至会因未中奖的挫折感而影响到顾客对品牌的好感。

难以预估参与率和活动成效。

参与者不一定是目标顾客。

竞赛活动的创新较难。

(3) 促销活动的类型

活动促销一般分为竞赛活动和游戏活动。

- 竞赛活动

* 竞赛活动常见形式

第一种,有奖竞赛。具体操作办法如下:

a. 要求参赛者根据促销商品广告或使用说明书,填写答卷,然后给优胜者以奖励,问题越简单,参加的人自然也越多。

b. 不设置购物条件,单纯以品牌宣传为目的。

c. 问题从产品的品名、特征、功能、使用方法等出发进行设计。

d. 在报刊等媒体上发布问题,要求消费者打电话予以回答,答对就有奖。

e. 要求顾客依据重要性的优劣等级为某些事物排列出相应次序,找出不同点竞赛。

f. 给产品命名竞赛。

g. 给公司提交上市方案竞赛。

第二种,收集产品包装竞赛,以集包装的多少来决出胜负:

a. 打开包装后,在指定的位置标示,如印1000点即奖1000元现金。

b. 未中奖的包装,可以收集包装的多少参加抽奖。

第三种,体育竞赛,即通过体育竞赛来开展竞赛活动。具体方法有:

a. 投篮赛。

b. 飞镖赛。

c. 顶气球比赛等。

第四种,智力竞赛。具体操作方法有:

a. 短文完成法,如我用奇强是因为……

b. 根据完成情况给予奖励。

第五种,征集广告语和建议竞赛。

a. 先作企业及产品的背景资料介绍,再将征集要求及奖项和参加办法说明清楚。

b. 参加者必须把设计的广告语与个人资料一并寄住指定指点,由企业进行评审。

c. 举办此类活动,必须有事先申明。广告语的使用权归举办企业所有,并享有最终的活动解释权。

第六种,需要一定天赋的竞赛。

a. 选美比赛。

b. 明星模仿秀。

c. 写广告脚本,进行选秀比赛。

* 竞赛活动注意事项

a. 为避免纠纷,竞赛活动获奖者最好不要超过100个。

b. 要符合法律规定,不要惹火烧身。

c. 把答案广而告之。

d. 规定公司员工、合作广告公司的员工及直系亲属不得参加。

e. 竞赛答案应有明显的对错之分。

f. 对竞赛活动中的一些重要环节,最好请公证员监督公证,以示公允。

- 游戏活动

* 游戏活动常见类型

a. 拼字、拼图游戏。

b. 寻宝游戏,让顾客找出某一指定的物品或标识。

c. 以玩具作为促销品。

* 游戏活动注意事项

a. 有趣味,能吸引人才是最重要的。

b. 每个都有童趣。

c. 游戏应简单,坚持傻瓜原则。

6. 路演促销

(1)路演的策划

- 拟定与品牌形象相一致的活动主题,这是路演活动的灵魂。
- 准备好演出和促销道具,道具制作要符合企业 CI 标准。一般来说,应准备如下道具:

* 活动舞台:最好设计 10 米×6 米×1.2 米的舞台,可以采用积木形式或钢管形式,还可以由汽车后备箱改造。

* 背景布或背景板:上面注明活动的主题和主办企业,突出品牌,最好用喷绘材料制作。

* 营造气氛的道具:充气拱门、升空气球、卡通气模、喊话器、游戏道具、专业音响、碟片、大屏幕彩电。

* 舞台灯光(用于夜间开展)、演员服装和节目所需道具。

* 促销展示台:陈列产品、赠品、宣传品。

* 宣传材料:展板、展旗、横幅、POP、宣传单、抽奖券、折页、手册、折叠式展架、雨阳蓬、遮阳伞。

* 产品演示用的道具。

* 工具包:备用的小件工具、插线板、笔、螺丝刀、双面胶、不干胶。

* 样品和赠品。

* 运输和交通工具。

(2) 路演注意事项
- 如需要长期演出,可以考虑组建一支专门的队伍;如果是暂时的,可以在当地聘用演员,现在大城市有专门搞路演服务的团体。
- 8—10人就可以开展路演活动。
- 舞为主,歌为辅,游戏穿插中间。
- 好的主持人是路演成功的关键,最好男女主持各一名。
- 主持人可以相互调侃,讲一些笑话活跃气氛。
- 游戏中,如果观众答对了问题,在领奖品时,要让他再大声说一次答案;如果答案不正确,主持人应当大声说一次正确答案。
- 把节目单制作成宣传单发给观众,可以吸引人流;如能把节目单设计成现场抽奖的抽奖券或礼品券,效果会更好。
- 除了传统的歌舞还可选择以下内容:广场音乐会、明星见面会、舞会、图片展示、主题展览、街舞、四人足球赛、滑板、极限运动、街头摇滚乐队等。

(3) 路演节目设计要点
- 将产品知识、使用常识用滑稽小品的形式表现出来。
- 适当穿插产品知识抢答。
- 适当穿插品牌时装表演。
- 现场穿插趣味游戏。
- 适当穿插消费者证言式广告。
- 提供适当的赠品和纪念品。
- 现场抽奖。
- 请名人捧场。

(4) 路演促销的实施
- 准备工作

选好场地和时间,做好人员分工和人员培训,做好流程安排、人员管理、物品管理、安全事项、礼品发放办法。

- 发布信息,充分造势

大量派发节目单+折价券+宣传单+抽奖券四合一的宣传单,告知促销信息。

- 请经销商参加
- 做好现场布置

  * 接待区。由促销人员负责,分布在现场的各个出入口,渗透到观众当中。向消费者派发宣传单,邀请消费者参加现场活动。与消费者一对一沟通,介绍活动

内容和产品,引导有购买意愿的消费者靠近促销区。
* 舞台演出区。由节目负责人、主持人、演员、音响师和礼仪小姐等人员负责,通过表演相关的节目制造现场气氛,吸引人流,传递产品、品牌和现场促销信息。
* 产品展示促销区。由促销组负责,重点进行产品宣传和促销,通过产品陈列、产品演示、口头推荐、免费试用等形式,让消费者更加深刻地了解产品,促成顾客现场购买,并制造火爆热烈的销售气氛。
* 宣传区。宣传区覆盖全场,通过相关的宣传物料布置,营造现场气氛,宣传和展示产品信息,如一字排开的展示板、充气拱门、横幅、展旗等宣传工具,这些物品要由专人负责维护。
* 领奖区。由现场的后勤人员负责,发放活动的礼品、看管物品等。
- 营造气氛,制造轰动
* 在路演现场充分利用预备的促销道具和宣传品进行垄断式包装,营造气氛。
* 现场可摆放展板、架拱门、易拉宝、张贴海报等,凡是可以利用的空间都要利用上,让人一进场就被现场的气氛所感染。
* 记住:火爆的气氛是第一促销力和宣传力。

(5)路演成功的关键

- 始终把产品放在第一位,各种活动只是陪衬,路演不是慰问演出。
- 选择有利的位置,即人气最旺的地方,同时也要有比较大的场地,如超市卖场外、城市中心广场、公园、游乐场、社区和大中型厂矿附近等地。
- 要抓住目标消费者,尤其是文艺节目和游戏活动要适合目标消费者的胃口。
- 在路演促销过程当中,参与台上表演和游戏的观众应该从目标顾客中选择。
- 塑造和维护良好的品牌形象。千万不要给观众以散兵游勇、江湖马戏团似的感觉,要通过专业的运作树立良好的品牌形象。通过舞台的搭建、专业的音响、专业的道具、专业的展示、统一的形象、员工良好的精神面貌、专业的节目安排与表演、有序的现场秩序来塑造品牌形象。
- 进行整合的终端运作。将演出队伍、促销队伍、业务员队伍、经销商队伍整合起来,强力启动终端。演出队伍制造出轰动声势,引起目标顾客的关注;促销队伍针对现场人群展开促销推广;业务员队伍协同经销商展开全面的铺货活动,占领更多的有效零售终端,做好当地市场的终端宣传,适时开发二批和分销商,建立更完善的销售渠道;经销商队伍做好配送服务工作。
- 配合整体的市场推广和新闻炒作。路演若能得到大众传媒、事件营销、公关活动的配合与支持,效果会更好。要适时挖掘出路演促销的新闻热点,主动与当地媒体接触,提供新闻通稿,邀请媒体进行现场采访和报道。
- 路演促销要巡回、持续地开展。路演成本较高,但效果好,适宜组建一支专门的路演队伍,巡回持续地演出,但同一个场地路演促销不宜连续超过三天。

7. 现场演示

现场演示,即由厂家或商家派促销人员在销售现场对商品的功能、性能进行示范表演,让顾客亲眼看到促销商品的主要优点,并向他们提供咨询服务,从而打动顾客,促其购买。

(1) 优点

- 耳听为虚,眼见为实,百闻不如一见。现场演示能将产品的优势或特点生动直观地告诉顾客,使顾客一目了然,解决了顾客与产品见面的问题。
- 可以直接有效地促成顾客对产品的深入了解。
- 现场演示是人员推广的一部分,兼具促销与广告功能。
- 可以有效地推广新产品,样品演示是新产品销售的开始。
- 可以充分发掘新产品的潜在顾客。
- 能让顾客亲身体验,获得真实感受,从而真正相信产品。

(2) 缺点

- 费用比较高,投入和产出不成比例。
- 现场不太好控制。
- 协调难度较大。

(3) 适合现场演示的商品

- 演示效果非常明显的产品。演示效果立竿见影才能促使顾客购买。
- 有独特卖点的产品。如果促销商品与市场上已有的同类商品相比,没有新的、更为优越的性能功效,一般就不要作现场演示,即使作了也起不到激发顾客购买欲望的作用。

(4) 现场演示操作要点

- 突出产品重点。必须演示出产品最能吸引顾客的主要优点和顾客最关心的利益点,才能真正吸引顾客的兴趣。
- 不要展示顾客认为可有可无的产品优点。
- 洗涤用品唯一可作演示的优点就是去污力。
- 只演示产品最突出的一个优点。
- 演示中,一方面要演示产品的主要功能,另一方面要及时解答顾客的疑问。

- 从特点—优点—利益点三个层次进行讲解。特点的讲解,是能简单地讲解产品的基本点;优点的讲解,要讲出产品优于其他品牌产品之处;利益点的讲解,要最大限度地站在用户的角度讲述其给用户的生活带来的变化和实质利益。
- 通过比较,突出重点。现场演示时,可以巧妙地与竞争商品进行同样的演示以加强对比,区分优劣。
- 享受产品的使用感觉尤为重要。
- 演示效果要明显、直观。
- 有趣味性和戏剧性,如用酱油、墨水等黑色东西弄脏白衬衣再洗干净。
- 演示互动。最好能让观众参与,与现场围观的顾客形成良性互动,积极鼓励观众亲身参与和体验。演示人员应当自己选择演示所推销的产品,然后让顾客自己操作,边演示边指导。顾客对学会怎样使用某种产品的兴趣越深,就越乐于把自己当作这种产品的购买者。
- 演示规范化。将演示活动流程化,提高活动本身的品位与档次,给顾客以信心。事先设计好标准的促销用语和演示动作,在正式演示前进行演练。在演示现场,促销人员要始终保持良好的精神状态和体态。

☞ 终端零售价格控制

1. 价格卖穿[①]怎么办

价格卖穿主要有两种情况:一种是通路价格混乱导致价格混乱,另一种是供货价格保持稳定,但零售商恶性竞争把价格卖穿了。相对来说,前一种情况更多一些。

零售价格卖穿、利润又濒临底线的产品是鸡肋,应该主动淘汰它或让它自然退出市场。

价格卖穿后,可以通过新包装、新品种和新品牌的产品来恢复产品的零售价格。

2. 如何应对大卖场对终端价格的冲击

- 给大卖场和其他终端的供货价差距不应太大,也可干脆采取统一定价。
- 最好统一终端零售价。先统一规定好终端零售价,然后根据各零售商合理的扣点、利润率要求,确定对不同类型零售商的供货价格。
- 不同的渠道销售不同的产品。

---

① 终端零售价经过降价竞争被锁定,供货价和零售价之间价差所剩无几,就叫价格卖穿。

- 当大卖场是主渠道时，可以多做物价促销，相反则尽量用别的方式进行促销。当卖场和主渠道销售的产品不同时，也可以多做特价。
- 大卖场如果未经过企业同意便进行恶性降价促销时，首先要进行充分协商，如果仍不愿意，应立即停止特价销售，马上停止供货，切断其他途径的货源，使其无货可卖，强行终止大卖场的恶性特价行为，直到达成协议再恢复供货。
- 在切断货源的同时，如果有能力，应马上回购产品，以保护价格体系，避免产生连锁反应。

3．如何管好通路价格

（1）返利政策与乱价

公司一般对经销商实行销量返利的政策，销量越大，返利比例越高。当经销商无法完成过高的销售任务时，为了增加销量，以获得高额返利，必然会不择手段地进行冲量。跨区域销售和低价倾销是常见的两种形式。

针对这种行为，可采取以下对策：

- 多用过程返利，少用销量返利。通过过程返利来加强对经销商的过程管理。可以设立铺货率、售点生动化、全品项进货、安全库存、不跨区域销售、专销、积极配送、守约付款等方面的奖励措施。
- 市场阶段不同，返利的侧重点不同。成长期主要鼓励铺货率、产品陈列、售点生动化、守约付款、积极配送；市场成熟后则可以重点鼓励全品项进货、安全库存、不跨区域销售、专销等。
- 使返利成为管理经销商的工具。因为返利不是当场兑现而是滞后兑现，企业可以利用压在手中的这部分经销商利润来规范经销商的运作。

（2）价格政策与乱价

- 经销商往往会产生让一点利没有关系的想法，而有这种想法的经销商不止一个。经销商为了争夺零售，往往竞相降价，结果使价格越走越低，中间价差越来越小，价格持续下跌。
- 不同区域市场的价格政策不一致，如果价格超过运费，就容易产生窜货现象。
- 不同经销商的价格政策不一致，销量越大的经销商享受的政策就越优惠，从而给大经销商提供了窜货的可能。

针对这种行为，可采取以下对策：

- 价格政策要考虑整个级差价格体系，处理好出厂价、一批价、二批价和零售价之间的关系，确保销售通路各个层次、各个环节的成员都能获得合理的利润。每一级别的利润设置不可过高,也不可过低:过高容易引发降价竞争,过低调动不了积极性。
- 实行全国统一的报价制。公司负责运输的,给予统一到位价;经销商自己提货的,给予合理的运费补贴,但是最好采用公司负责送货的方式。

最后我们还是回到价格,一位有十几年销售经验的销售经理曾说:"管销售就是管价格。"只要价格不乱,渠道的价格势能就会合理,这样的市场就是样板。

观点四　故事中学管理

一、管理十则

☞ 分工

[案例]

一位年轻的炮兵军官上任后,到下属部队视察操练情况,发现有几个部队操练时存在一个共同的情况:在操练中,总有一个士兵自始至终站在大炮的炮筒下,纹丝不动。经过询问,得到的答案是:操练条例就是这样规定的。原来,条例因循的是用马拉大炮时代的规则,当时站在炮筒下的士兵的任务是拉住马的缰绳,防止大炮发射后因后座力产生距离偏差,以减少再次瞄准的时间。现在大炮不再需要这一角色了,但条例没有及时调整,结果出现了不用拉马而多余出来一名士兵。这位军官的发现使他受到了国防部的表彰。

[分析]

管理的首要工作就是科学分工。只有每个员工都明确自己的岗位职责,才不会产生推诿、扯皮等不良现象。如果公司像一个庞大的机器,那么每个员工就是一个个零件,只有他们爱岗敬业,公司这台机器才能良性运转。公司是不断向前发展的,管理者应当根据实际动态情况对人员数量和分工及时作出相应调整,否则队伍中就会出现"不拉马的士兵"。队伍中有人滥竽充数,将会给企业带来的不仅仅是工资的损失,而且会导致其他人员心理不平衡,最终导致公司工作效率整体下降。

☞ 标准

[案例]

有一个小和尚担任撞钟一职,半年下来,觉得无聊至极,只是"做一天和尚撞一天钟"而已。有一天,主持宣布调他到后院劈柴挑水,原因是他不能胜任撞钟一职。小和尚很不服气地问:"我撞的钟难道不准时、不响亮?"老主持耐心地告诉他:"你撞的钟虽然很准时也很响亮,但钟声空泛、疲软,没有感召力。钟声是要唤醒沉迷的众生,因此,撞出的钟声不仅要洪亮,而且要圆润、浑厚、深沉、悠远。"

[分析]

本故事中的主持犯了一个常识性的管理错误,"做一天和尚撞一天钟"是由于主持没有提前公布工作标准造成的。如果小和尚进入寺院的当天就明白撞钟的标准和重要性,他也不会因怠工而被撤职。工作标准是员工的行为指南和考核依据,缺乏工作标准,往往会导致员工的努力方向与公司的整体发展方向不统一,造成大量的人力和物力资源的浪费。因为缺乏参照物,时间久了员工便容易形成自满情绪,导致工作懈怠。因此,制定工作标准应尽量做到数字化管理,与考核联系起来,注意可操作性。

☞ **体制**

[案例]

有七个人住在一起,每天共喝一桶粥,粥每天都不够。一开始,他们抓阄决定谁来分粥,每天轮一个。于是每周下来,他们只有一天是饱的,就是自己分粥的那一天。后来他们推选出一个道德高尚的人出来分粥。强权就会产生腐败。大家开始挖空心思去讨好他、贿赂他,搞得整个小团体乌烟瘴气。然后大家开始组成三个人的分粥委员会及四个人的评选委员会,互相攻击扯皮下来,粥吃到嘴里全是凉的。最后他们想出来一个方法:轮流分粥,但分粥的人要等其他人都挑完后拿剩下的最后一碗。为了不让自己吃到最少的,每人都尽量分得平均,就算不平均,也只能认了。大家快快乐乐,和和气气,日子越过越好。

[分析]

管理的真谛在"理"不在"管"。管理者的主要职责就是建立一个像"轮流分粥,分者后取"那样合理的游戏规则,让每个员工按照游戏规则自我管理。游戏规则要兼顾公司利益和个人利益,并且要让二者统一起来。责任、权力和利益是管理平台的三根支柱,缺一不可。缺乏责任,公司就会缺乏工作目标,进而衰退;缺乏权力,管理者的执行就会变成废纸;缺乏利益,员工的积极性就会下降,就会消极怠工。只有管理者把"责、权、利"的平台搭建好,员工才能"八仙过海,各显其能"。

☞ 表率

[案例]

春秋晋国有一名叫李离的狱官,他在审理一件案子时,由于听从了下属的一面之词,致使一个人冤死。真相大白后,李离准备以死赎罪,晋文公却说:"官有贵贱,罚有轻重,况且这件案子主要错在下面的办事人员,又不是你的罪过。"李离说:"我平常没有跟下面的人说我们一起来当这个官,拿的俸禄也没有与下面的人一起分享。现在犯了错误,如果将责任推到下面的办事人员身上,我又怎么做得出来。"他拒绝听从晋文公的劝说,伏剑而死。

[分析]

正人先正己,做事先做人。管理者要想管好下属,必须以身作则。示范的力量是惊人的。管理者不但要像先人李离那样勇于替下属承担责任,而且要事事为先,严格要求自己,做到"己所不欲,勿施于人"。一旦通过表率树立起在员工中的威望,团队将会上下同心,大大提高团队的整体战斗力。得人心者得天下,做下属敬佩的领导将使管理事半功倍。

☞ 竞争

[案例]

国外一家森林公园曾养殖几百只梅花鹿,环境幽静,水草丰美,又没有天敌,但几年以后鹿群非但没有发展,反而病的病、死的死,竟然出现了负增长。后来工作人员买回几只狼放养在公园里。在狼的追赶捕食下,鹿群只得紧张地奔跑逃命。这样一来,除了那些老弱病残者被狼捕食外,其余的鹿体质日益增强,数量也迅速增长。

[分析]

流水不腐,户枢不蠹。人天生有惰性,没有竞争就会故步自封,躺在功劳簿上睡大觉。故事里的竞争对手就是追赶梅花鹿的狼,时刻提醒梅花鹿必须清楚狼的位置和同伴的位置。跑在前面的梅花鹿可以得到更好的食物,跑在最后的梅花鹿就成了狼的食物。按照市场规则,给予"头鹿"奖励,让"末鹿"被市场淘汰。

👉 沟通

[案例]

美国知名主持人林克莱特有一天访问一个小朋友,问他:"你长大后想要当什么呀?"小朋友天真地回答:"我要当飞机的驾驶员!"林克莱特接着问:"如果有一天你的飞机飞到太平洋上空所有引擎都熄火了,你会怎么办?"小朋友想了想说:"我会先告诉坐在飞机上的人绑好安全带,然后我挂上我的降落伞跳出去。"当在现场的观众笑得东倒西歪时,林克莱特继续注视着这孩子,想看他是不是自作聪明的家伙。没想到,接着孩子的两行热泪夺眶而出,这使得林克莱特发觉这孩子的悲悯之情远非笔墨所能形容。于是林克莱特问他说:"为什么要这么做?"小孩的答案透露出一个孩子真挚的想法:"我要去拿燃料,我还要回来!"

[分析]

你真的听懂下属的话了吗?你是不是也习惯性地用自己的权威打断下属的话?我们经常犯这样的错误:在下属还没有来得及讲完他的事情前,就按照自己的经验大加评论和指挥。反过来想一下,如果你不是领导,你还会这么做吗?打断下属的话,一方面容易作出片面的决策,另一方面也使员工缺乏被尊重的感觉。时间久了,下属将再也没有兴趣向上级反馈真实的信息。反馈信息系统被切断,领导就成了"孤家寡人",在决策时就可能成为"睁眼瞎"。与下属保持畅通的信息交流,将会使你的管理如鱼得水,并及时纠正管理中的错误,制定更加切实可行的方案和制度。

👉 指导

[案例]

有一回,日本歌舞伎大师勘弥扮演古代一位徒步旅行的百姓,在上场之前他故意解开自己的鞋带,试图表现这个百姓长途旅行的疲态。正巧那天有位记者到后台采访,看见了这一幕。等演完戏后,记者问勘弥:"你为什么不当时指导学生也松开自己的鞋带呀?"勘弥回答说:"要教导学生演戏的技能,机会多的是,在今天的场合,最重要的是让他们保持热情。"

[分析]

提高员工素质和能力是提高管理水准的有效方式。学习有利于提高团队执行力,便于增强团队凝聚力。手把手的现场指导可以及时纠正员工的错误,是提高员工素质的重要形式之一。但是指导必须注重技巧,就像勘弥大师那样,要保护员工的热情。管理者必须避免教训式指导,应当语重心长地激励员工提高自身业务素质。除了现场指导外,还可以综合运用培训、交流会、内部刊物、业务竞赛等多种形式,激发员工不断提高自身素质和业务水平,形成一个积极向上的学习型团队。

☞ 锻炼

[案例]

一个人在高山之巅的鹰巢里抓到了一只幼鹰。他把幼鹰带回家,养在鸡笼里。这只幼鹰和鸡一起啄食、嬉闹和休息。它以为自己是一只鸡。这只鹰渐渐长大,羽翼丰满了。主人想把它训练成猎鹰,可是由于终日和鸡混在一起,它已经变得和鸡完全一样,根本没有飞的愿望了。主人试了各种办法,都毫无效果,最后把它带到山顶上,一把将它扔了出去。这只鹰像块石头似的,直掉下去,慌乱之中它拼命地扑打翅膀,就这样,它终于飞了起来!

[分析]

每个人都希望用自己的能力来证明自身价值,下属也不例外。给他们更大的空间去施展自己的才华,是对他们最大的尊重和支持。不要害怕他们失败,给予适当的扶持和指点,放开你手中的"雄鹰",让他们翱翔于更宽阔的天空。他们的成长,将为你的工作带来更大的贡献,将促使你的管理更上一层楼。

☞ 发挥

[案例]

一位著名企业家在作报告。当听众咨询他最成功的做法时,他拿起粉笔在黑板上画了一个圈,只是并没有画圆满,留下了一个缺口。他反问道:"这是什么?""零"、"圈"、"未完成的事业"、"成功",台下的听众七嘴八舌地答道。他对这些回答未置可否:"其实,这只是一个未画完整的句号。你们问我为什么会取得辉煌的业绩,道理很简单:我不会把事情做得很圆满,就像画个句号,一定要留个缺口,让我的下属去填满它。"

[分析]

事必躬亲,是对员工智慧的扼杀,往往事与愿违。长此以往,员工容易形成惰性,责任心大大降低,把责任全推给管理者。情况严重者,会导致员工产生腻烦心理,即便工作出现错误也不情愿向管理者提出。为员工画好蓝图,给员工留下空间,发挥他们的智慧,他们会做得更好。多让员工参与公司的决策,是对他们的肯定,也是满足员工实现自我价值的精神需要。赋予员工更多的责任和权利,他们会取得让你意想不到的成绩。

☞ 鞭策

[案例]

拿破仑在一次打猎的时候,看到一个落水男孩,一边拼命挣扎,一边高呼救命。这河面并不宽,拿破仑不但没有跳水救人,反而端起猎枪,对准落水者,大声喊道:"你若不自己爬上来,我就把你打死在水中。"那男孩见求救无用,反而增添了一层危险,便更加拼命地自救,终于游上了岸。

[分析]

对待自觉性比较差的员工,一味地为他创造良好的环境去帮助他,并不一定能让他感受到"萝卜"的重要,有时还离不开"大棒"的威胁。偶尔利用你的权威对他们进行威胁,会及时制止他们消极散漫的心态,激发他们发挥出自身的潜力。自觉性强的员工也有满足、停滞、消沉的时候,也有依赖性,适当的批评和惩罚能够帮助他们认清自我,激发新的斗志。

二、经典案例启示

☞ 案例一

美国华盛顿广场有一座有名的杰弗逊纪念大厦,因年长日久墙面出现了裂纹。为保护好这幢大厦,有关专家进行了研讨。

最初大家认为损害建筑物表面的元凶是酸雨的侵蚀。专家们进一步研究,却发现侵蚀墙体最直接的原因是每天冲洗墙壁所含的清洁剂:它对建筑物有酸蚀作用。而每天为什么要冲洗墙壁呢?是因为墙壁上每天有大量的鸟粪。为什么有那么多的鸟粪呢?是因为大厦周围聚集了很多燕子。为什么有那么多的燕子呢?是因为墙上有许多燕子爱吃的蜘蛛。为什么有那么多的蜘蛛呢?因为大厦周围有蜘蛛爱吃的飞虫。

为什么有这么多的飞虫呢？因为飞虫在这里繁殖特别快，而飞虫在这里繁殖特别快的原因是这里的尘埃最适宜飞虫繁殖。

由此发现解决的办法很简单，只要关上整幢大厦的窗户即可。此前专家们设计的一套套复杂而又详尽的维护方案也就成了一纸空文。

☞ 案例二

某次中东战争时，一个只剩下30辆坦克的以色列装甲旅陷入叙利亚军队200多辆坦克的重重包围之中。紧要关头，以军旅长指挥所有坦克围成一个圈，车头向外，摆成防御架势的"刺猬"。

面对这样的"刺猬"，叙军无从下手。以军抓住机会，集中火力以多打一，然后迅速撤退。就这样，以军一会儿攻击这边，一会儿对准那边，这个变化莫测的"刺猬"让叙军损失了130辆坦克。第二天，以军以整齐的队形迅速前进，而叙军仍墨守成规，不能随机应变，终于在不断变化战术的以军坦克面前一败涂地。

☞ 案例三

在美国康奈尔大学，威克教授曾经做过这样的实验：

把一个瓶子放在桌子上，瓶的底部向着有光的一方，瓶口敞开，然后放进几只蜜蜂。于是它们朝着有光的瓶底飞去，经过好几次尝试后，蜜蜂发现自己永远无法从瓶底出来，它们只好认命，挤在了有光亮的瓶底。

然而把苍蝇放进去后，没过多久苍蝇都出来了：它们发现此路不通，立即改变方向，最后终于找到了瓶口，飞了出去。

苍蝇靠不懈的努力，在碰壁中总结经验，最后找到了出路；而蜜蜂却一条路走到黑，即使面对无法逾越的瓶底也不回头，自然只能陷入困境。

☞ 案例四

兔子坐在山洞口打字。狐狸跳到他的面前说："我要吃了你！"

兔子说："别忙，等我把学士论文打完！"

狐狸很奇怪："什么学士论文？"

兔子说："我的论文是《兔子为什么比狐狸更强大》。"

狐狸大笑起来："你怎么会比我强大！"

兔子一本正经地说："不信你跟我来。"它把狐狸领进山洞，狐狸再也没有出来。

兔子继续在洞口打字。狼跳到它的面前："我要吃了你！"

兔子说："别忙，让我把学士论文打完！题目是《我比狼更强大》。"

狼大笑起来："你怎么敢说自己比我强大！"

"真的，我可以证明！"兔子领着狼走进山洞，狼再也没有出来。

兔子继续在洞口把它的论文打完，然后拿着论文走进山洞，交给一头打着饱嗝的狮子。

☞ 案例五

有一项工作，需要35天才能完成，报酬方式有两种：一种是每天1000元的酬金，35天下来是35000元；另一种是累进制，第一天1分，第二天2分，第三天4分，第四天8分，依次类推，直到最后一天。

答案不言自明，以后一种方式计酬，35天工作将为你换来33945662.80元的报酬，而且这个数字的大部分来自于最后几天。

在投资领域也如此，均匀且持久的增长几乎是创造一切奇迹的先决条件。

☞ 案例六

一个犹太人走进纽约的一家银行，来到贷款部。

"请问先生有什么事？"贷款部经理问。

"要借些钱。"

"好啊，你要借多少？"

"1美元。"

"当然可以，只要有担保，再多点也无妨。"

犹太人从豪华的皮包里取出一堆股票、国债等等，放在经理的写字台上。

"总共50万美元，够了吗？"

"当然，年息为6％。只要你付出6％的利息，一年后归还，我们可以把这些股票还给你。"

"谢谢"，犹太人说完正准备离开银行，一直在旁边冷眼观看的分行长追上前去问："我实在弄不明白，你拥有50万美元，为什么只借1美元？"

"请不要为我担心,只是我来贵行之前,问过几家银行,他们保险箱的租金都很昂贵。所以我准备在贵行寄存这些股票。租金实在太便宜了,一年只需花费 6 美分。"

这则故事说明,促销需要手段,手段增进信誉,信誉推动业务。

☞ 案例七

9 世纪中叶,美国加州传来发现金矿的消息,许多人奔赴加州。17 岁的小农夫亚默尔也加入到淘金的队伍中。

淘金梦是美丽的,但后来人越来越多,金子自然越来越难淘,生活越来越艰苦,再加上当地水源奇缺,许多淘金者丧身此处。

一天亚默尔望着水袋中不舍得喝的水,突发奇想:淘金的希望太渺茫了,还不如去卖水。

于是他手中挖金矿的工具变成了挖水渠的工具。他将河水引入水池,过滤后装进了桶里,卖给找金矿的人。

当时有人嘲笑他,说他胸无大志,但他毫不在意,继续卖他的水。后来,大多数人都空手而归,而亚默尔靠卖水赚了 6000 美元,这在当时是一笔非常可观的财富了。

☞ 案例八

很多年以前,在奥斯维新集中营,一个犹太人对他的儿子说:"现在我们唯一的财富就是智慧,当别人说一加一等于二时,你应该想到大于二。"纳粹毒死了几十万人,这父子俩却活了下来。

1946 年,他们来到美国,在休斯敦做铜器生意。一天,父亲问儿子 1 磅铜的价格是多少? 儿子答 35 美分。父亲说:"对,整个得克萨斯州都知道 1 磅铜的价格是 35 美分,但作为犹太人的儿子,应该变成 3.5 美元。你试着把 1 磅铜做成门把看看。"

20 年后,父亲死了。儿子独自经营铜器店。他做过瑞士钟表上的弹簧,做过奥运会的奖牌。他曾把 1 磅铜卖到 35000 美元,这时他已经是麦考尔公司的董事长。然而,真正使他扬名的,是纽约州的一堆垃圾。

1974 年,美国政府为了清理自由女神像翻新扔下的废料,向社会广泛招标,但好几个月过去了,没人应标。正在法国旅行的他听说后,立即飞往纽约,看过女神像下堆积如山的铜块、螺丝和木料后,未提任何条件,当即签了字。

美国许多运输公司对他这一愚蠢的举动暗自发笑。因为在纽约州,垃圾处理有严格的规定,弄不好会受到环保组织的起诉。就在这些人要看笑话时,这位犹太人把废铜塑成了小自由女神像,把水泥块和木头加工成底座。他甚至把从自由女神身上扫下来的灰包装起来,卖给花店。不到3个月的时间,他让这堆废料变成了350万美金,每磅铜的价格整整翻了1万倍。

☞ 案例九

一个博士到一家研究所工作,是所里学历最高的一个。

一天,他到小鱼塘去钓鱼,他的一左一右正好是正副所长,他只是微微点了点头,心想跟这两个本科生有啥好聊的?

不一会儿,正所长噌噌噌从水面上如飞似地走到对面上厕所。博士眼睛得都快掉下来了:水上飘的功夫?不会吧?

正所长上完厕所后,同样从水上飘了回来。怎么回事?博士又不好意思去问,自己是博士呐。

过了一会,副所长也噌噌噌地飘过水面去上厕所,这下子博士差点晕倒:自己不会是到了一个江湖高手云集的地方吧?

博士也内急了,但他不愿意问两位所长,因为自己是博士,而对方是本科生。憋了半天他也起身往水里跨,只听"咚"的一声,博士栽到了水里。

两位所长把他拉了出来,问他为什么要下水。他问:"为什么你们能轻易地走过去呢?"

两位所长相视而笑:"这水塘里有两排木桩子,由于这两天下雨,水涨起来把木桩子都淹了,但我们都知道这木桩子的位置,所以可以踩着木桩子过去。你怎么不问一声呢?"

附:小故事大智慧

你能想几步

爱诺和布诺差不多同时受聘于一家超级市场,开始大家都一样,从基层干起。可不久爱诺受到总经理的青睐,一再被提升,从领班直到部门经理;而布诺则好像被人遗忘了一般,还在基层混。终于有一天布诺忍无可忍,向总经理提出辞呈,并痛斥总经理狗眼看人低,辛勤工作的人不提拔,倒提升那些吹牛拍马的人。

总经理耐心地听着,他了解这个小伙子,工作肯吃苦,但似乎缺少了点什么,是什么呢?……他突然有了主意。

"布诺先生,你马上到集市上去,看看今天有什么卖的。"

布诺很快从集市回来,说刚才有一农民拉了一车土豆在卖。

"一车大约多少袋,多少斤?"总经理问。

布诺又跑回去,回来说10袋。

"价格多少?"布诺再次跑到集市上。

总经理看着气喘吁吁的他说:"请休息一会吧!"

他叫来爱诺说:"爱诺先生,你马上到集市上去,看看今天有什么卖的。"

爱诺很快从集市回来,汇报说到现在为止只有一个农民拉了一车土豆,有10袋,价格适中,质量很好,他带了几个回来让总经理看。这个农民过一会儿还会有几筐西红柿上市,据他看价格还算公道,可以进一些货。这种价格的西红柿超市会要,所以他不仅带回了几个西红柿样品,而且把那个农民也带来了。农民现在正在外面等候。

总经理看了一眼红了脸的布诺,说:"请他进来。"

谁在主宰我们的目光、力量和信念

故事一

长方形的鱼缸里,喂养着一尾很凶猛的热带黑鱼。这种鱼有很强的攻击性,喜欢捕食肉味鲜美的花斑鱼,如果把花斑鱼放进去,瞬间就会成为黑鱼的点心。后来实验人员在鱼缸中间标示了一条红线,并装上了一块玻璃板。第二次放进花斑鱼后,黑鱼开始了疯狂的攻击,但它每次攻击换来的都是重重的"碰壁",直到碰得头破鳞散,也没有吃到嘴边的花斑鱼。"碰壁"的次数多了,黑鱼也开窍了,终日只在鱼缸的这一边静卧养神,任花斑鱼在鱼缸的另一端游来游去,也绝不动心。

日子一长,把玻璃隔板拿走,鱼缸里的敌我世界仍旧太平如故,花斑鱼和黑鱼各游一端,相安无事。

是凶猛黑鱼心善向佛、不再杀生了吗?当然不是。那是因为虽然拿走了鱼缸里的玻璃隔板,但是,黑鱼心中已有一堵它冲不破的厚厚的"壁"。

故事二

把一只跳蚤放进一个玻璃杯里,跳蚤很容易就跳出来了,可以看出,这只跳蚤的弹跳能力远远超过玻璃杯的高度。接着,再把这只跳蚤放进同一个玻璃杯里,并加上一个玻璃盖子,结果跳蚤用劲一跳,重重地撞在玻璃盖子上。跳蚤再跳,就再撞。一次次地跳,就一次次地被撞,撞的次数多了,跳蚤也变聪明了,就根据盖子的高度来调节自己的高度。由于跳蚤的生活习性决定了它必须不停地跳,此后这只跳蚤就在加了盖的玻璃杯里,以适量的劲儿、适当的高度一直跳下去。

后来,实验者拿走了那个玻璃盖子,但跳蚤没有感觉出来,仍旧在玻璃杯内跳来跳去。三天过去了,跳蚤还在以同样的高度跳着。一周过去了,情况仍旧如此。跳蚤已经无法跳出这个玻璃杯了。

玻璃杯上的盖子已被拿走了,但是,跳蚤的心里已经"盖"上了一个拿不走的盖子。

故事三

我们常常可以见到一头体形庞大的大象被拴在一根小木桩上,系着一根小铁链,在方寸之地走来走去。以大象移木负重的力量,要挣脱小木桩和小铁链获得自由应该是轻而易举的事情。可为什么大象甘于被一根小铁链束缚,并安于一块小天地的生活呢?

驯兽师说,在驯服小象的时候,小象并不甘于束缚,它也渴望着在原野上奔跑、在河流里嬉戏的丛林生活,它也尝试过挣脱铁链的努力,也试图扳倒那根小木桩,但木桩和铁链虽小,对于小象却是庞然大物,它的努力无一例外地都失败了。多次的失败,留给小象一个强烈的印象:"我不行,我没办法挣脱铁链。"

小象长成了大象,小铁链和小木桩已微不足道。但是,幼年失败的印象却成了这头大象心中的铁链和木桩,把大象紧紧地束缚在尺幅之地而让它不再奢望自由的生活。

猪们的评议

一年有春夏秋冬之分,四季有阴晴雨雪之别,但是,猪们打发日子的方法却永恒不变:吃了睡,睡了吃,吃饱喝足,便在院子里溜达溜达。一日如此,天天如此。

这样的生活太没意思了。一头不愿这样混过一生的白猪独自跑到田里,用嘴帮助水牛耕地。它辛辛苦苦地拱呀,拱呀,直到累得大汗淋漓。

傍晚,猪们倾巢出动,开始对白猪的劳动进行评议:"嘿! 这里还有一根草没拱掉呢!"

"看啦,田里的水都叫它搞浑了,浑水里怎么能长庄稼呢!"

"你们闻闻,它把汗水都流到田里了。那汗水里是有盐的,田里掺进盐肯定会变成盐碱地!"

猪们七嘴八舌地议论白猪,意思只有一个:白猪帮助水牛耕地,没有一点功劳,纯粹是帮倒忙。还不如睡觉,睡觉有益无害。

白猪被说得灰心丧气,从此随大流,吃了睡,睡了吃。猪们也就再没有对它说"不"字的了。

水牛叹息道:"干事的,总可以挑出毛病;不干事的,则保留充分的批评权。一个集体若形成这样的风气,这个集体也就完了。"

乌鸦兄弟

乌鸦兄弟俩同住在一个巢里。

有一天,巢破了一个洞。

大乌鸦想:"老二会去修的。"

小乌鸦想:"老大会去修的。"

结果谁也没有去修。后来洞越来越大了。

大乌鸦想:"这下老二一定会去修了,难道巢破成这样,它还能住吗?"

小乌鸦想:"这下老大一定会去修了,难道巢破成这样,它还能住吗?"

结果又是谁也没有去修。

一直到了严寒的冬天,西北风呼呼地刮着,大雪纷纷地飘落。乌鸦兄弟俩都蜷缩在破巢里,哆嗦地叫着:"冷啊!冷啊!"

大乌鸦想:"这样冷的天气,老二一定耐不住,它一定会去修了。"

小乌鸦想:"这样冷的天气,老大还耐得住吗?它一定会去修了。"

可是谁也没有动手,只是把身子蜷缩得更紧些。

风越刮越凶,雪越下越大。

结果,巢被风吹到地上,两只乌鸦都冻僵了。

松鼠和松鸡

见松鼠忙忙碌碌地采集核桃、松子、蘑菇,松鸡忍不住说道:"朋友,你爸爸、妈妈留给你那么多好吃的,你还费这么大的劲,瞎忙活啥?"

"父母留下的,总有一天会吃完。"松鼠说,"我还得靠自己贮备食粮,不敢有半点儿偷懒。"

松鸡"咯咯"发笑,笑松鼠有福不会享,说自己的生活过得潇洒又自在。松鸡在吃食方面从来都是挑挑拣拣的,非常讲究,再好的果子,它也是这儿叮几口,那儿啄几下,就丢在一边不再理会,许多果实被它糟蹋了。松鸡不但不心疼,还得意地宣称:"这是我的福分,松鼠那穷命,甭想沾边儿。"

不久,下了几场暴雨后,树林里的野果被冲洗一空。动物很难寻到充饥的食物。

这天黄昏,松鼠冒雨采蘑菇归来,见自己树洞贮藏室外吊着一只鸟儿。走近一瞧,竟是松鸡!

原来,松鸡肚饿难捱,趁松鼠不在家,便把脑袋伸进洞里偷吃,一时啄得太猛,嘴里叼的食物太多,吞不下喉咙,头又抽不出来,便活活卡死在小洞口了。

活到老学到老

晋平公作为一位国君,政绩不平,学问也不错。在他70岁的时候,他依然还希望多读点书,多长点见识,总觉得自己所掌握的知识实在是太有限了。可是70岁的人再去学习,困难是很多的,于是他去询问他的一位贤明的臣子师旷。

师旷是一位双目失明的老人,他博学多智,虽眼睛看不见,但心里亮堂着呢。晋平公问师旷说:"你看,我已经70岁了,的确老了,可是我还很希望再读些书,长些学问,但又总是没有信心,总觉得是否太晚了呢?"

师旷回答说:"您说太晚了,那为什么不把蜡烛点起来呢?"

晋平公不明白师旷在说什么,便说:"我在跟你说正经话,你跟我瞎扯什么?哪有做臣子的随便戏弄国君的呢?"

师旷一听,乐了,连忙说:"大王,您误会了,我这个双目失明的臣子,怎么敢随便戏弄大王呢?我也是在认真地跟您谈学习的事呢。"

晋平公说:"此话怎么讲?"

师旷回答说:"我听说,人在少年时代好学,就如同获得了早晨温暖的阳光一样,太阳越照越亮,时间也久长。人在壮年的时候好学,就好比获得了中午明亮的阳光一样,虽然中午的太阳已走了一半了,可它的力量很强,时间也还有许多。人到老年的时候好学,虽然已日暮,没有了阳光,可他还可以借助蜡烛啊。蜡烛的光亮虽然不怎么明亮,可是只要获得了这点烛光,尽管有限,也总比在黑暗中摸索要好多了吧。"

晋平公恍然大悟,高兴地说:"你说得太好了,的确如此!我有信心了。"

不爱学习,即使大白天睁着眼,也只能两眼一抹黑。只有经常学习,不论年少年长,学问越多心里越亮堂,才不至于盲目处事、糊涂做人。

寒号鸟

传说有一种小鸟,叫寒号鸟。这种鸟与众鸟不同,它长着四只脚,两只光秃秃的肉翅膀,不会像一般的鸟那样飞行。

夏天的时候,寒号鸟全身长满了绚丽的羽毛,样子十分美丽。寒号鸟骄傲得不得了,觉得自己是天底下最漂亮的鸟了,连凤凰也不能同自己相比。于是它整天摇晃着羽毛,到处走来走去,还洋洋得意地唱着:"凤凰不如我!凤凰不如我!"

夏天过去了,秋天到来,鸟们都各自忙开了,它们有的开始结伴飞到南边,准备在那里度过温暖的冬天;有的留下来,整天辛勤忙碌,积聚食物,修理窝巢,做好过冬的准备工作。只有寒号鸟,既没有飞到南方去的本领,又不愿辛勤劳动,仍然是整日东游西荡的,还在一个劲地到处炫耀自己身上漂亮的羽毛。

冬天终于来了,天气寒冷极了,鸟们都回到自己温暖的窝巢里。这时的寒号鸟,身上漂亮的羽毛都脱落光了。夜间,它躲在石缝里,冻得浑身直哆嗦,它不停地叫着:"好冷啊,好冷啊,等到天亮了就造个窝啊!"等到天亮后,太阳出来了,温暖的阳光一照,寒号鸟又忘记了夜晚的寒冷,于是它又不停地唱着:"得过且过!得过且过!太阳下面暖和!太阳下面暖和!"

寒号鸟就这样一天天地混着,过一天是一天,一直没能给自己造个窝。最后,它没能混过寒冷的冬天,终于冻死在岩石缝里了。

那些只顾眼前,得过且过,不作长远打算,不辛勤劳动去创造生活的人,跟寒号鸟也没多大区别。

野猪和家猪

一只野猪不知为什么闯进了农民的猪圈。

野猪看见猪圈里躺着的几只家猪,不禁诧异地问道:"看你们的样子多么像我,你们都是猪吗?"

一只家猪打了个呵欠,懒洋洋地回答说:"是啊,我们都是猪。这点还用怀疑吗?"

野猪说:"你们怎么变得这样懒懒散散、没精打采的,丝毫没有猪的气势和精神。我们在山林里并不是这样的呀!"

家猪道:"我们在这儿吃了睡,睡了吃,有人伺候我们,舒服极了,还要到山林里去干嘛?朋友,你也留在这儿享福吧!"

野猪听了,叹道:"哦,原来如此!我得赶快离开这儿,不然我也要变成和它们一样的懒货了!"

快　乐

一群年轻人到处寻找快乐，但是，却遇到许多烦恼、忧愁和痛苦。

他们向老师苏格拉底询问，快乐到底在哪里？

苏格拉底说："你们还是先帮我造一条船吧！"

年轻人暂时把寻找快乐的事儿放到一边，找来造船的工具，用了七七四十九天，锯倒了一棵又高又大的树，挖空树心，造了一条独木船。

独木船下水了。年轻人把老师请上船，一边合力荡桨，一边齐声唱起歌来。苏格拉底问："孩子们，你们快乐吗？"

学生齐声回答："快乐极了！"

苏格拉底道："快乐就是这样，它往往在你忙于做事情时突然来访。"

参考文献

程绍珊、李国华:《深度营销战法》,北京大学出版社 2007 年版。
曹恒山:《享受拒绝》,北京大学出版社 2008 年版。
邓德隆:《2 小时品牌素养》,机械工业出版社 2009 年版。
顾松林、〔美〕菲利斯:《销售:技巧与渠道大解析》,上海远东出版社 2003 年版。
侯惠夫编:《重新认识新定位》,中国人民大学出版社 2007 年版。
李羿锋、钟震玲:《精细化服务营销》,人民邮电出版社 2009 年版。
娄向鹏:《老大》,北京大学出版社 2009 年版。
路长全:《1/2 切割大营销》,华东师范大学出版社 2014 年版。
王立仁:《宗庆后如是说》,中国经济出版社 2010 年版。
叶茂中:《广告人手记》,北京理工大学出版社 2007 年版。
〔美〕艾·里斯、杰克·特劳特:《22 条商规》,寿雯译,机械工业出版社 2013 年版。
〔美〕菲利普·科特勒:《营销管理》,梅汝和、梅清豪、周安柱译,中国人民大学出版社 2001 年版。
〔美〕杰克·特劳特:《终结营销混乱》,谢伟山、谈云海、陈逸伦译,机械工业出版社 2009 年版。
〔美〕杰克·特劳特、史蒂夫·里夫金:《与众不同:极度竞争时代的生存之道》,火华强译,机械工业出版社 2009 年版。
〔美〕杰克·特劳特、史蒂夫·里夫金:《重新定位》,谢伟山、苑爱冬译,机械工业出版社 2010 年版。
〔美〕杰克·特劳特、史蒂夫·里夫金:《简单的力量》,谢伟山、苑爱冬译,机械工业出版社 2011 年版。
〔美〕迈克尔·米哈尔科:《思考的玩具:商业创新手册》,于海生译,新华出版社 2003 年版。
〔美〕迈克尔·波特:《竞争战略》,陈小悦译,华夏出版社 2005 年版。
〔美〕拿破仑·希尔:《拿破仑·希尔成功学全书》,景青译,长江文艺出版社 2014 年版。
〔美〕前田约翰:《简单法则》,黄秀媛译,中国人民大学出版社 2007 年版。
〔美〕唐·舒尔茨:《整合行销传播》,吴怡国、钱大慧等译,中国物价出版社 2002 年版。
〔美〕托马斯·弗里德曼:《世界是平的》,何帆、肖莹莹、郝正非译,湖南科技出版社 2008 年版。
〔美〕威尔·鲍温:《不抱怨的世界》,陈敬旻、李磊译,陕西师范大学出版社 2012 年版。

后记：大数据、融媒体时代的营销本质回归

融媒体、大数据、云计算、物联网……这个时代是最好的时代也是最糟的时代！

对于这个时代要强调以下三点：

一是认知层面。我们要把新事物、新平台当成我们的战场和敌人，要以更广阔、更包容的心态去面对和适应它们。同时我们更要认识到网络传播并不都会转化为销售。别忘了企业的目的是创造顾客而不是逗趣、娱乐或让人沉迷于网络！

现阶段各个企业都在进行产品结构调整。对于昂贵、奢华的产品，高价传达的往往是一种身份，它更要给消费者提供一个合乎逻辑的购买依据和理由，使消费者有借口忽略价格而乐意掏腰包。没有实质内容的情感正如盲目的迷恋一样，真相大白后会令人感到失望。

二是要认识大数据、融媒体时代对于企业而言的三个差异或者说三个转变：

1. 由老板代言变为由消费者代言。对于中国的企业而言，老板是企业最大的代言人，老板的胸怀决定着企业的发展与未来。而大数据时代使这种格局发生了改变，以个性、自我为特征的"自我"代言格局趋显，每个消费者背后都站着250个潜在消费者。朋友圈、微博和微信、口碑已成为消费者"自我"代言的推手。

2. 由品牌区隔变为产品细分。此转变也可以说是由品牌营销向产品营销的转变。大数据、融媒体时代使产品的低认知模式变成消费者的高认知模式，使消费品尤其是快消品的品牌集中度趋低、趋弱，使消费者从重视品牌向重视产品转变，使企业在产品设计和品牌定位不变的前期下，在不失去原有品牌的心智定位基础上，不断细化产品，增加产品线的长度和宽度，甚至可以让消费者参与产品设计及定制以满足不同消费者的需求。

3. 由泛媒介传播变为精准的点对点互动。大数据、融媒体时代更应强调整合营销传播，强调传播声音的一致性；更重视内容的定制化、跨平台的资源整合；更关注核心消费者的需求和沟通；对管理的精细化和传播的科学化要求更高。

以上两点都是谈认识和转变。

其实大数据、融媒体时代，要求我们更关注营销本质的回归！这是第三点，更是核心！

大数据、融媒体时代核心的表现为资源的日趋有限和稀缺。基于资源的有限和稀缺性，我认为营销的本质更应回归到两个"抢占"上，一是抢占消费者的心智，二是抢占货架资源，当然我指的货架是"泛货架"的概念。

大数据、融媒体时代是一个好时代，它给我们带来更多的信息、更多的工具、更先进的管控手段和更多的渠道，使我们更了解市场、更贴近消费者。但大数据、融媒体时代又是一个糟糕的时代：信息泛滥，沟通多元，看似触手可及但又大而无形。

我们要坚守营销的本质，以消费者为核心，重视消费者利益至上。

相信崭新的明天会更美好。

图书在版编目(CIP)数据

营销如此简单:融媒体时代"营""销"创意解析/龙键著.
—北京:中国传媒大学出版社,2015.7(2016.7重印)
ISBN 978-7-5657-1300-2

Ⅰ.①营… Ⅱ.①龙… Ⅲ.①市场营销学 Ⅳ.①F713.50

中国版本图书馆CIP数据核字(2015)第035446号

营销如此简单:融媒体时代"营""销"创意解析

著　　者	龙　键
策　　划	蒋　倩
责任编辑	欣　雯　李　明
责任印制	曹　辉
封面设计	大鹏设计
出 版 人	王巧林

出版发行　**中国传媒大学出版社**

社　　址	北京市朝阳区定福庄东街1号　邮编:100024
电　　话	86—10—65450528　65450532　传真:65779405
网　　址	http://www.cucp.com.cn
经　　销	全国新华书店
印　　刷	北京玺诚印务有限公司
开　　本	787mm×1092mm　1/16
印　　张	14.5
版　　次	2015年7月第1版　2016年7月第2次印刷
书　　号	ISBN 978-7-5657-1300-2/F·1300　　定价　56.00元

版权所有　翻印必究　印装错误　负责调换